纪检监察专业方向系列教材

西安文理学院精品教材培育项目

廉政文化概论

主编◎刘丽群　副主编◎周桂英

中国政法大学出版社

2016·北京

图书在版编目（CIP）数据

廉政文化概论/刘丽群主编.—北京：中国政法大学出版社，2016.8（2023.7 重印）
ISBN 978-7-5620-6955-3

Ⅰ.①廉… Ⅱ.①刘… Ⅲ.①廉政建设—文化研究—中国 Ⅳ.①D630.9

中国版本图书馆 CIP 数据核字(2016)第 188082 号

出版者　中国政法大学出版社
地　址　北京市海淀区西土城路 25 号
邮寄地址　北京 100088 信箱 8034 分箱　邮编 100088
网　址　http://www.cuplpress.com (网络实名：中国政法大学出版社)
电　话　010-58908285(总编室) 58908433（编辑部）58908334(邮购部)
承　印　北京九州迅驰传媒文化有限公司
开　本　720mm×960mm　1/16
印　张　19.5
字　数　320 千字
版　次　2016 年 8 月第 1 版
印　次　2023 年 7 月第 5 次印刷
定　价　58.00 元

前言
PREFACE

反腐倡廉建设是中国共产党必须始终抓好的重大政治任务，是关系到党生死存亡的重大课题。改革开放以来，特别是党的十六大之后，党中央在加大反腐倡廉力度的同时，高度重视预防腐败工作，明确提出了要“加强教育，发展民主，健全法制，强化监督，创新体制，把反腐寓于各项重要政策措施之中”，通过深化改革不断铲除腐败现象滋生蔓延的土壤。提出了“标本兼治、综合治理、惩防并举、注重预防”的方针，将廉政文化建设确立为反腐倡廉的重要内容，成为惩治和预防腐败体系的重要组成部分。党的十七大报告进一步提出：“坚持深化改革和创新体制，加强廉政文化建设，形成拒腐防变教育长效机制，反腐倡廉制度体系，权力运行监控机制。”2005 年 1 月，中共中央颁发了《建立健全教育、制度、监督并重的惩治和预防腐败体系实施纲要》，将廉政文化建设确立为反腐倡廉建设的重要内容。2010 年 1 月 4 日，中纪委、中宣部、监察部、文化部、广电总局、新闻出版总署联合下发《关于加强廉政文化建设的意见》，强调中央将廉政文化建设融入社会主义精神文明建设和反腐倡廉建设的全过程，大力营造崇尚廉洁的社会风尚，为深入开展党风廉政建设和反腐败斗争提供思想保障和文化支撑。

党的十八大以后，习近平总书记反复强调，历史经验值得借鉴，历史的教训更应引以为戒。要积极借鉴我国历史上优秀廉政文化，研究我国反腐倡廉史，以便我们运用历史智慧推进反腐倡廉建设。可以说，在全社会深入贯彻十八大反腐倡廉精神，加强廉政文化建设的背景下，编写《廉政文化概论》这本教材有其重要意义。

本书编写的另外一个背景是源于我校纪检监察专业方向的学科建设需要。纪检监察专业方向旨在培养出能够在党政机关和企事业单位从事纪检监察工作的复合型、实用型人才，要实现这个人才培养目标，“廉政文化概论”课程是必不可少的学习内容。

廉政文化是人们关于廉洁从政的思想、信仰、知识、行为规范和与之相适应的生活方式和社会评价的总和，从根本上反映着一个阶级、一个政党的执政理念、执政目的和执政方式，是廉洁从政行为在文化和观念上的客观反映。廉政文化这个词的出现，至今不过十几年的时间，而作为一门独立的学科，只是刚刚起步。梳理它的思想脉络，它是在继承马克思主义廉政理论的基础上，吸收中国传统的“廉”文化，并借鉴西方国家先进的廉政思想和廉政制度，交融整合而成的。同时，它是一门交叉的社会科学，是政治、经济、法律、道德、宗教、心理、民俗、文艺中有关廉政内容的交叉整合。本书共分为四个部分七章内容：第一章绪论，主要介绍廉政文化的定义、特征、功能，廉政文化与其他相关概念的区别，以及廉政文化的使命；第二、三、四章介绍中国当代廉政文化的形成过程，主要是在继承马克思主义廉政思想的基础上，吸收中国古代优秀的“廉”文化，并借鉴西方先进的廉政理论和制度；第五、六章是廉政文化的主要构成，包括廉政制度文化与廉政精神文化；第七章是廉政文化建设，指出把廉政文化落实到实践层面的主要途径。

目前有关中国古代廉政文化、国外廉政文化以及廉政文化建设的书籍和论文不少，但把廉政文化当作一门学科、系统介绍学科理论的教材少之又少，所以，本教材可以说具有一定的探索性和创新性，当然也难免存在不够成熟的思考。作为一部全面、系统介绍廉政文化的教材，它不但适用大学纪检监察专业及其相近专业的在校大学生学习，也可作为一般院校非纪检监察专业的学生的通识教育，同时对于加强党政机关、企事业单位的纪检监察人员的文化修养也有着切实可靠的帮助。在同类教材非常稀缺的情况下，本教材的出版在一定程度上可以满足社会中以上人群的不时之需。

刘丽群

2016年8月

CONTENTS

目 录

第一章
绪　论

廉政文化这个词的出现，至今不过十几年的时间，而作为一门独立的学科，只是刚刚起步。梳理它的思想脉络，它是在继承马克思主义廉政理论的基础上，吸收中国传统的“廉”文化，并借鉴西方国家先进的廉政思想和廉政制度，交融整合而成的。同时，它是一门交叉的社会科学，是政治、经济、法律、道德、宗教、心理、民俗、文艺等关于廉政认识的交叉整合。

第一节　廉政文化的定义

廉政文化是廉政与文化两个词的组合，廉政的概念不很明确，文化的范围又可大可小，两个词组合在一起，概念更加不好明确。总之，要界定廉政文化的概念，首先要分别明晰廉政和文化的含义。

一、廉与廉政

1. 廉的含义

西汉许慎《说文解字》注：“廉，从广，兼声。”广的意思为依着山崖而修建的房屋，汉字多以它作为代表建筑物的形符，如庐、府、庭、庙、廊等。同理，“廉”的本义也与建筑物有关。据现有资料考证，“廉”字最早出现在儒家经典《仪礼·乡饮酒礼》：“设席于堂廉东上。”西汉经学家郑玄注曰："侧边曰廉。"〔1〕段玉裁注："廉之言敛也。堂之边曰廉。天子之堂九尺，诸侯七尺，大夫五尺，士三尺，堂边皆如其高。贾子曰：'廉远地则堂高，廉近地则堂卑'是也。堂边有隅有陵，故曰廉。廉，隅也。又曰：'廉，棱也，引申之为清也，俭也，严利也。'"〔2〕根据以上记载，《中华伦理范畴》认为，廉的本义与建筑有关，是指堂屋的侧边，其特点是平直、有棱、敛缩等，后来又引申为清廉、正直、俭约、收敛、廉耻等，逐渐成为一个重要的伦理范畴。〔3〕

作为一种道德观念和治国思想，"廉"源于何时？比较可靠的说法是西周初年。《周礼·天官冢宰》记载，"小宰……以听官府之六计，弊群吏之治。一曰廉善，二曰廉能，三曰廉敬，四曰廉正，五曰廉法，六曰廉辨。"即周天官的属官"小宰"，以廉为本，以善、能、敬、正、法、辨六件事去考察群吏的政绩。"廉善"指善于行事，能获得众多的好评；"廉能"指能行政令，较好地贯彻各项法令；"廉敬"指不懈于位，尽职尽责；"廉正"指不倾斜，品行方正；"廉法"指守法不失，执法不移；"廉辨"指临事是非分明，头脑清醒。即一个官员必须具备善良、能干、敬业、公正、守法、明辨是非等基本品格。根据欧阳修的《廉耻论》，公正清廉，乃"士君子之大节"，也就是说清廉是官员必备的政治品德。明朝的郭允礼撰写《官箴》，系统而明确地提出了"吏不畏吾严而畏吾廉，民不服吾能而服吾公；廉则吏不敢慢，公则民不敢欺；公生明，廉生威"，成为对"公廉"最为后世称道的经典阐释，对中华廉洁文化的丰富和发展产生了重要影响。

《汉语大词典》中有关"廉"的注释有18个之多，其中与道德和政治相关的有十种意思：①不贪墨、廉洁。"虽然，仲子恶能廉？"〔4〕②不苟取。"可以取，可以不取，取伤廉。"〔5〕③节俭、节省。"不以奢为乐，不以

〔1〕（清）胡培翚：《仪礼正义》，江苏古籍出版社1993年版。

〔2〕（清）段玉裁：《说文解字注》，上海古籍出版社1981年版。

〔3〕傅永聚主编：《中华伦理范畴》，中国社会科学出版社2006年版，第1页。

〔4〕《孟子·滕文公下》。

〔5〕《孟子·离娄下》。

廉为悲。”[1]④正直。“智（知）而弗敢论，是即不廉殹（也）。”[2]⑤价格低平、公道。“以其价廉而工省也。”⑥品德端方有志节。“近文章，砥砺廉隅。”⑦廉访，明察。“过在下，人君不廉而变，则暴人不胜，邪乱不止。”[3]⑧清高自洁。“谁知吾之廉贞?”[4]⑨收敛自约。“廉，敛也，自俭敛也。”[5]⑩廉俸。清代官吏在正俸之外另给的养廉银。“本官即捐廉为倡，还恐不能踊跃。”[6]“廉”的这些含义，反映了中国传统廉文化的主要特征，也是对封建时代清正廉洁官员的基本要求。

2. 廉政的含义

“廉政”一词一般认为是20世纪70年代由香港传来的新词，因为，无论在以往的语言类还是专业类工具书中，都没有收入“廉政”这一词条。

在我国古籍中，“廉政”一词最早出现在《晏子春秋·内篇·问下》。景公问晏子：“廉政而长久，其行何也?”晏子对曰：“其行水也。美哉水乎清清，其浊无不雩途，其清无不洒除，是以长久也。”公曰：“廉政而速亡，其行何也?”对曰：“其行石也。坚哉石乎落落，视之则坚，循之则坚，内外皆坚，无以为久，是以速亡也。”文中的廉政，是对执政者的品行要求。执政者品行如水，从善如流，执政方能长久。如果品德似石，则会招致速亡。总之，“廉政”一词在古籍中出现次数不多，且与“廉正”一词无太大分别。

作为“腐败”反义词的“廉政”，最早出现在1988年12月30日召开的中央书记处会议的会议纪要里。十三大以后，党中央从抓端正党风转到开展以廉政建设为重要内容的党风建设。1988年6月1日，中央下发了《中共中央关于党和国家机关必须保持廉洁的通知》，要求在整个改革开放过程中做到“改革开放，繁荣经济，要坚定不移；保持廉洁，防止腐败，也要坚定不移”。年底，中央书记处召开会议，讨论廉政建设问题，指出

---

[1]《淮南子·原道》。

[2]《睡地虎秦墓竹简·语书》。

[3]《管子·正世》。

[4]《卜居》。

[5]《释名·释言语》。

[6]（清）颐琐：《黄绣球》第六回。

"把廉政建设作为一件大事来抓"。这是最早使用"廉政"概念的中央文件。此前1987年7月，中华人民共和国监察部恢复组建，为我国廉政建设工作的开展提供了组织保证。

目前，从中央层面对廉政的解释，比较有代表性的有两种：一是强调廉政是一种清明的政治状况。如"廉政是指国家政务活动洁净，国家公职人员公务活动行为规范端正，不被污染的政治状况。"〔1〕二是强调廉政是公务人员的规范性行为。如廉政"主要是指国家机关及其工作人员在公务活动中不以权谋私的一种规范性行为。按照《中共中央关于党和国家机关必须保持廉洁的通知》则阐述为："党和国家机关工作人员要正确运用人民赋予的权力来为人民办事，切实做到：严守法纪，不贪赃枉法；秉公尽责，不以权谋私；艰苦奋斗，不奢侈浪费。"〔2〕

《廉政文化概论》的作者麻承照则以马列主义、毛泽东思想、中国特色社会主义理论为指导，在继承和发扬中国传统的廉文化，吸收西方进步的廉政理论的基础上，把廉政定义为：正确行使公权。"正确"既是合法，又是合理，所以廉政就是"所有执掌公权者"合法合理地行使公权。〔3〕

二、文化的含义

廉政文化是一种特殊的文化形式，它与其他方面的文化有着明确的界限。文化有广义和狭义之分，范围可大可小，廉政文化中的文化到底是在什么语境下使用的呢？

文化是什么？由于其内涵丰富、外延宽广，多年来一直是文化学者、人类学家、哲学家、社会学家、考古学家津津乐道、却又说不清道不明的问题。自1871年英国学者泰勒（E. B. Tylor）发表《原始文化》这一里程碑式的著作，迄今为止，已经形成文化概念的海洋。1952年，美国文化人类学家克罗伯（A. L. Kroeber）和克鲁克洪（Kluckhohn）合著的《文化——有关概念和定义的回顾》一书，罗列了从1871年到1950年80年间出现的文

〔1〕 中央纪委、中央党校组织编：《新时期领导干部反腐倡廉教程》，中共中央党校出版社2007年版，第17页。

〔2〕 中央纪委课题组：《党风廉政建设新论》，中国方正出版社1997年版，第16~17页。

〔3〕 麻承照：《廉政文化概论》，中国方正出版社2011年版，第11页。

化定义有164种之多。从1952年至今，已经发展到了260余种之多。

在中国古籍里，“文化”是“文”和“化”的复合。早在先秦东周时期，“文”已屡见于各种典籍。《尚书·大禹谟》载：“文命敷于四海”，指的是文德教化的意思。《论语·八佾》也有：“周监于三代，郁郁乎文哉。”这里已经含有文化的意蕴，即“文治教化”，指相对于武力征服而言的一种极为文明的手段。而《论语·学而》中有“行有余力，则以学文”，指的是诗书礼乐之类，也称“六艺之文”。至于“化”字，则有变化、化生、造化等意思，如《礼记·乐记》载：“和，故百物皆化”。《素问》载：“化不可代，时不可违”等。“文”和“化”联系起来使用最早见于《周易·贲卦·象传》，“观乎天文，以察时变；观乎人文，以化成天下”。“文化”一词连用最早出现于西汉刘向的《说苑·指武》，“圣人之治天下，先文德而后武力。凡武之兴，为不服也；文化不改，然后加诛”。从以上可以看出，中国最早的“文化”概念，当指文治和教化，就是以伦理道德教导世人，使人“发乎情，止乎礼”。

今天，我们所使用的“文化”概念，是在继承中国古代文化概念的基础上吸收了外来的因素而赋予其新的含义。西方的“文化”一词，来源于拉丁文cultura，意思是耕种、居住、练习、注意等。法文的culture，有栽培、种植之意，又引申为对人的性情的陶冶和品德的培养。这里的意思包括了从人的物质生产到精神生产两个领域。对文化含义的诠释，比较有代表性的是以下几种：

泰勒认为：“文化，或文明，就其广泛的民族学意义来说，是包括全部的知识、信仰、艺术、道德、法律、习俗以及作为社会成员的人所掌握和接受的任何其他的才能和习惯的复合体。”[1]泰勒强调了文化作为一个精神文化的综合整体的基本含义，其定义比较具有权威性，对后世的文化研究产生了重要影响。

《英国大百科全书》（1973~1974年）把文化的概念分为两类：一是“一般性”的含义，即文化等同于“总体的人类社会遗产”；二是“多元的、相对的”文化概念，即“文化是一种起源于历史的生活结构的体系。这种

---

〔1〕［英］爱德华·泰勒：《原始文化》，连树声译，上海文艺出版社1992年版，第1页。

体系往往为集团的成员所共有”。它包括这一集团的“语言、传统、习惯和制度，包括起激励作用的思想、信仰和价值，以及他们在物质工具和创造物质中的体现”。

《苏联大百科全书》（1973 年）将文化的概念作了广义与狭义之分。作为广义的文化，“是社会和人在历史上一定的发展水平，它表现为人们进行生活和活动的种种类型和形式，以及人们所创造的物质和精神财富”。作为狭义的文化，“仅指人们的精神生活领域”，主要包括社会的意识形态领域，以及与之相适应的制度和组织机构等。

苏联的解释对我国学术界影响较大，目前我国学者对文化的权威解释，即是把文化分为广义和狭义两个层次。广义的文化是人类在社会发展过程中所创造的物质财富和精神财富的总和。狭义的文化是指社会意识形态以及与其相适应的制度和组织机构。也有专家把文化的结构划分为三个层次：物质生产文化、制度行为文化和精神心理文化。物质生产文化是指在人与自然的关系中，人类改造自然的活动与成果，主要指实体性、器物性的成果。制度行为文化是指在人与社会的关系中，人类建立社会制度和人的行为规范的活动及其成果，以及由此形成的风俗习惯。制度行为文化包含两个方面：制度文化和行为文化。制度文化指人类依据一定的思想观念建立起来的国家根本制度，如经济制度、政治制度、法律制度等，还包括社会组织机构和工作部门及其相应的规章制度、条例等；行为文化指在制度文化影响下长期形成的民族的、地域的风俗习惯、行为礼仪、交往方式和节庆典礼，它是一种社会的、集体的行为。精神心理文化是指人类在长期的社会实践和意识活动过程中长期孕育而成的价值观念、思维方式、道德情操、审美趣味、民族性格等。它所反映的是人的内心世界，潜伏在整个文化系统的深层。精神心理文化包括：与制度相对应的意识形态，即政治理论、法权观念、哲学、宗教、文学、艺术等；与风俗相对应的社会心理文化，即思维方式、价值观念、道德情操、审美情趣、宗教信仰等。

文化结构的三个层次中，物质生产文化比较容易产生变化，也更容易为不同文化民族的人所接受。制度行为文化则随着社会革命和社会变革或快或慢地发生作用，不同的民族和人群在接受的过程中往往会经历一定的时期，需要进行选择和比较。精神心理文化由于是长久地积淀于各民族文化深层的东西，构成各民族的独特心理结构，最难发生变化，因此，在其他民族接受的过程中则显得很难认同，特别是其核心的部分，如思维方式、价值观念和宗教信仰等。[1]

文化概念的使用，应根据学科的内容来确定。作为廉政文化研究中的文化，应限定在狭义的精神创造领域，即社会意识形态以及与其相适应的制度和组织机构。文化两分法中的狭义文化与文化三层次的制度文化、精神文化，在范围上是大体一致的。所以，本书所指的廉政文化是由制度文化与精神文化两部分构成。

三、廉政文化的定义

文化的概念十分丰富，廉政文化又是一门崭新的学科，因此，其概念的表述也是众说纷纭，有代表性的有以下几种。

中央纪委《〈建立健全教育、制度、监督并重的惩治和预防腐败体系实施纲要〉辅导读本》起草组认为，廉政文化是以廉洁从政为思想内涵，以各种文化产品为载体和表现形式的一种文化，是廉政建设与文化建设相结合的产物。廉政文化以廉政制度为基础，以廉政理论为统领，以廉政思想为核心，以廉政文学艺术为载体和形式，通过各种媒介的广泛传播和动员社会参与，教育公职人员廉洁奉公、崇廉尚廉，营造有利于廉政建设的良好社会氛围。[2]

"中国·浙江廉政论坛"发表的《杭州宣言》对廉政文化的概念界定如下：廉政文化是关于廉政的知识、理念、规范和与之相适应的生活方式、社会评价的总和，是廉洁从政行为在文化和观念上的反映。[3]

从廉政文化追求的目标来说，廉政文化是指从政的思想和道德、从政的社会文化氛围、从政人员的职业道德和社会公德。一是指廉洁从政的思想道德要求，作用于执政者的内心世界，形成廉洁从政的文化动力；二是

---

[1] 麻承照：《廉政文化概论》，中国方正出版社2011年版，第14~15页。

[2] 实施纲要起草组编：《〈建立健全教育、制度、监督并重的惩治和预防腐败体系实施纲要〉辅导读本》，中国方正出版社2005年版，第190~193页。

[3] 周国富主编：《中国·浙江廉政文化论坛文集》，中国社会科学出版社2006年版，第3页。

指在全社会营造良好的廉洁从政的文化氛围，形成以廉为荣、以贪为耻的社会风尚，用健康向上、追求清廉的文化充实人们的精神世界；三是指各职业阶层的从业人员恪守职业道德、爱岗敬业、廉洁自律、奉公守法的职业文化；四是广大人民群众追求公平正义、安定有序、诚信友爱的社会境界在心理上的一种文化反映。

从廉政文化的构成要素来看，可以将其概括为四个方面：廉洁的公职人员、廉洁的政府、清明的政治、尚廉的社会。第一，廉洁的公职人员可以概括为三个方面十二个要点：①物质上：不贪墨，不苟取，节俭；②为人上：正直，有志节，清高自洁，收敛自约，忠于国体；③处事上：明察，公道，奉公，遵纪守法。第二，廉洁的政府。最早是西方资产阶级革命时期提出来的，也是马克思主义的一贯主张。第三，清明的政治。在不同时代、不同国度有着不同的标准，但是它的实施途径是一致的，主要有三条：①以德治国；②依法治国；③实施宪政。第四，在尚廉的社会里，知廉识耻、自爱自重成为一种公认的社会风气，人们普遍认同“以廉为荣、以贪为耻”的观念，公共权力受到严格制约和监督。

目前，对廉政文化概念比较统一的认识是：廉政文化，是人们关于廉洁从政的思想、信仰、知识、行为规范和与之相适应的生活方式和社会评价，从根本上反映着一个阶级、一个政党的执政理念、执政目的和执政方式，是廉洁从政行为在文化和观念上的客观反映。从文化的角度来审视廉洁，以廉洁的尺度来评判社会，是廉政文化的根本特征。

以上是廉政文化定义的内涵，内涵揭示的是事物的本质属性。廉政文化的外延是指它所包括的范围，具体是指廉洁的政治文化、廉洁的社会文化、廉洁的职业文化和廉洁的组织文化等四个方面。第一，廉洁的政治文化，要求掌握公权力的人廉洁自律、淡泊名利、恪守宗旨、执政为民；第二，廉洁的社会文化，要求在全社会营造良好的廉政氛围，让健康向上的廉政文化充实人们的精神世界，使优秀的传统廉政文化和道德风尚在全社会发扬光大；第三，廉洁的职业文化，要求各职业阶层的从业人员恪尽职守、爱岗敬业、克己奉公、遵纪守法；第四，廉洁的组织文化，要求国家机关、社会团体、国有企业等公共组织处世公道正派、公正透明、诚实守信、廉洁高效。

总之，廉政文化是诚信文化。“人无信不立”。廉政是客观、公正、公平的前提和基础。政府的管理和服务都必须建立在诚信基础之上，贪污腐败、违纪枉法，必然导致诚信基础的坍塌，衍生出诸多的社会矛盾和问题，最终影响社会稳定和经济发展。廉政可以建立起政府与人民的互信关系，建立良好的党群干群关系，消除隔阂和误解。因而廉政文化还承载着社会和谐的使命。

廉政文化也是道德文化。崇高的道德理想信念给人以鼓舞，纯洁的道德情操给人以理智，正确的道德规范给人以准绳。对领导干部来讲，高尚的道德素质能更好地约束自己做到谨慎用权，守住防线。对全社会来讲，领导干部的从政道德对社会道德和家庭伦理道德起着示范和导向作用。德是人格力量的具体体现，人格支撑“官”德，人品提升“官”品。廉洁从政从业、两袖清风，是人格境界，也是职业道德操守。

四、廉政文化的结构

美国文化人类学家克鲁克洪指出：“每一种文化都是关系的复合体，都是既有序且相关的部分的多重体。”[1]廉政文化作为文化系统中的一个子系统，也是一个多种关系构成的复合体，有其自身独立的结构体系。廉政文化有两大结构：表层结构和深层结构。每一个结构中又有若干层次。它们之间构成一个系统，并且相互之间发生影响和作用。从当代廉政文化的建构来看，往往是表层结构与深层结构并重，既重视廉政制度文化，也重视廉政心理意识和思想体系，从而才得以在廉政文化建设方面取得很大的成就。

（一）廉政文化的表层结构

廉政文化的表层结构可以分为三个层次：①廉政规则；②廉政制度；③廉政组织机构和廉政设施。

1. 廉政规则

作为规则范畴，是指将一个社会中占主导地位的意识形态用规则的形式反映和表现出来，规定和制约着全社会成员的行为方式，成为一种为社

〔1〕［美］克莱德·克鲁克洪等：《文化与个人》，高佳等译，浙江人民出版社1986年版，第11页。

会成员必须遵守的行为准则。廉政规则规定了一个社会的政治制度、经济制度和法律制度，规定了廉政组织机构以及廉政设施的设置和建造，规定了廉政规范创制的各种规则和廉政法律运行的程序等，是各种廉政制度的规范化表现形式。因此，可以说，没有廉政规则，也就不可能有廉政制度、廉政组织机构。廉政规则是廉政制度的外在表现形式。

2. 廉政制度

廉政制度是与廉政文化结构——法律意识形态相适应的制度化表现形式，或叫作制度化了的廉政文化。廉政制度一般是由廉政规则规定的。一个国家有些什么样的廉政制度，该廉政制度之所以是这样而不是那样，都是由国家的一整套廉政规范加以呈现的。考察一个国家的廉政文化，廉政制度是一个很重要的内容。各国间不同的法律制度，体现了各自不同的廉政文化。廉政制度的重要意义在于，它构成了一个社会生活的核心内容，为各个国家所重视。现代国家在反腐倡廉中，更是将廉政规则以及廉政制度放在最重要的位置上。邓小平同志就曾对制度的重要性作过既形象又精彩的阐述："制度好可以使坏人无法任意横行，制度不好，可以使好人无法做好事，甚至走向反面。"〔1〕

3. 廉政组织机构和廉政设施

为了创制廉政规则并使廉政规则、廉政制度能够在国家的政治生活和社会生活中得到充分实现，就必须建立与之相配套的廉政组织机构和有关的廉政设施。因此它们是廉政文化表层结构的第三层次。

廉政组织机构是根据法律所规定的不同的权力职能范围而分设的。不同廉政机构的存在，表明在法律活动和法律秩序中权力和职能的不同分工。廉政组织机构的变化再现了不同民族和国家的廉政形态，也表明了廉政文化的发展水平。从某种意义上说，廉政组织机构和廉政设施是一个国家廉政制度的重要构成内容。廉政组织机构同社会形态有关，同各国法律发展进程有关，也同一个国家的历史传统、文化传统有关。廉政组织机构的发展演变，同时也反映了一个国家或社会廉政文化的变迁。廉政组织机构的发展变化，产生于由社会物质生产方式和生活方式导致的社会分工的变化

〔1〕《邓小平文选》第2卷，人民出版社1994年版，第333页。

而引起的变化。埃尔曼指出，新的情况“不仅要求制定新的法律，而且也要求创设适宜的机构实施新法律”[1]。廉政组织机构一般也是经历了由不完善到完善，由个别到普遍的一个过程。初期社会的廉政组织机构与行政机构有着千丝万缕的联系。随着社会分工的不断变化，社会关系的复杂化，廉政组织机构便从混合状态中逐渐分化开来，趋于专业化、精细化、部门化。

（二）廉政文化的深层结构

廉政文化的深层结构也可以分为三个层次：①廉政心理；②廉政意识；③廉政思想体系。

1. 廉政心理

廉政心理是廉政文化深层结构中较深的一个层次。它主要表现为一种心理的感受，以及长期形成的习惯和风俗等心理变化。处于不同文化背景之下的各个民族，将本民族在人类文明进步的过程中所创造的思想和价值观加以积累，使某种观念在人们心中凝聚，经过世代相传从而取得比较稳固的地位，形成该民族一种“超稳定形态”的民族文化心理。尽管社会在发展，上层建筑也随着社会经济基础的变化而发生相应的变化，但由于意识形态的相对独立性，表现在心理上就是一种相对稳定性和滞后性。它并不伴随着社会的变化而立即发生变化。即使遇到外来文化的冲击，它也会坚守自己的阵地。因此，廉政心理在文化上有两个特点：一个是它的潜意识性；一个是它的多样性。廉政心理隐藏在人们的意识深处，常常表现为潜意识或无意识，只有当人们通过某种方式（语言或行为）处理某一具体事情时，才会显露出来。另外，从一个社会来讲，廉政心理呈现出一种多样化趋向。社会中个体的多样化决定了廉政心理的多样化。社会中的人分为不同的阶层和利益集团，每个人又有不同的职业、身份，具有不同的文化、教育背景，所以每个人在处理社会问题时所持有的廉政心理就有所不同。廉政心理的相对稳定性和滞后性，也常常给一些廉政制度在实践中的实现带来困难。

2. 廉政意识

廉政意识是在一定社会条件下，人们对以现行法为主体的廉政规则和

[1] [美] 亨利·埃尔曼：《比较法律文化》，贺卫方等译，三联书店1990年版，第57页。

廉政现象的认识、评价、情感体验，进而调节自己行为的各种意识现象的总称。廉政意识较之廉政心理，它的感性成分在减少，理性成分在增加，是廉政心理向较高层次的廉政思想体系的一个过渡。廉政意识中既有廉政心理的成分，也有廉政思想的因素，是位于两者之间的一个中介环节。在廉政意识中，占核心地位的是廉政价值观。廉政价值观是人们对廉政规则及廉政现象所持的态度、认识、信仰、评价。廉政价值观决定和支配着人们的行为取向和行为选择。大量事实证明，法律是一回事，政府官员是否廉洁则是另一回事。公民个人的行为选择并不都是接受国家法律的指引，在某种程度上是根据公民个人在长期的生活体验中所形成的价值观去选择和决定。人们根据自己对廉政现象的认识、情感体验以及评价等，形成了个人的廉政价值观，进而用这种价值观对自己的行为进行调节，调节的结果可能产生合法行为，也可能产生违法行为。所以，虽然人的行为本身是外显的，但是隐藏在这种外显行为背后的乃是人们的廉政价值观，它在特定情况下支配着、决定着一个人的行为取向。因此，培养公民正确的廉政意识和廉政价值观是一件很重要的事情，它也是作为公民个人廉政文化素养的一个标志。

3. 廉政思想体系层次

将分散的、具体的、个别的廉政观念和看法等廉政意识转化为一套完整的、系统的、理论化的思想体系，便是廉政思想体系。廉政思想体系是廉政文化深层结构的最高层次。廉政思想体系是高水平的廉政认识，它的最显著的特征是整体性。廉政思想体系是廉政意识形态的高级阶段，理性的认识阶段，一般是以廉政理论、廉政学说的形式表现出来。廉政思想体系不像廉政意识那样，只是针对某个具体的法律问题的观点和认识，而是对有关廉政现象的一系列问题的整体化、理论化、系统化的思维。廉政思想体系一般是思想家的理性和思维的结果。因此，廉政思想体系的主体一般是特定社会中的廉政思想家，而不可能是全体社会成员。能够被称为廉政思想家的也只能是一个社会中创造廉政思想体系的那部分人。[1]

---

〔1〕 刘汇："论廉政文化的建构"，湖南师范大学2006年硕士学位论文。

第二节 廉政文化与其他相关概念的关系

一、廉政文化与廉洁文化

伴随廉政文化概念的提出，几乎同时也提出了廉洁文化的概念。最早阐述二者关系的是清华大学程文浩教授，程教授在其“加强廉政文化建设需回答的几个问题”一文中指出，在廉政文化之上，实际上还存在一个范围更大的文化形态即廉洁文化。所谓廉洁文化就是通过人民群众的社会公德教育和职业道德教育，营造一个廉洁奉公、诚实守法的社会氛围，以达到规范和约束个体行为的目的。他进一步分析说，廉政文化建设的重点，在于教育公职人员要规范行使权力，同时教育公民要孤立和反对腐败行为。廉洁文化的重点，是教育群众不论自己从事何种职业都要爱岗敬业、廉洁自律、诚实为人。两者之间在目标、任务和应用范围上存在一定的差异，使得以社会公德教育和职业道德教育为重点的廉洁文化建设，与群众的生活和工作息息相关而更能得到他们的认同。因此，通过廉洁文化建设能够为国家的反腐倡廉教育工作奠定更为坚实的基础。〔1〕

中国社会科学院“廉政文化研究”课题组，对廉政文化和廉洁文化下了不同的定义。廉政文化是关于廉洁从政的知识、观念、规范和与之相适应的行为方式及社会评价的总和。社会廉洁文化是指在经济、政治、文化和社会生活中，被社会成员普遍认同的具有廉洁价值导向的道德观念和行为方式。两者既相辅相成，又在对象、主体及内容上有所区别。廉政文化与社会廉洁文化的主要区别是：①范畴不同；②主体、对象不同；③作用功能不同；④作用领域不同；⑤要求程度不同。同时二者又具有共性，既相互作用又相互促进：①两者具有目标同一性；②两者互为促进、相互交融。

当前对廉政文化与廉洁文化的关系有以下几种认识：一是在理论研究中，把廉政文化和廉洁文化进行区分，因为廉洁文化比廉政文化的内容更

〔1〕 杨晓光：《廉政文化新探》，浙江人民出版社2005年版，第48~49页。

加丰富，区分开来方便理论研究和学术探讨的深入；二是在宣传活动中，统一使用廉政文化，避免群众在概念理解上的混淆；三是在建设推广中，两个概念重叠使用，在概念的内涵差异上区别不明显，但又不完全相同；四是认为廉政文化建设是目的，廉洁教育是手段。在廉政文化与廉洁文化的关系中，的确存在一时难以统一每个概念的使用范围，可仍沿用习惯提法。就长远的观点来看，在群众中大力提倡廉洁理念，开展廉洁文化建设，是全社会的奋斗目标；但从眼前的现实来看，必须突出党政机关等的廉政文化建设，把党政机关的廉政文化建设作为工作重点，同时兼顾在群众中开展廉洁文化创建活动。

二、廉政文化与党风

党风是政党及其成员思想作风、工作作风和生活作风的总称，是一个政党内通过一定数量的组织和成员的活动反映出来的、相对稳定和具有一定倾向性和影响的行为方式。党风既蕴含在党员个人思想、行为上，又体现为党组织及整个党的风貌和形象。在中国，党风和廉政是一对孪生体。中国是多党合作国家，中国共产党是执政党，在中国的公职人员队伍中，在各级政府及其组成部门中，处于关键位置的绝大部分是党员。在这样的国情下，党风与政风是共同的。廉政与党风，一方面两者有一个交叉的共同体，有相同的内容、共同的目标；另一方面两者又分属于不同的范畴，存在着一定的差异，不能互相取代。廉政与党风是交叉的，廉政是党风建设的重要内容，但不是全部；反之，党风是廉政建设的重要对象，但仅仅是一个部分。廉政需要弘扬党的优良作风，党风建设必须纠正不正之风，使公职人员廉政，两者的目的是一致的，殊途同归。

廉政与党风存在着一定的差异。第一，行为主体不同。党风的行为主体是中国共产党的各级组织和全体共产党员，廉政的主体是所有掌有公权者；并非所有的公职人员都是共产党员，或者说并非所有共产党员都掌有公权，两者主体具有差异性。第二，层次不同。廉政要求拒腐防变，廉洁奉公，执政为民；党风建设要求在坚持廉政的基础上，牢固树立党的根本宗旨，全心全意为人民服务，坚持党的最高纲领，实现共产主义理想。党风建设比廉政建设起点要高，要求更为严格，内容更为丰富。第三，程度不同。党的不正之风大量的属于党内矛盾和人民内部矛盾，是纠正；廉政建设的主要任务是反腐败斗争，是惩治。

党风与廉政，二者不能混为一谈，也不能截然分开。首先，党风和廉政的阶级特质是一致的。无产阶级的政党共产党，从其诞生之日起，就是为着无产阶级和全体劳动人民的利益而奋斗的。而党领导下的廉政建设，其着眼点就是使权力保持在人民自己手中。一切公职人员要甘当人民的“公仆”。在这样的人民政府中，不应该有骑在人民头上作威作福的老爷，也不应有贪赃枉法、敲诈勒索的腐败现象，而是廉洁奉公蔚然成风，受到广大人民群众的拥护和爱戴，充分体现无产阶级政党的阶级特质。其次，党风与廉政的根本目标是一致的。党风建设的目的是去除党内不良作风，继承和发扬党的优良作风；廉政建设的目的是清除腐败，使政权机构和公职人员保持廉洁。在中国，党风与廉政建设都是在党领导下开展的，其共同的目标是：通过加强党风和廉政建设，密切党、政府同人民群众的联系，团结一致，为实现党在社会主义初级阶段的总任务而奋斗。最后，党风和廉政建设的基本内容是一致的。党风建设的主要内容是：继承、发扬党的理论联系实际、密切联系群众、批评与自我批评三大作风。理论联系实际切忌说空话、说大话、文过饰非、弄虚作假的不良作风；密切联系群众即是随时接受人民群众的监督，不断修正错误；不断地批评与自我批评，可以起到树正气、刹歪风的作用。关于廉政建设的基本内容和要求，在中共中央 1988 年 6 月发出的《关于党和国家机关必须保持廉洁的通知》中指出：“党和国家机关工作人员要正确运用人民赋予的权力来为人民办事，切实做到：严守法纪，不贪赃枉法；秉公尽责，不以权谋私；艰苦奋斗，不奢侈浪费”。廉政建设与党风建设，在共产党执政的条件下，在改革开放的新形势下，其基本内容和要求是共通的。[1]

三、廉政文化与反腐败

20 世纪 90 年代以来，腐败成为全世界最关注的焦点问题，无论是在发达国家还是发展中国家，腐败已成为各国政府最大的敌人。而在经济转型

---

〔1〕 麻承照：《廉政文化概论》，中国方正出版社 2014 年版，第 26 页。

国家，腐败的危害最大，被视为最大的社会污染，也被视为最大的社会挑战。

腐败一词原意是指物质的一种化学运动状态，即事物由原初的纯粹状态而变质和腐烂，后来演变为泛指人类道德行为或社会风气的败坏和堕落，一般是指权力的腐败，即权力职能的蜕变。美国反腐专家海登海默认为，“腐败就是运用公共权力来谋取私人利益的行为”。

廉政与腐败是一对矛盾体，二者相生相克。其一，廉政与腐败相克，二者不可能同时存在或者不存在。在现实社会生活中，廉政盛行的同时，又到处充斥着腐败是不可能的；反之，一个社会既不盛行廉政，也没有腐败充斥，也是不可想象的。其二，廉政与腐败相生，一个社会中如果公权得到了正确的行使，廉政便成了主流，腐败现象自然而然就少了；相反，如果公权被滥用，权力产生了蜕变，腐败就必然泛滥成灾。廉政必须反腐败，不反腐败的廉政如同竹篮打水；反腐败必须搞廉政，不搞廉政的反腐败是空中楼阁。这是相生相克、不生不灭、不破不立的哲理。

廉政与腐败是一对矛盾体，所以，反腐败和廉政文化具有一致性。其一，反腐败与廉政建设的目标是一致的。两者都是为了清除党内和国家机关内的各种腐败现象和不正之风，纯洁党员干部队伍，保持国家机关的清正廉洁。其二，反腐败是廉政建设的重要内容。如查处以权谋私案件、惩治失职渎职行为，既是反腐败的重要内容，也是廉政建设的重要内容。事实上，很多腐败现象都是党风、政风不正的突出表现。

反腐败与廉政文化建设也有明显区别。反腐败斗争重在“反”，廉政文化重在“建”。一个是严酷的，一个是温和的。现实需要的是，重点强调廉政文化建设，给人以信心，使人有希望。

第三节　廉政文化的特征和功能

廉政文化不同于一般的社会文化，它的特征和功能与一般的社会文化的特征和功能也不同。廉政文化作为一种理性和自觉的先进文化，具有深厚的历史渊源、广博的文化知识和丰富的社会实践，是社会主义经济建设、政治建设、文化建设和社会建设的重要组成部分，具有鲜明的特征和特定的功能。认识、把握廉政文化的特征，实现廉政文化的功能是研究廉政文化的根本目的。

一、廉政文化的特征

1. 廉政文化具有先进性

无论是哪种廉政文化，在当时当地都与腐败文化相敌对，是克制、反对、消除腐败文化的最好武器，它总是具有先进性。由传统“廉”文化、马克思主义的廉政文化、西方廉政制度整合而成的中国当代廉政文化，在指导思想上、目的上、内容上都具有先进性。

作为社会主义廉政文化，是以先进的廉政制度为基础，以先进的廉政理论为统领，以先进的廉政思想为核心，以先进的廉政文化艺术等为载体，以“廉洁”为主题开展一系列文化教育活动。在指导思想上，始终坚持以马列主义、毛泽东思想、中国特色社会主义理论为指导，正确地对待传统文化中的廉和西方廉政制度，从宗教、道德、民俗中汲取有益的营养，始终坚持正确的政治方向。在目的上，它始终把目标定位在公职人员和社会公众，以科学的理论武装人，以正确的舆论引导人，以高尚的精神塑造人，以优秀的作品鼓舞人，不断提高公职人员正确行使公权的意识、能力、水平，努力做到公权行使的公平正义，带动民众崇尚廉洁，从而营造一个以廉为荣、以贪为耻的社会良好风尚。在内容上，中国当代廉政文化通过对中国传统的“廉”文化、马克思主义的廉政文化、西方的廉政制度进一步整合和优化，形成完整而系统的知识和理论，树立起马克思主义世界观、人生观、价值观和正确的权力观、地位观、利益观，能准确地辨识复杂的社会现象，给人对照反观，使人知荣辱、晓美丑。

廉政文化是先进文化，是社会主义先进文化在廉政建设方面的集中反映，其核心价值观是务实、为民、清廉。它绝不是具有浓厚人治色彩的“清官文化”的翻版。它扬弃了中华民族历史文化遗产，继承和光大革命传统，吸收包括国外执政党加强廉政建设在内的一切文明成果，它具有中国特色社会主义性质，是与建设社会主义市场经济体制、发展社会主义民主政治相适应的。它具有与时俱进的文化品格，坚持不断创新、不断丰富，始终保持自己的先进性。廉政文化的精神实质，是坚持社会主义先进文化的根本要求，引导全党牢固树立中国特色的社会主义理想，牢记全心全意为人民服务的宗旨，增强执政为民的自觉意识，不断提高执政能力和执政水平，增强拒腐防变和抵御风险的能力。

2. 廉政文化具有群众性

廉政文化的群众性具体表现在廉政的行为主体和对象均具有群众性。首先，行使公权的行为主体具有群众性。公权行使的行为主体不仅是国家机关工作人员，还包括所有掌握公权的人，这在我国不仅数量众多，而且行为的影响力广泛。其次，公权行使对象具有群众性。人民群众是廉政文化最广泛的主体，也是廉政文化不断丰富发展的源泉。在人民群众中蕴藏着廉政文化的丰富资源和聪明才智，离开群众的参与和支持，廉政文化就失去了根基和土壤。廉政文化所涵盖的内容，也表达了人民群众的心声、愿望和要求，得到了人民群众的支持和拥护，为营造崇廉尚洁的良好氛围奠定了扎实的群众基础。最后，廉政文化的文艺形式和内容，丰富多彩，喜闻乐见，雅俗共赏，老少皆宜，极大地激发了人民群众参与的热情，蕴涵着深厚的群众基础。

3. 廉政文化具有针对性

廉政文化建设必须牢牢抓住主要矛盾，兼顾次要矛盾，突出重点，增强针对性，以点带面，整体推进。廉政文化建设的重点就是那些手中握有权力的党政干部，他们以身作则的示范和导向作用是巨大的，他们也是抓廉政文化建设的责任主体，这是廉政文化建设的“永恒”主题，忽视这一重点就是舍本求末。所以廉政教育和宣传不能仅仅停留在群众喜闻乐见的形式上，更要求对掌握公权的党政干部有警示和约束的作用。

4. 廉政文化具有实践性

我国廉政文化具有深厚的历史渊源、广博的文化知识和丰富的社会实践。廉政文化既是一个理论问题，更是一场实实在在的“行动”，具有极强的实践性。廉政文化的实践性决定廉政文化建设一定要做到知行合一。理论探索固然重要，但更要注重切实可行，真正有用、好用、管用。廉政文化的实践性决定了此项建设必须坚持：①理论联系实际，重在实践。②言行一致，贵在示范。领导干部要起模范带头作用，修身正己，切忌说一套做一套。③循序渐进，积极探索，勇于创新，及时总结，逐步提高。④求真务实，用实功，求实效，力戒形式主义。廉政文化作为新生事物，无论是理论上还是实践上都处在探索阶段，经验上还谈不上十分丰富。

5. 廉政文化具有开放性

一个人固步自封会导致他的停滞不前，一个国家固步自封、闭关锁国则有可能导致国家的覆灭。同样，一种文化的狭隘也有碍于这种文化的健康发展。要想廉政文化健康发展，并达到最终在全社会形成廉政文化氛围的目的，就必须学习古今中外一切关于廉政文化的优秀理论成果，吸收、借鉴其他国家关于廉政文化建设的优点和长处，取其精华，去其糟粕，在学习和交流中不断丰富和发展我国的廉政文化。例如，我们可以学习瑞典的立法公开、信息公开、政务公开等一系列阳光政务举措；也可以学习美国的道德立法，通过加强道德立法来促进公职人员自觉廉洁从政；还可以学习新加坡的高薪养廉制度，以及领导人在廉政建设中的垂范作用，等等。相信这些国家在廉政文化建设中的优秀举措会给我们国家的廉政文化建设带来很大的启示，汲取他们在廉政文化建设中的优秀成果，定能促进我国廉政文化的健康、快速发展。只有根据环境的变化，不断以新的“文化群”代替旧的“文化群”，廉政文化才会充满生机和活力。

二、廉政文化的功能

1. 廉政文化具有导向功能

廉政文化作为先进文化的组成部分，对社会具有较强的辐射功能和潜移默化的教育功能，它起着弘扬主旋律，鼓舞和凝聚人心的作用，对人们树立正确的世界观、人生观、价值观具有不可替代的作用。尤其是当今世界，社会成员的多元化，利益主体的多元化，使文化也呈现多元化状态。而文化的多元化不仅仅是表现为传播手段的多样化，还表现为形式上的多元化。它赞成什么、反对什么都具有鲜明的指向性。它可以让人民群众在获取各种信息的过程中，自觉不自觉地接受文化的熏陶，从而使人们的思想和行为带有明显的倾向性。

2. 廉政文化具有熏陶功能

廉政文化来源于社会生活又渗透于社会生活，影响着、陶冶着人们的精神和灵魂，改变着人们的生活方式，是推动人类社会前进的精神动力和强力支持，对人们的思想认识、道德情操起着潜移默化、感染熏陶的作用。学习先进文化如同精神沐浴，会不断冲洗掉思想上的污垢，锻造党员干部的浩然正气和人格力量。

3. 廉政文化具有约束功能

党员领导干部的行为是受其思想、精神和灵魂支配的，廉政文化可以通过一系列的价值观念来约束和控制人的行为，指导人们什么该做，什么不该做。如果违反道德准则，廉政文化的软性控制就会发生作用，对自己的行为自动地加以纠正，从而促进党员干部廉洁自律。具体表现为：一是能从道德上进行规范。道德直接受人文环境的影响，而人们在参与各种形式的廉政文化活动、陶冶情操的过程中，可使道德得到纯洁，行为得到约束；二是能从思想政治上进行规范。廉政文化作为思想政治理论的重要载体之一，以其鲜活的形式对思想政治理论进行广泛的传播，不断给广大党员干部和人民群众灌输思想政治理论，使其行为受到正确引导；三是能从制度上进行规范。廉政文化包含廉政制度文化，廉政制度文化包括党纪政纪条规和廉政法规汇编，广大党员干部通过学习，无疑会起到规范作用。

4. 廉政文化具有凝聚功能

廉政文化是一种文化体系，一种廉政理念，它能使全体社会成员尤其是广大党员干部在同一类型和模式中得到教育、培养，从而以相同的价值观念、思维模式、行为方式使广大党员干部在不同层次上联系起来，凝聚起来，使整个队伍因同一文化渊源而形成强大的、向心的凝聚力。同时廉政文化还能通过卓有成效的艺术形式挖掘和培养人们以廉为荣、以贪为耻的共同情感，使人们彼此一致而凝聚在一起。这对于引导公职人员和领导干部提高廉洁自律意识，团结一致发挥工作积极性和创造性具有重要作用。

5. 廉政文化具有批判功能

廉政文化是腐朽文化的对立面和批判者，如唐代诗人白居易诗云：“只见火光烧润屋，不闻风浪覆虚舟。名为公器无多取，利是身灾何少求。”间接地对腐败和贪婪进行了批判。廉政文化的批判功能主要是通过诗歌、小品、民间歌谣等艺术形式加以发挥，以图从根基上摧毁极端个人主义、享乐主义等观念，在全社会形成以腐败为耻的氛围，从而有效地遏制和惩治腐败现象，达到干部廉洁、政治清明的目的。

6. 廉政文化具有舆论监督功能

腐败现象不得人心，所以最怕公众和社会舆论。而廉政文化是“廉政”特殊性与“文化”普遍性的有机统一，它往往利用文化建设的形式、载体、阵地等资源，唤起人们的监督意识，从而产生强大的感召力而激起人们去监督。廉政文化的氛围形成后，广大人民群众会更加明白，公职人员的腐败行为不仅是在侵害国家和集体的利益，同时也是在侵害自己的利益，随着廉政建设的深入，民众的政治参与程度也会越来越高。这个时候民众就会自发地对公职人员的行政行为进行监督。公职人员的贪污腐败行为为社会公德所唾弃，必将在公众监督的阳光之下曝晒而死。

第四节 廉政文化的使命

文化是一个国家的立国之本，它关系着一个政党、一个国家、一个民族的兴衰存亡。廉政文化是社会主义先进文化建设的重要内容，它肩负着重要的历史使命。它不但要应对腐败现象蔓延所带来的时代挑战，从源头上防止腐败的滋生，更肩负着传承历史薪火、弘扬人类文明的伟大使命。

一、应对时代挑战

我们处在一个充满变革和历史机遇的时代。完成时代任务，就是抓住机遇、战胜挑战、破解难题的过程。反腐倡廉工作如何把握时代脉搏，迎接时代的考验，是迫切需要作出回答的重要课题。

（一）反腐败遭遇文化瓶颈

我们民族的血脉中既流淌着先进文化因子，也残留着难以剔除和剥离的消极和落后文化。反腐败受到很多因素的制约，其中一个重要的因素就是消极文化。传统文化中的糟粕、市场经济的负面因素、西方的一些腐朽观念等相互交织所形成的消极文化性因素，制约着反腐败斗争。从某种意义上说，消极文化性因素已形成反腐败的瓶颈。

第一，中国传统消极文化中存在着“笑贫不笑娼”的社会风气，进而演变成了“笑廉不笑贪”的社会心理。过去由于生产力的相对落后，一些人为了追求财富，享受生活，颠倒了贫富观，于是，社会心理遭到扭曲，对贫穷深怀恐惧，对财富无原则地崇拜，只要有钱，不问来路；只要能赚钱，不计人格。对廉洁的人要么认为是傻瓜，要么看成是假清高；反而对贪官污吏仰视，认为有能耐、有魄力。正是在这种心态的支配下，腐败分子暴露出了那种穷怕了的贪婪相，飞蛾一样地扑向腐败的“高压线”。而一般人对官员吃点、拿点，不仅熟视无睹，而且认为理所当然。其根源是没有纳税人的意识，不懂得这是侵害自身利益的行为，反而认为是国家的、集体的，与自己无关。一些人认为，官员只要替百姓做事，吃点、拿点不算过分。这种现象已经成为腐败亚文化。个人的腐败是次要的，对社会而言是有限的，而群体的堕落促使贪官任意放大手中的权力，对社会而言则是可怕的。

第二，凭关系为官办事成为主流生活方式。建立在小农经济基础上的社会关系，天然地具有血缘、地缘的特征，以及由此衍生出来的“人情关系”。因人情关系的存在，人际关系趋于扭曲并出现不正常的社会现象。吴思在《潜规则》一书里，比较系统地论述了这种现象，并非常富有创意地用“潜规则”一词高度概括出这种文化的特点，即除了在台面上公开的一套“规则”如原则、政策、规定等，还有在生活中通行的另一套“潜规则”，而且往往后者比前者更易执行、更有效力。这种文化糟粕的影响与现实生活中的碰壁经验，禁锢了百姓的思维，扭曲了一些人为官做事的准则。于是乎，办事、晋升需要金钱润滑、需要关系照应的观念，渗透于人们的日常生活中，左右着人们的思维习惯。这种心态常常使对腐败分子的查处抱有同情和容忍，甚至麻木不仁。

（二）“摸着石头过河式”反腐败的局限

我们党的反腐倡廉，是与改革开放和建设社会主义市场经济的进程相伴随、相适应的，在指导思想、基本方针、工作格局、制度建设、战略部署等方面，都没有太多的现成经验可供借鉴，是在探索中前进，在前进中完善，也可以说是“摸着石头过河式”的反腐败。所以，反腐败的立法和规章经常滞后于腐败的速度，暴露出疲于奔命的状况。

目前我国反腐倡廉思路转变调整还不到位。我们党执政60多年来，反腐败斗争大体上可以分为三个阶段：①“运动反腐”阶段。从1952年开展“三反”“五反”运动开始，到党的十一届三中全会以前，长达20多年的时间是在“以阶级斗争为纲”的思想指导下，政治运动、群众运动不断，是以运动的形式来反对腐败。②“权力反腐”阶段。时间是从党的十一届三中全会以后到党的十六大召开以前的又一个20多年。改革开放以后，腐败来势凶猛，形势错综复杂，斗争非常艰巨，基本特点是“权力反腐”，典型表现就是大量制定党风廉政方面的法律、法规、规章及规范性文件。这些大量的应急性和限制性的法律、法规、规章及规范性文件，对打击和遏制腐败起到了一定的作用，也取得了不少阶段性成果。但是，并没有从根本上解决问题，正如人民群众所批评的“几十个文件管不住一张嘴”。因此，腐败的发案率居高不下。据中央纪委在向党的十五大、十六大提交的工作报告中，有这样的一组数据：1992年至2002年的两个五年期间，全国处分党员数分别为669 300人和846 150人，后者比前者增加26.4%；开除党籍数分别为121 500人和137 711人，增加13.3%；处分县（处）级领导干部数分别为20 925人和28 996人，增加38.6%；处分厅（局）级领导干部数分别为1673人和2422人，增加44.8%；处分省（部）级领导干部数分别为78人和98人，增加25.6%。这些情况说明，在改革开放过程中，政府“权力缺位”“权力越位”“权力错位”现象，给腐败提供了生存的空间，权力反腐只是头痛医头、脚痛医脚的权宜之计。同时，体制性障碍和制度性腐败制约了“权力反腐”行为。③“制度反腐”阶段。2003年以后，以《中国共产党党内监督条例》和《实施纲要》的出台为标志，以构建教育、制度、监督并重的惩治和预防腐败体系为目标，反腐败斗争逐步走向“制度反腐”的新阶段。它涵盖惩治与预防两大功能，是治标与治本的统一，真正形成用制度规范行政行为，按制度办事，靠制度管人的长效机制。但是，目前还是“权力反腐”与“制度反腐”两轨并行，与真正意义上的“制度反腐”还有一定的距离。

（三）民主发展的先天性缺陷

历史悠久的中国经历了漫长的封建社会，民主发育迟缓。我们党执政后，在发展民主方面作出了许多的努力，取得了良好的成效。特别是改革开放以来，我们党一直随着整个改革发展进程积极稳妥地推进政治体制改革，社会主义民主政治建设取得了重大成果。

目前，在发展民主的认识上应当纠正以下几种错误观点：①发展民主会削弱党的领导。中国共产党自建党之日起，就把发展民主写在自己的光辉旗帜上。政党经验表明，政党的活力、创造力，都源于民主。党的十六大指出，党内民主是党的生命，对人民民主具有重要的示范和带动作用。保持党的先进性，增强党的战斗力，关键是要发展党内民主。没有党内民主，党的先进性就不可能增强，也不可能保持，甚至无从谈起。没有民主的集中，是高压态势下的集中，这种集中是产生人治的温床，容易滋生腐败。②西方经验不适用本国实际。回顾历史，人类社会的每一次进步，都是民主的力量。民主是世界性的潮流，也是历史发展的必然趋势。各个国家，由于这样那样的原因，选择了不同的发展道路，形成了各种社会制度，民主发展的模式也千姿百态，这构成了人类社会丰富多样的画卷。就民主而言，是由各国的历史、民族特点和文化传统所制约和决定的。但在强调本国实际情况特殊性的同时，也要看到人类社会发展是有规律可循的，一些共同规律，一些共同需求，一些共同愿望，都逃脱不了历史发展趋势的制约和推进。吸收和借鉴人类社会创造的一切文明成果，我们的民主发展就会顺利一些，少走一些弯路。③群众素质达不到民主的要求。历史发展的大趋势与人民群众的人心所向，在本质上是一致的。因此，我们要相信人民群众，依靠人民群众。但是，一些人认为，目前群众素质比较差，特别是中国还有好几亿农民，因而，加快民主发展主体的素质条件不具备。这种观点是错误的。中国社会科学院曾经组织过一次大规模的调查，其数据表明，民主与所谓的学历等文化素质关系不大，而是与利益密切相关。据统计，目前全国60多万个村委会在搞民主选举，民主正逐步进入农民的意识领域。尽管还存在着这样那样的问题，村委会民主选举这个事实，首先就表明农民已经具备了朴素的民主愿望和基本的民主素质，往更宽领域、更深层次、更高层级的民主选举发展是有可能的。④加快民主建设会影响社会稳定。邓小平同志说，稳定压倒一切。正确处理改革、发展、稳定三者之间的关系，是我们的重要工作原则。我们有太多的苦难，让我们感到不稳定的苦楚、隐忧，这是历经劫难后的清醒与可贵。影响社会稳定的因素很多，但把发展民主与社会稳定绝对对立起来，则是有害的。当前，一些地方、一些部门不稳定，恰恰是民主发展不够。比如，党员的知情权、参与权、表达权和监督权没有得到很好落实；民主决策、民主管理、民主监督不到位；党务、政务不够公开，暗箱操作时有发生等，群众意见很大，产生了各种矛盾，引发上访事件日趋增多，社会更加不稳定。加快发展民主，是落实人民群众当家作主的坚实基础，是还权于民的体现，必须从这样的战略高度来理解民主，才能更好地促进民主的发展，才能保证社会的稳定。

发展民主可以促进反腐倡廉。在漫长的封建社会，始兴终亡的幽灵同中国的历史形影不离。1945 年 7 月，忧国忧民的黄炎培先生，满怀疑惑地踏上了当时共产党的政治中心延安，试图在这找到跳出“历史周期律”的钥匙。共产党的勃勃生机与活力，让黄炎培先生在感到由衷欣慰的同时，发出了萦绕在他心中的困惑：共产党有何良策避免“其兴也勃焉，其亡也忽焉”的周期律。这是一句历史的追问，也是一句逆耳的忠告。毛泽东同志为他也为中华民族的发展找到了答案：“我们共产党人不会重蹈历史覆辙，因为我们已经找到了一个办法，这就是民主；共产党能够跳出始兴终亡的周期律，因为我们有人民群众的监督。”但是光有民主理念，并不等于就有了完善的民主，民主制度的建立和完善、民主实践由浅入深的发展都还是空白，在实践中民主政治建设还是走了不少弯路。近年来，腐败现象的滋生蔓延，腐败分子的“前腐后继”，其主要原因是教育不扎实，制度不健全，监督不得力。而形成这“三不”状况的重要原因是民主发扬不够。因为民主不够，好制度出不了台；因为民主不够，不敢监督；因为民主不够，暗箱操作经常发生。胡锦涛同志在中央纪委第六次全会上指出，发展党内民主是有效防治腐败的根本途径。通过发扬民主，培养民主意识，构建公民社会；规范政务公开，推进党务公开，打造监督的平台；整合民主监督资源，构筑监督格局；健全民主制度，形成权力制衡的运行机制。只有这样，才能从源头上遏制和消除腐败。

二、遏制腐败源头

反腐败历程告诫我们，不但要看到从源头上防治腐败的重要性，而且要知道什么是腐败的源头；不但要懂得腐败的源头，而且更重要的是要善于从源头上防治腐败。

虽然腐败的表现形式多种多样，从不同角度分析，腐败的源头可能有各种各样的定义，但文化是腐败的重要源头。因为，人从来到这个世界那一天开始就受到环境的制约，文化气候对人的作用不可低估。所以，古有孟母三迁之说，今有净化环境之举。廉洁指数排名很前的瑞典，其前议会监察总长克劳兹·埃克伦德在接受采访时说："在瑞典腐败是非常不能接受的事，这可能跟我们的历史和文化有关"。瑞典一位检察长说，他从事检察工作 32 年，没有受理过一起官员腐败的案件。这些都说明，既然腐败有深层的文化背景，那么，我们就应该从文化入手，探索防治腐败的办法。

目前，无论是各级纪检监察机关，还是各级党政机关决策部门，无论是从事反腐倡廉工作的实际工作者，还是各类专家学者，都认为制度是反腐败的根本。据历史记载，明、清两代达到了历朝贪污状况的顶峰。富有讽刺意味的是，这两代惩办贪官的严厉程度，也达到了历朝的顶峰，但几乎年年有贪污案件发生，甚至边惩边犯。古有明太祖重典治贪，株连九族，设皮庙场，却发出"为何朝杀暮又犯"的哀叹；今天，虽然反腐败力度不断加大，一个战役接着一个战役开展严打和专项斗争，效果并不理想，腐败分子"前腐后继"，飞蛾扑火般。历史与现实教训一再告诫我们，既要加大惩处力度，更要加强制度建设。品行好，人不忍为恶；制度好，人不能为恶；法制严，人不敢为恶。那种期望吏无贪欲，官为圣贤，主张教化为本，感化为怀的人性治理模式是根本行不通的。只有从权力制约和制约制度化着眼，建设结构合理、配置科学、程序严密、制约有效的权力运行机制，整个社会才会有廉政清风。

制度反腐败是根本，这无疑是对的。许多人看到了制度表面条款的硬约束，认为唯有制度才是反腐败的根本出路。其实制度刚性条款的基础是柔性的文化。从一定意义上说，制度是文化的外在表现形式，有什么样的文化，就会制定出什么样的条款。没有好的文化环境，好制度不容易出台；没有好的文化氛围，再好的制度也难以执行。制度必须以文化为底衬，坚持以人为本，体现先进文化的要求，符合特定社会心理，凸显民族意识。所以，我们要穿越制度条款的时空，找到文化作用的定位，更加重视廉政文化建设。

实践证明，既要坚决查办违纪、违法案件，严惩腐败分子，又要调整思路，改进办法，不断提高防治腐败的能力和水平。如果我们只抓惩治这一手，不注重抓预防这一面，往往会查不胜查，出现前赴后继、纠而复生的现象。坚决惩治腐败是我们党执政能力的重要体现，有效预防腐败更是我们党执政能力的重要标志。历史和现实也都表明，无论什么样的政党，如果不能有效预防腐败和坚决惩治腐败，不能遏制腐败的滋生蔓延，就不可能取得政权，也会毁掉已经取得的成果或丧失执政地位。因此，我们必须坚持惩治、预防两手抓，加大预防腐败工作的力度，多管齐下，充分发挥惩防并举、注重预防的整体效能。党的十一届三中全会至党的十五大前，党中央根据改革开放后腐败现象增多的情况，主要实行标本兼治、侧重遏制的反腐败思路。党的十五大后，随着中国经济发展和改革开放的不断深入，党中央采取标本兼治、综合治理、逐步加大治本力度的反腐败思路。党的十六大后，把预防腐败放到更加突出的位置，强调教育、制度、监督是预防腐败体系不可或缺的三个环节，要求在加强教育上下功夫，使领导干部自觉拒腐防变，带头廉洁自律；在完善制度上下功夫，建立结构合理、配置科学、程序严密、制约有效的权力运行机制，推进反腐倡廉工作的制度化、法制化，发挥法规制度的规范和保障作用；在强化监督上下功夫，保证把人民赋予的权力用来为人民谋利益。党的十七大以后，党中央把反腐倡廉建设放在更加突出的位置，坚持标本兼治、综合治理、惩防并举、注重预防的方针，扎实推进惩治和预防腐败体系建设。党的十八大以来，党中央对党风廉政建设和反腐败斗争作出了许多新部署新要求，习近平同志在十八届中央纪委第二次全会上强调：要加强对权力运行的制约和监督，把权力关进制度的笼子里，形成不敢腐的惩戒机制、不能腐的防范机制、不易腐的保障机制。

三、传承历史薪火

中华民族五千年的灿烂文明，历经劫难而绵延发展，成为人类发展史上一道亮丽的风景线。曾经，外敌的坚船利炮轰开了中国的大门，美丽而富饶的山河遭受蹂躏，但中华民族的文明始终没有屈服过，而是顽强地生长。现在，市场经济既促进了我们的民族文明，培育了新的民族文化，却也销蚀着民族的文明。吐故与纳新、开放与固守，永远是对矛盾。廉政文化要在遇到矛盾时解决矛盾，在传承中发展。

文化的一个主要功能，就是在文化共同体内形成和强化内部认同。在国家民族层面，文化认同的作用尤其重要。由于中国近代遭受西方列强的入侵，赔款割地，丢尽颜面，进而怀疑我们祖先创造的文化的优势。这种文化自信的丧失，伴随而来的是文化认同的失效，对传统文化从内心里的鄙薄。典型的例子是"五四运动"时对传统文化几乎全盘否定，"文化大革命"时要彻底"革"掉儒家文化的"命"，改革开放后一些人提出"蓝色文明"优于"黄色文明"的论调。

对于一个民族来说，文化是它特有的历史创造累积和精神雕刻，是它特有的生存方式。正如艾斐所说："一个人的思想风貌、精神境界、道德情操、认识水平、智慧程度、创新能力，一个民族的灵魂与脊梁，一个社会的秩序、公正和良知，一个国家的文明程度和进取精神，一个时代的变革力量、开拓勇气、知识储存和道德素养等，都是文化及其作用所形成的结果，都是文化用自己神秘而万能的雕刀所精心雕塑出来的精神形象、道德形象、智慧形象与文明形象，都是文化的造化与赐予。"〔1〕经济全球化的浪潮，可以促进和加快民族的融合，包括文化，但这决不意味着要以丧失民族文化为代价。席云舒说："无论从学理的角度还是从历史的角度看，不同的文化之间在文化价值上都很少是可以通约的。……一种文化不可能实现对另一种的完全取代，这也是我们从中国这一百多年的'西化'中获得的教训。正是基于这样的原因，我们说'文化全球化'只能是文化资源的全球化，而不可能是文化价值内涵的全球化"〔2〕。这与亨廷顿在《文明的冲突与世界秩序的重建》中的观点相似，他说："在未来的岁月里，世界上将不会出现一个单一的普世文化，而是将有许多不同的文化和文明相互并存。"〔3〕

中国现阶段腐败现象滋生蔓延的原因的确是多方面的。中国有几千年封建社会的历史，封建主义残余思想在党内和社会生活中至今仍然存在。在实行对外开放的条件下，西方腐朽思想和生活方式乘隙而入，侵蚀一些党员干部的思想。中国正处在由计划经济体制向社会主义市场经济体制转

〔1〕 艾斐："关于民族化与全球化"，载《人民日报》2002年7月7日，第8版。

〔2〕 席云舒："文化全球化：现代化的误区"，载《光明日报》2003年6月19日，第9版。

〔3〕 ［美］塞缪尔·亨廷顿：《文明的冲突与世界秩序的重建》，周琪等译，新华出版社1998年版，第156页。

变的过程中，由于制度和机制的不健全、不完善，管理和监督工作中存在一些漏洞和薄弱环节，客观上给腐败现象的滋生蔓延留下了可乘之机。有些地方和单位对党员干部的思想政治工作抓得不紧，拜金主义、享乐主义和极端个人主义在一部分党员干部中滋长。概而言之，既包括历史原因和现实原因，又包括主观原因和客观原因；既包括经济原因，也包括政治原因。鉴于此，我们不能单纯地把腐败问题一股脑儿地归咎于传统文化，以此成为腐败分子自己陷入腐败泥潭的借口，也不能成为某些领导对腐败现象蔓延责任的开脱，更不能以此否定传统文化中廉政理论与实践的现实借鉴作用。

四、弘扬人类文明

当今的世界是一个越来越开放的世界，旧的秩序已经打破，新的模式正在建立。人类社会正面临着历史的转折，遇到的难题比以往任何时候都要复杂和深刻，比以往任何时候都需要携手合作，共同反腐败，共创美好未来。

腐败是附着在人类文明史上的恶瘤，也是各国共同面临的痼疾，有效治理腐败、创造文明世界是各国执政党共同的愿景。各国执政党为了长期执政，千方百计地采取措施控制腐败。同时，成立国际性的反腐败非政府组织，以共同解决腐败问题。目前，世界上比较有影响的反腐败非政府组织主要采用四种指数或指标来衡量和评价各国的腐败与廉洁状况，以此来促进各国的反腐败进程。一是透明国际组织的清廉指数；二是世界银行的腐败控制指数；三是全球竞争力报告指标；四是商业国际组织指标。这四种指数或指标，虽然可能不完全适合各国的情况，但在一定程度上还是可以反映各国政府腐败状况的。

另外，政党之间的交流也在不断促进反腐败。廉政是各个有作为的执政党所追求的目标，文化是人类共同的精神财富。通过廉政文化，一方面可以展示各个执政党的良好形象，增强国家的软实力；另一方面可以充分学习他人之长，增强文化自信，加强执政地位。我们国家于 2005 年 12 月 17 日加入了《联合国反腐败公约》，意味着我们主动融入国际组织，真诚希望加强反腐败国际合作的强烈愿望，体现了一个负责任大国的形象。从

1995 年开始，透明国际组织每年都对世界各国腐败状况进行评估排位，此外，透明国际组织还根据历史资料对 1995 年之前各国的腐败状况进行了估计。中国的清廉指数总体上呈上升趋势。这表明，我们党和国家加强反腐败国际合作工作结出了沉甸甸的果实，得到了世界的理解和认可。[1]

阅读书目

1. [英] 爱德华·泰勒:《原始文化》，连树声译，上海文艺出版社 1992 年版。

2. [美] 克莱德·克鲁克洪等:《文化与个人》，高佳等译，浙江人民出版社 1986 年版。

思考题

1. 查阅资料搜集有关“文化”的各种解释，并加以评述。

2. 目前廉政文化的定义并不统一，你认为应该如何界定廉政文化的内涵和外延?

3. 如何区别廉政文化与廉洁文化?

4. 你认为开设本课程的意义何在?

---

[1] 张利生:《廉政文化建设要论》，中国方正出版社 2014 年版，第 30 页。

第二章
中国古代的廉政文化

中国古代的廉政文化，是博大精深的中华历史文化的重要组成部分，其历史源远流长，在今天，仍然极富教育意义，具有巨大的感染力。中国古代的廉政文化，概括起来，主要体现在三个方面，即廉政思想、廉政制度和廉政人物。这三个方面都包含着极为丰富、厚重的内容，体现了古代政治文明的卓越成就。

第一节　中国古代的廉政思想

廉政，在国家层面，是一种政治文明形态；对官员个人而言，则是一种从政品质和风范。有关廉政的思想，是伴随着公权的产生而产生的，并且随着阶级社会的不断发展，逐渐走向成熟。概括起来，中国古代的廉政思想主要表现为八个基本理念，即民本、德治、任贤、治吏、法治、勤政、节用、教化。

一、民本思想

民本思想是中国古代倡导的根本从政价值理念。价值观是思想的灵魂，民本观念是中国廉政思想的基石。

夏启废除禅让制开始了家天下的世袭制，但其子太康即位后便沉迷游乐，不理朝政，结果被放逐，是时，《五子之歌》讽之曰：“皇祖有训，民可近，不可下，民惟邦本，本固邦宁。”〔1〕这是关于民本思想的第一次呐喊。夏商相继灭亡，西周汲取前两朝政治教训，提出了“敬德保民”“以德配天”，其中“德”包括敬天、敬宗、保民三个方面，尤其要“怀保小民”〔2〕。

春秋战国的动荡，彰显了民心向背的力量。孔子提出了庶民、富民、教民的仁政思想。孟子继而提出了“民为贵，社稷次之，君为轻”〔3〕的政治伦理秩序，要求统治者要有“忧民之忧”及“与民同乐”的思想境界。荀子则更进一步提出“天之生民，非为君也；天之立君，以为民也”〔4〕的立君为民权力观，先秦民本思想基本形成。

但是，我们必须看到，先秦民本思想并不等同于今天的民主思想，它是通过制民以巩固君权。孔子讲仁政，要富民、教民，归根到底是为了使民，《论语·泰伯》中就有“民可使由之，不可使知之”。《孟子·滕文公上》也有，“劳心者治人，劳力者治于人；治于人者食人，治人者食于人。”《荀子·王制》被引用更多，“‘君者，舟也，庶人者，水也。水则载舟，水则覆舟’。故君人者，欲安，则莫若平政爱民矣。”这都是讲君主是为治主体，民众是治理客体，客体是基础，搞得不好客体就要颠覆主体。从秦始皇到汉武帝，封建专制制度在全国最终确立起来。应该说，封建君主政治正是根植于民本思想。汉代董仲舒提出了君权天授基础上的民本思想，“唯天子受命于天，天下受命于天子，一国受命于君”，“君者，民之心也；民者，君之体也”。〔5〕汉武帝对其大为赞赏，实行“罢黜百家，独尊儒术”，民本思想进入主流意识形态，奠定了君主集权制民的基石，也派生出天子与官僚都要“爱民如子”的廉政理念。

民本思想不但要求君主以民为本，也要求官吏关注民生。“官僚和民众的利益，是处于相反的地位的。”〔6〕“君主所处的地位，一方面固然代表一

---

〔1〕《尚书·五子之歌》。

〔2〕《尚书·无逸》。

〔3〕《孟子·尽心下》。

〔4〕《荀子·大略》。

〔5〕《春秋繁露·为人者天》。

〔6〕吕思勉：《吕思勉讲中国政治》，九州出版社 2008 年版，第 213 页。

人一家之私……又一方面，则亦代表人民的公益，而代他们监督统治阶级。”[1]君主与民众处在利益的两极，民本思想针对的是官僚统治阶层。反对官僚集团欺上压下，是专制体制反腐败的重要任务。所以，民本思想成为约束官僚集团政治行为的一个准绳，西汉思想家贾谊将以民为本视为国家政治生活的基本准则：“闻之于政也，民无不为本也。国以为本，君以为本，吏以为本。故国以民为安危，君以民为威侮，吏以民为贵贱。此之谓民无不为本也。”[2]

在政治实践中，民本思想首先要求官吏关注民生，历史上凡是把发展民生作为要务的官吏都受民拥戴，也为朝廷赞赏。例如，西汉宣帝时，渤海太守龚遂赈灾民、选良吏、施教化、劝农桑、治理升平，后被《汉书》列为第一循吏。

民本思想要求官吏顺应民心，惩恶扬善。唐朝宰相狄仁杰为官，不媚上、不阿贵，始终体恤百姓，做大理丞到任一年，便处理了前任遗留下的诸多案子，无一人上诉申冤，后被称为“唐室砥柱”[3]。

民本思想还体现于官员执政价值追求方面，北宋范仲淹的“先天下之忧而忧，后天下之乐而乐”，南宋陆游的“位卑未敢忘忧国”，清代黄宗羲“我之出而仕也，为天下，非为君也；为万民，非为一姓也”[4]，无不彰显民本思想。

隋唐以后，民本思想通过科举制度注入政治体制中，造就了中国古代政治特有的文化气质，形成了一股廉洁政治清流，在一定程度上对封建政治腐败现象起了抵制作用。

二、德治思想

中国古代有悠久的德治传统，其渊源可以追溯到上古。尧舜禹便是道德楷模，禅让而治。家天下开始后，夏商周三代统治者很快认识到要“敬德、保民、配天”，经过千年沉淀，中国的德文化异常丰富、灿烂。

---

〔1〕吕思勉：《吕思勉讲中国政治》，九州出版社2008年版，第236页。

〔2〕《新书·大政上》。

〔3〕《旧唐书·狄仁杰传》。

〔4〕《明夷待访录·原才》。

在春秋争霸的战乱年代，思想家疾呼德治。一方面是道家消极的德治，老子提倡统治者“见素抱朴，少私而寡欲”[1]，施行无为而治，薄赋敛、轻刑罚、慎用兵、尚节俭，“遵道而行”[2]。另一方面是儒家积极的德治，孔子反对暴虐政治和不义之战，明确提出了德治思想，“为政以德，譬如北辰，居其所而众星共之。”[3]为政以德的内涵，包括仁政与礼治两方面，前者为本，后者为辅。仁是出发点，即律己宽人的“忠恕”之道，“己欲立而立人，己欲达而达人”[4]，“己所不欲，勿施于人。”[5]治是归宿，就是要“敬事而信，节用而爱人，使民以时。”[6]孟子进一步把伦理和政治紧密结合起来，强调道德修养是搞好政治的根本，“乐以天下，忧以天下，然而不亡者，未之有也。”[7]因此，要顺民意、体民情、殖民产。荀子要求以政惠民、以德导民。以礼齐民，尤其要讲究礼乐法度，“人君者隆礼尊贤而王，重法爱民而霸，好利多诈而危，权谋倾覆幽险而亡”[8]。

秦统一中国，但迅速灭亡，许多政治家、思想家认为秦朝灭亡的原因之一在于它违背了德政，所以，汉初大兴德政，倡导黄老无为之治，令民休养生息。到了武帝时代，开始崇尚积极进取的儒学，德治进一步转型，董仲舒的天人合一学说为德治提供了理论依据。“天之任阳不任阴，好德不好刑”[9]，“天之生民，非为王也，而天立王以为民也。故其德足以安乐民者，天予之；其恶足以贼害民者，天夺之。”[10]“君民者，贵孝弟而好仁义，重仁廉而轻财利，躬亲职此于上，而万民听生善于下矣。”[11]从此之后，历代统治者大都重视道德教化对于管理国家的作用。

---

[1]《道德经》第十九章。

[2]《道德经》第三十章。

[3]《论语·为政》。

[4]《论语·雍也》。

[5]《论语·颜渊》。

[6]《论语·学而》。

[7]《孟子·梁惠王下》。

[8]《荀子·强国》。

[9]《春秋繁露·天辨在人》。

[10]《春秋繁露·尧舜不擅移、汤武不专杀》。

[11]《春秋繁露·为人者天》。

宋朝重文治，理学应运而生。理学家认为，君主的个人品行是治乱兴衰的根本原因，君主要“正心诚意”，通过修德以正心去实施仁政，恤民养民，进而达到修礼义、尊君亲。官吏要爱民，民为邦本，爱民就是爱君。明末清初，黄宗羲、王夫之、顾炎武等进步思想家，提出了“国家兴亡，匹夫有责”的德治思想，主张劝学和奖廉，通过正人心、厚风俗、行孝悌、倡廉耻，促进克己奉公，实现合天下之私以成天下之公的德治理想。

中国几千年的历史，奉行以德治国，因此在为政道德建设方面积累了丰富的资源。例如，孔子提出“尊五美，屏四恶，斯可以从政矣”。“五美”即“惠而不费，劳而不怨，欲而不贪，泰而不骄，威而不猛”。“四恶”即“不教而杀谓之虐，不戒视成谓之暴，慢令致期谓之贼，犹之于人也，出纳之吝谓之有司。”〔1〕汉代杨雄提出：“君子为国，张其纲纪，谨其教化。导之以仁，则下不相贼；莅之以廉，则下不相盗；临之以正，则下不相诈；修之以礼义，则下多德让。”〔2〕唐代武则天时期编《臣轨》，专辟“廉洁”一章，论及廉洁重要性：“君子虽富贵，不以养伤身；虽贫贱，不以利毁廉。……廉平之德，吏之宝也。”〔3〕宋代欧阳修则提出：“廉耻，士君子之大节，罕能自守者，利欲胜之耳。”〔4〕五代十国时期苏绰提出君主须具备的八种品德：“心如清水，形如白玉，躬行仁义，躬行孝悌，躬行忠信，躬行礼让，躬行廉平，躬行节俭，然后继之以无倦，而加以明察。”〔5〕北宋司马光则提出：“人君之大德有三，曰‘仁’、曰‘明’、曰‘武’。”〔6〕

中国古代思想家、政治家还提出一些方法，用来修养德性。如儒家经典《大学》阐述不断加强个人修养，强调格物、致知、诚意、正心、修身、齐家、治国、平天下，完善内在的道德和心智，严格约束自己的行为举止，以实现治国大业。

---

〔1〕《论语·尧曰》。

〔2〕《法言》先知卷第九。

〔3〕（唐）武则天：《臣轨·廉洁章》。

〔4〕《欧阳修集·笔说·廉耻说》。

〔5〕《北史·列传五一》。

〔6〕《续资治通鉴·宋纪五九》。

三、任贤思想

任贤使能，是古代廉政思想的重要组成部分。周文王和姜太公讨论圣贤之君的统治之道，姜尚列出第一条就是“上贤，下不肖”〔1〕。后周公摄政，思贤若渴，礼贤下士，“一沐三握发，一饭三吐哺，犹恐失天下之士”〔2〕，传为历史美谈。

春秋列国争霸，贤人政治备受推崇，打破贵贱出身的社会偏见，不拘一格选用人才，成为一条重要的治国经验。齐桓公曾问郭国父老亡国之因，父老回答说：“国君爱贤人而不任用；恨坏人而不翦除，所以导致了亡国”。齐桓公深受启发，重用管仲为相，九合诸侯，一匡天下，遂成霸业。管仲树立贤人伟业，孔子大加赞赏，在回答鲁哀公治乱问策时，他说：“政在选贤”〔3〕；在回答仲弓关于为政之要时，他说：“先有司，赦小过，举贤才”〔4〕；在谈大同理想时，他说：“大道之行也，天下为公，选贤与能，讲信修睦。”〔5〕孟子也主张：“贤者在位、能者在职”〔6〕，他所提出的可致“无敌于天下”的五项国策中，第一项即为“尊贤使能，俊杰在位”〔7〕。荀子也极度推崇尚贤：“君人者欲安则莫若平政爱民矣，欲荣则莫若隆礼敬士矣，欲立功名则莫若尚贤使能矣，是人君之大节也。三节者当，则其余莫不当矣；三节者不当，则其余虽曲当，犹将无益也。”〔8〕墨子曾经系统论述尚贤思想，他把使用人才上升为治乱兴衰的根本国策，“尚贤者，政之本也”。他强调“贤”是选官的唯一标准，其他如身份、地位、职业等社会因素都不重要。“故古者圣王之为政，列德而尚贤，虽在农与工肆之人，有能则举之，高予之爵，重予之禄……官无常贵，而民无终贱，有能则举之，无能则下之。”〔9〕

〔1〕《太公六韬·文韬·上贤》。

〔2〕《韩诗外传》卷三。

〔3〕《韩非子·难三》。

〔4〕《论语·子路》。

〔5〕《礼记·礼运》。

〔6〕《孟子·公孙丑上》。

〔7〕《孟子·公孙丑上》。

〔8〕《荀子·王制》。

〔9〕《墨子·尚贤上》。

任贤思想强烈地冲击腐朽的世卿世禄制度，推出了一批批崛起自社会各阶层的士官将相，并最终将任贤思想制度化。

隋唐兴起科举，进一步将选官制度与教育制度结合起来，任贤使能成为国家意志。史载唐太宗为网尽天下贤人欣欣然道，“天下英雄入吾彀中矣！”〔1〕科举制度的廉政意义就在于把民间俊才选拔到官僚集团内部，一定程度上抵制了吏治腐败。唐宋以来，中国逐渐形成一个地道的“士人政府”，形成了“道统”对政统的完善与制衡。范仲淹是古今公认的士大夫典范，代表北宋以来士阶层的共识，士不但以文化主体自居，而且也发展了高度的政治主体意识，“以天下为己任”便是其最显著的标志。士人代表文化的力量，文化蕴涵着道德和知识的力量，从宋开始，选贤任能更加强调德才兼备，以德为先。康熙曾感言：“国家用人，当以德器为本，才艺为末。凡才长者，虽能济事，亦为败俭。若德器淳朴，必不至荡轶准绳之外。”〔2〕道德是内心的法则，自律的防线，道德高尚，必至清廉。

四、吏治思想

官吏是执掌权力的管理集团，腐败是伴随权力行为发生的。所以，治国必先治吏。

尧舜之时就注意到对官吏严加考课。春秋战国时期，世卿世禄制度逐步被官僚制所取代，君主通过庞大的官僚机器实施统治，首先是对官吏的治理，其次才是民众，因而“明主治吏不治民”〔3〕。管仲相齐，主张“明主之治也，明分职而课功劳”“案其功而行赏，案其罪而行罚”。〔4〕为此，管仲提出“二察”（乡里察举、君主察问）、“三审”（德义未明于朝者，则不可加于尊位；功力未见于国者，则不可授以重禄；临事不信于民者，则不可使任大官）、“四慎”（大德不至仁，不可以授国柄；见贤不能让，不可与尊位；罚避亲贵，不可使主兵；不好本事、不务地利而轻赋敛，不可与

---

〔1〕（唐）王定保：《唐摭言·述进士上篇》。

〔2〕《圣祖御制文二集·张华以才学天识各重一时》。

〔3〕《韩非子·外储说右下》。

〔4〕《管子·明法》。

都邑)[1]作为考察官吏的标准。魏国的李悝制定了中国历史上最早的一部成文法典《法经》，其中《杂律》中有相当比重的关于吏治的条款。秦国的商鞅重治吏，“守法守职之吏有不行王法者，罪死不赦，刑及三族。”[2]秦朝颁有《为吏之道》，涉及治国、理政、安民、趋利、远祸等方面。官员行为有五善五失，“五善”指忠信敬上，清廉毋谤，举事审当，喜为善行，恭敬多让；“五失”指奢侈超过限度，妄自尊大，擅自决断，犯上弗知害，轻士人而重钱财；凡官吏能做到五善，给予奖赏；反之，有五失者必处罚，直至“身及于死”[3]。

汉朝治国重治吏，首先要求官员惜民力、勤治事，尚节俭。汉文帝提出，“廉吏，民之表也”，官吏不得大吃大喝，否则“以饮食免”[4]。景帝时，禁止官员利用职权参与经济活动和受贿。元帝时规定，坐赃者，皆禁锢不得为吏。到了东汉，赃官子孙三代不得为官。汉朝治吏，形成循吏传统。

魏晋南北朝至隋，风气渐坏。到了唐时期，重典治吏，《唐律疏议》以严刑峻法惩治官吏贪赃枉法。受赃枉法、受赃不枉法、受所监临财物、强盗、窃盗、坐赃，“六赃”必办。宋代文官治国，“宋以忠厚开国，凡罪罚悉从轻减，独于赃吏最严。”[5]王安石也说：“今朝廷之法所尤重者，独贪吏耳。”[6]宋设武德司（皇城司），专司官僚贪腐罪罚。宋朝还推行高俸禄以养廉的方法，“使其足以养廉耻而离于贪鄙之行”[7]，其消极结果是文官厚禄、冗官泛滥、武备不足，最终成为亡国的一个重要原因。

明代官僚管理素称严酷，先评定“三等”（称职、平常、不称职），再稽查“八法”，凡被列入“八法”（贪、酷、浮躁、不及、老、病、罢、不谨）之中的，就要降级或罢免，有的终身不再被录用。朱元璋酷刑惩腐，

---

[1]《管子·立政》。

[2]《商君书·错法》。

[3]《睡虎地秦墓竹简·为吏之道》。

[4]《汉书·文帝纪》。

[5]（清）赵翼：《廿二史札记·宋初严惩赃吏》。

[6]《临川先生文集·上仁宗皇帝言事书》。

[7]《临川先生文集·上仁宗皇帝言事书》。

"凡三《诰》所列凌迟、枭示、种诛者，无虑千百，弃市以下万数。"[1]清代学者王夫之曾说："严以治吏，宽以养民，无择于时而并行焉，庶得之矣。"[2]清朝初期几个皇帝宽以养民，严以治吏，渐进盛世。乾隆中期以后，官员自律日益松弛，清官不称于世，贪墨日甚，最终导致19世纪鸦片战争败局。

五、法治思想

在传统文化意义上，中国古代治理的方法分德治、礼治和法治，但它们都属于人治。所以传统的中国并没有出现现代意义上的法治，但是，皇权之下的明法之治在春秋战国时期就已形成，并且成为中国古代的政治准则之一。由于对法度成分理解不同，所以形成不同派别。儒家更重视道德和礼治的内在规定作用，同时也强调刑罚的震慑作用。儒家治国出发点是"道之以德，齐之以礼"[3]，但是德与礼往往通过法律制度来落实。管仲相齐，既重视道德教化，又重视法制建设。"法律政令者，吏民规矩绳墨也。"[4]"君臣上下贵贱皆从法，此谓大治。"[5]以政令来规范，以刑罚来整治，以德来引导，是儒家治国思想的特点。南宋朱熹对此诠释得很全面："政者，为治之具，刑者，辅助之法；德礼，则所以出治之本，而德又为礼之本也，此其相为始终，虽不可以偏废，然政刑能使民远罪而已，德礼之效，则有使民日迁善而自知，故治民不可徒持其末，又当深探其本也。"[6]

法家从根本上崇尚法治。商鞅是法家最早的代表人物，他把法度看作是维护公共利益的柱石，是治国的根本。"故明主慎法制，言不中法者不听也，行不中法者不高也，事不中法者不为也。"[7]韩非子的"二柄"论更加直截了当："二柄者，刑、德也。何谓刑、德？曰：杀戮之谓刑，庆赏之

---

〔1〕《明史·刑法志二》。

〔2〕《读通鉴论·桓帝》。

〔3〕《论语·为政》。

〔4〕《管子·七臣七主》。

〔5〕《管子·任法》。

〔6〕《论语集注·为政》。

〔7〕《商君书·君臣》。

谓德。”[1]

随着汉代武帝独尊儒术，德主刑辅成了主导的政治思想。三国政论家桓范强调刑与德不能偏废；“治国之本有二，刑也，德也。二者相须而行，相待而成矣。”[2]魏晋以后重视法典修订，著名的有《北齐律》（“重罪十条”）以及隋朝的《开皇律》（“十恶之条”）。唐朝的治国思想坚持儒家“德礼为政教之本，刑罚为政教之用”[3]，法律的制定“一准乎礼”，礼的基本原则直接入律，礼法由互补发展为统一的体用关系。

明朝推行重典治世，清朝统治者也重视法制建设，以此加强皇权专制。明法治国根本在于加强统治，其廉政意义在于，通过比较公正地执法，能够维护大多数民众的利益，并对于统治集团的腐败进行制约和遏制。

六、勤政思想

中国古代是一个以小农经济为基础的国家，勤于治业是最基本的品德要求。舜曾教导禹要“克勤于邦，克俭于家”[4]。春秋战国时期一些思想家、政治家从社会主体论的层面深刻提出要勤政为民、忠于职守，勤政由此被赋予民本的终极关怀，也成为官员应该养成的道德操守。秦始皇统一中国后，勤勉理政，“天下之事无小大皆决于上，上至以衡石量书，日夜有呈，不中呈不得休息”。所谓“朝夕不懈”“莫敢怠荒”。[5]秦国官吏历来有勤政之风，荀子就曾称赞，“及（秦）都邑官府，其百吏肃然，莫不恭俭敦敬，忠信而不楛，古之吏也”。[6]诸葛亮更是勤政的典范，“受命以来，夙夜忧叹，敢竭股肱之力，效忠贞之节，继之以死！”[7]

宋代吕本中在其主编的《官箴》首页言：“当官之法，唯有三事，曰‘清’、曰‘慎’、曰‘勤’，知此三者，可以保禄位，可以远耻辱，可以得

---

〔1〕《韩非子·二柄》。

〔2〕（三国）桓范：《世要论·臣不易》。

〔3〕《唐律疏议·名例》。

〔4〕《尚书·大禹谟》。

〔5〕《史记·秦始皇本纪》。

〔6〕《荀子·强国》。

〔7〕《三国志·蜀书·诸葛亮传》。

上之知，可以得下之援。”康熙对此箴赞赏有加，从中录出“清、慎、勤”三字，欣然御书，下发各州县，刻于匾额，诫勉官吏恪尽职守。南宋理学家真德秀曾官至户部尚书，以四事自勉：律己以廉、抚民以仁、存心以公、莅事以勤。他在《谕州县官僚》中说：“业精于勤，荒于嬉。为士者不可以不勤，况为命吏，所受者朝廷爵位，所享者下民之脂膏。一或不勤，则职业隳弛，岂不上辜朝寄，而下负民望乎。”〔1〕元朝徐元瑞编著《吏学指南》，提出为官三尚：“廉”“勤”“能”。所谓尚勤，“谓早入晏出，奉公忘思，虽休勿休，恪谨匪懈；呈押文字，发遣公事，务为敏速，耻犯稽迟；躬操笔砚，不仰小吏，手阅簿书，不辞劳役”。〔2〕

明朝留有一部佚名编著的《初仕要览》，其中说：“初仕以勤政为首务，政不勤则百事殆”。何谓勤，清代名臣曾国藩解释说：“勤之道有五：一曰‘身勤’。险远之境，屈身经验之；艰苦之境，身亲尝之。二曰‘眼勤’。遇一人必详细察看，接一文必反复审阅。三曰‘手勤’。易弃之物，随号收拾；易忘之事，随笔记载。四曰‘口勤’。待同僚，则互相规劝；待下属，则再三训导。五曰‘心勤’。精诚所至，金石亦开；苦累所积，鬼神亦通。五者皆到，无不尽之职。”〔3〕曾国藩是对勤政论述最多、践行最好的政治家，他把勤上升为历史政治经验加以论述，并以此告诫后代子孙。“开国之际……盖全系夫天运，而人事不得与其间。至中叶以后，君子欲有所建树，以济世而康屯，则天事居其半，人事居其半。以人事与天争衡，莫大乎忠勤二字。乱世多尚巧伪，惟忠者可以革其习；末欲多趋偷惰，惟勤者可以遏其流。忠不必有过人之才智，尽吾心而已矣；勤不必有过人之精神，竭吾力而已矣。能剖心肝以奉至尊，忠至而智亦生焉；能苦筋骸以捍大患，勤至而勇亦出焉。余观近世贤哲，得力于此二字者，颇不乏人，余亦忝附诸贤之后，谬窃虚声，而于忠勤二字，自愧十不逮一。吾家子姓，倘将来有出任艰巨者，当励忠勤以补吾之阙憾。忠之积于平日者，则自不妄语始；勤之积于平日者，则自不晏起始。”〔4〕

---

〔1〕《文渊阁四库全书》第706册，台湾商务印书馆1986年版。

〔2〕（元）徐元瑞：《吏学指南》，浙江古籍出版社1988年版。

〔3〕《曾国藩全集》第14册，岳麓书社1986年版，第439页。

〔4〕《曾国藩全集》第14册，岳麓书社1986年版，第392页。

七、节俭思想

“好廉自克曰‘节’”。〔1〕经济上的节俭与人格修养上的节制，是中国古代政治和社会生活的一条法则。

舜曾经告诫禹不但要“克勤于邦”，也要“克俭于家”。“中华第一相”管仲也崇尚俭朴治国：“明君制宗庙，足以设宾祀，不求其美；为宫室台榭，足以避燥湿寒暑，不求其大；为雕文刻镂，足以辨贵贱，不求其观。故农夫不失其时，百工不失其功，商无废利，民无游日，财无砥墆。故曰俭其道乎!”〔2〕

春秋战国，百家争鸣，但却一致尚俭。道家、儒家都把节俭作为理想人格的要素。老子说：“圣人去甚，去奢，去泰。”〔3〕“我有三宝，持而保之：一曰‘慈’，二曰‘俭’，三曰‘不敢为天下先’。”〔4〕孔子讲究礼仪，但是强调以节俭为本，“礼，与其奢也，宁俭”；〔5〕“奢则不孙，俭则固。与其不孙也，宁固”。〔6〕墨家更进一步提出为人为政都要节用。“圣人之所俭节也，小人之所淫佚也。俭节则昌，淫佚则亡。”〔7〕“去无用之费，圣王之道，天下之大利也”。〔8〕墨子尚节制，对后世有着巨大的影响。庄子称墨子“不侈于后世，不靡于万物，不晖于数度，以绳墨自矫而备世之急。”〔9〕

先秦时期，历经春秋争霸、战国称雄，齐国以独立姿态创风气之先，从东夷撮尔小国变为泱泱大国，历时八百多年。其国运昌隆，政绩卓著，令诸国刮目相看。这一成就的取得，与统治者提倡力行节俭关系密切。齐文化典籍《管子》《晏子春秋》《孙子兵法》等，及先秦典籍《左传》《战

---

〔1〕《周书·谥法》。

〔2〕《管子·法法》。

〔3〕《道德经》第二十九章。

〔4〕《道德经》第六十七章。

〔5〕《论语·八佾》。

〔6〕《论语·述而》。

〔7〕《墨子·辞过》。

〔8〕《墨子·节用》。

〔9〕《庄子·天下》。

国策》《吕氏春秋》等对此多有记载。节俭的提倡需要君主及公众人物的倡导和躬行。“昔齐桓好衣紫，阖境不鬻异采。楚庄爱细腰，一国皆有饥色。上之所以率下，乃治乱之所由也。故俗苟沴，必为法以矫之；物苟溢，必立制以检之。累于俗、饰于物者，不可与为治矣。”〔1〕君主倡导什么，是国家安定与混乱的缘由。如果被坏的风气所左右，被奢侈腐败之风所支配，那么就不可能治理好国家。

秦亡汉兴，力崇节俭。“至高祖，孝文，孝景皇帝，循古节俭，宫女不过十余，厩马百余匹。”〔2〕汉初节俭形成一代风尚，既有利于恢复生产，又极大推动了廉政建设，迎来了“文景之治”。“文景之际，建元之始，民朴而归本，吏廉而自重，殷殷屯屯，人衍而家富。”〔3〕

文景之治后国力强盛，崇奢之风愈演愈烈，到东汉末年，拜金主义盛行，“时易世变，古今异俗，富者荣贵，贫者贱辱”“亲爱如兄，字曰孔方”“钱之所在，危可使安，死可使活，钱之所去，贵可使贱，生可使杀”“有钱可使鬼，而况于人乎”。〔4〕在一味追求物质享受的价值观支配下，统治集团腐败至极，“上无去奢之俭，下有纵欲之敝。至使禽兽食民之甘，木土衣民之帛。”〔5〕于是，一些清明的政治思想家呼吁节俭。诸葛亮的《诫子书》倡导：“夫君子之行，静以修身，俭以养德，非淡泊无以明志，非宁静无以致远。”〔6〕傅玄在《曲制》中也倡导无欲求俭：“天下之福，莫大于无欲，天下之祸，莫大于不知足。无欲则无求，无求者，所以成其俭也。不知足，则物莫能盈其欲矣。莫能盈其欲，则虽有天下，所求无已，所欲无极矣。海内之物不益，万民之力有尽；纵无已之求，以灭不益之物；逞无极之欲，而役有尽之力；此殷士所以倒戈于牧野，秦民所以不期而周叛，曲论之好奢而不足者，岂非天下之大祸邪？”〔7〕

---

〔1〕《尹文子·大道上》。

〔2〕《汉书·贡禹传》。

〔3〕（汉）桓宽：《盐铁论·国疾篇》。

〔4〕（西晋）鲁褒：《钱神论》。

〔5〕《后汉书·宦官列传》。

〔6〕《全三国文》卷五九。

〔7〕《傅子·曲制》。

隋朝文帝力除侈靡之风，“务从节俭，不得劳人”。〔1〕“其自奉养，务为俭素，乘舆御物，故弊者随宜补用；自非享宴，所食不过一肉；后宫皆服浣濯之衣。”〔2〕而隋炀帝穷奢极欲，致使亡国。“奢侈者可以为戒，节俭者可以为师矣。”〔3〕讴歌节俭、劝诫奢侈是唐诗的重要题材。杜甫《往在》里说：“君臣节俭足，朝野欢呼同。中兴似国初，继体如太宗。”白居易《太平乐词》有：“岁丰仍节俭，时泰更销兵。圣念长如此，何忧不太平?”李商隐总结道：“历览前贤国与家，成由勤俭破由奢。”宋太祖大兴节俭，“帝性孝友节俭，质任自然，不事矫饰。”“宫中苇帘，缘用青布；常服之衣，浣濯至再。”〔4〕史家评论道：“创业之君，后世所视以为轨范也。宫闱之地，四方所视以为仪刑也。一人之奢俭者虽微，而关于千万世者为甚大；致谨于服色者虽小，而失于千万里者为甚远，可不谨哉?”〔5〕司马光论及节俭的廉政意义，“御孙曰：‘俭，德之共也；侈，恶之大也。’共，同也；言有德者皆由俭来也。夫俭则寡欲，君子寡欲，则不役于物，可以直道而行；小人寡欲，则能谨身节用，远罪丰家。故曰：‘俭，德之共也。’侈则多欲，君子多欲则贪慕富贵，枉道速祸；小人多欲则多求妄用，败家丧身；是以居官必贿，居乡必盗。故曰：‘侈，恶之大也。’”〔6〕

清代康熙把“惟俭可以助廉”的道理讲的更明白：“帝王致治，首在维持风化，辨别等威，崇尚节俭，禁止奢侈。故能使人心淳朴，治化休隆。”〔7〕“人生衣食财禄皆有定数，若俭约不贪，则可以养福，亦可以致寿。若夫为官者，俭则可以养廉，居官居乡，只缘不俭，宅舍欲美，妻妾欲奉，仆隶欲多，交游欲广，不贪何以给之？与其寡廉，孰若寡欲。语云：‘俭以成廉，侈以成贪’，此乃理之必然者。”〔8〕

---

〔1〕《隋书·高祖下》。

〔2〕《资治通鉴》，文帝仁寿四年七月。

〔3〕《贞观政要·俭约》。

〔4〕《宋史·太祖三》。

〔5〕《宋史·太祖二》。

〔6〕（北宋）司马光：《训俭示康》。

〔7〕《康熙政风录·圣祖仁皇帝圣训》。

〔8〕《康熙政风录·圣祖仁皇帝庭训格言》。

八、教化思想

中国古代教化之治源远流长。西周时代，天子建立“辟雍”，各诸侯国设立“泮宫”，实施教化民众之职，尤其是培养贵族子弟成为未来管理者。《周礼·地官司徒》规定大司徒的主要职责是“率其属以掌邦教”。

春秋时期，教化思想是以人性为出发点。管子提出人性趋利避害，“从欲妄行，男女无别，反于禽兽。然则礼义廉耻不立，人君无以自守也”。〔1〕“凡牧民者，使士无邪行，女无淫事。士无邪行，教也；女无淫事，训也。教训成俗，而刑罚省数也”。〔2〕“教训成俗”依靠教化之功，所谓“渐也、顺也、靡也、久也、服也、习也，谓之化。”〔3〕孔子认为“性相近也，习相远也”〔4〕，要人向善，则需“道之以政，齐之以刑，民免而无耻；道之以德，齐之以礼，有耻且格”〔5〕。对于官僚贵族，在教化中要起表率作用，所谓“君子之德风，小人之德草，草上之风必偃”〔6〕。所以，要志于仁，“苟志于仁矣，无恶也”；还要“见贤思齐焉，见不贤而内自省也”〔7〕。

韩非子不同意儒家的道德教化，提出了法治教化主张。因为“夫圣人之治国，不恃人之为吾善也，而用其不得为非也。恃人之为吾善也，境内不什数；用人不得为非，一国可使齐。为治者用众而舍寡，故不务德而务法。”所以，“明主之国，无书简之文，以法为教，无先王之语，以吏为师。”〔8〕

秦亡汉兴，陆贾提醒刘邦：“秦非不欲治也，然失之者，举措太众，刑罚太极故也”。〔9〕他提倡“怀德”而治：“教者，政之本也；道者，教之本也。有道，然后教也。有教，然后政治也。”〔10〕贾谊认为君主要发挥教导

〔1〕《管子·立政》。

〔2〕《管子·权修》。

〔3〕《管子·七法》。

〔4〕《论语·阳货》。

〔5〕《论语·为政》。

〔6〕《论语·颜渊》。

〔7〕《论语·里仁》。

〔8〕《韩非子·五蠹》。

〔9〕《新语·无为》。

〔10〕《新书·大政》。

作用，官吏要做楷模。“君之为言也，考也。故君也者，道之所出也。”“吏之为言，理也。故吏也者，理之所出也。”[1]从此，确定了教化与吏治相结合的制度化趋势。

隋朝兴科举取士制度，使教化之功融入吏治，由此，开始了中国长达1300年的教化政治。唐宋时期，士人注重内省，修德养性，又不乏社会责任感，“为天地立心，为生民立命，为往圣继绝学，为万世开太平”。[2]不少英明帝王孜孜于教化，渴求官廉风清。唐太宗率先垂范，注重身教，“若安天下必先正其身，未有身正而影曲，上治而下乱者”。[3]宋太祖亲书后蜀君主孟昶《颁令箴》的四句：“尔俸尔禄，民脂民膏，下民易虐，上天难欺”，赐给州县官员勒石警戒，成为历史上有名的《戒石铭》。明太祖朱元璋重视学校教育，提出“治国之要，教化为先，教化之道，学校为本”。[4]康熙注重通过教化移风易俗，“治天下者，莫亟于正人心，厚风俗，其道在尚教化，以先之”。[5]

中国古代历朝都褒奖清廉，为廉吏树碑立传。二十四史之中就有《循吏传》《良吏传》《良能传》，此外宋代还有《廉吏传》，明代有《彰善录》《圣政记》等。让历史讴歌廉洁，使廉吏青史留名，对本人是极大赞誉，又为百官树立效法榜样，起到很好的教化作用。[6]

第二节　中国古代的廉政制度

中国是个历史悠久的文明古国，历代封建王朝为其政权能够长治久安，在职官设置、官吏选任、官吏考核、监察百官、对贪腐官员的惩治等方面作了许多探索，逐步建立起颇具特色的廉政制度。

---

〔1〕《新书·大政》。

〔2〕（明）张载：《正蒙·乾称》。

〔3〕《贞观政要·君道》。

〔4〕《明太祖实录》，洪武二年十月。

〔5〕（清）爱新觉罗·玄烨：《御制学校论》。

〔6〕参见李洪峰：《中国古代的廉政文化》，故宫出版社2014年版，第63页。

一、先秦时期

只要存在公共权力，廉洁政治就是人们的普遍诉求，这在三皇五帝的传说中就有所体现。尧帝选择有德行的舜做接班人，就经过了民主推荐、人事考察、三年试用，才予以摄政。舜帝执政后，“三岁一考功”“五岁一巡狩”，〔1〕还有谏鼓谤木的出现，这些都具有早期廉政制度建设的意义。

夏朝是中国第一个奴隶制王朝，夏王通过召集盟会和巡狩诸侯等形式，巩固中央权威，实行政务监督。中国有文字记载的历史从商代开始。据资料记载，商代政务管理有三个特点：一是宣扬王权神授，增强对权力的敬畏。二是注重修德，吸取夏桀暴政亡国教训。商王和官员都尊崇道德，有例为证：商汤之孙太甲在位时，因其“不尊汤法，乱德”〔2〕，当政的权相伊尹将其幽禁。三是施行了一些监察制度，例如有对官员政务活动进行巡视、考察的“简相”规定，这也是最早建立的监察制度。

西周在宗法制和分封制基础上建立了特点鲜明的廉政制度，主要内容包括以下几个方面：①官员职责考核突出了廉政要求，周天官的属官“小宰”以廉为本，以善、能、敬、正、法、辩六件事去考察群吏的政绩。②建立了监察官员队伍，包括匡人、御史、大宰、小宰和宰夫等职务。③中央特别注意对分封诸侯的监督，推行“天子使其大夫为三监于方伯之国”〔3〕的举措。④尊崇“礼”制，推行森严的社会规范和道德规范。⑤辅助礼制制定了刑法，在夏商“五刑”的基础上，增订为“九刑”，形成较完备的《甫刑》。⑥周天子建立“采谏”制度。周朝设有专门的采诗官，巡游各地，采集民间歌谣，以体察民俗风情、政治得失。所谓“哀乐之心感而歌咏之声发，诵其言谓之诗，咏其声谓之歌。故古有采诗之官，王者所以观风俗、知得失、自考政也。”〔4〕“故曰：‘王者不窥牖户而知天下。’”〔5〕

春秋时期，诸侯争霸，礼崩乐坏，在这种残酷的竞争下，激发了前所

---

〔1〕《史记·五帝本纪》。

〔2〕《史记·殷本纪》。

〔3〕《礼记·王制》。

〔4〕《汉书·艺文志》。

〔5〕《汉书·食货志》。

未有的制度创新。郡县制、禄僚制打破了采邑制和世卿世禄制。有为之君、贤良之士，廉洁自强，横空出世，打破旧秩序，逐渐主导社会变迁的方向。战国时期，是各诸侯国通过变法，推动中国走向统一的时代。在变法中，廉政制度建设成为新政不可缺少的一个方面。在魏国李悝的第一部成文法典《法经》中，有专门惩治"不廉""淫侈""逾制"等贪官污吏的条款。秦国商鞅变法废除世卿世禄制度，建立起封建官吏制度，奖励耕战，规定爵位依军功授予，形成了"明主之吏，宰相必起于州部，猛将必发于卒伍"〔1〕的欣欣向荣局面。

战国时期，思想解放，制度不断创新。各国普遍出现了荐举入仕、以功授官、俸禄养廉、"上计"考课、教育惩戒等廉政制度，都具体贯彻了当时兴起的"民本""仁政""君德""任贤使能""以法治吏"等廉政思想，强化了政权自我约束，有利于富国强兵。

总之，先秦时期积累了丰富的廉政思想资源，但廉政制度的建设还处于萌芽阶段。

二、秦汉时期

秦统一中国和两汉王朝的稳固治理，奠定了中国封建社会的制度框架，廉政制度借助春秋战国时期形成的丰厚廉政思想文化资源逐步确立和完备起来。

秦王朝首创皇权制度和以三公九卿为核心的中央行政体制、以郡县制为基本形式的地方行政体制架构，建立了一套职业化官吏管理制度，构筑了相关的监督机制。秦王朝三公之一的"御史大夫"，重要的职责就是监察百官，等于副丞相，可以递补相位之缺，其下有御史中丞、侍御史等辅佐。御史大夫除了辅佐丞相处理国政外，更重要的职责是"典正法度""举劾非法"，他可以弹劾丞相，也可以代表皇帝纠察百官。因此，这一官职的首要意义在于监督、考察百官的职能，尤其是他对"一人之下，万人之上"的丞相所起到的制约作用，使得在皇权和相权之间存在的矛盾得到一定程度的缓和。同时，御史大夫的设立，对于督促朝廷内外官员勤政廉政，也起

〔1〕《韩非子·显学》。

到了积极作用。

秦朝廉政建设另外一个特点是贯彻法家治国理念而重视法制建设。1975年湖北云梦县睡虎地出土的秦简上载有秦朝“为吏之道”，严格规定了官吏的行为规范，对于贪腐官员，必惩不贷，例如规定“通一钱，黥为城旦”“府中公钱私贷用之，与盗同法”〔1〕。

西汉在基本制度上大多继承秦制，仿秦朝设谏大夫，“武帝元狩五年初置谏大夫，秩比八百石”，〔2〕虽然没有固定官署，但高于地方监察官刺史六百石的俸禄，可知谏官对于中央统治的重要意义。东汉光武帝改其为谏议大夫，虽俸禄降为六百石，但增加了议政之职，是谏官官制的重大转折。除专职谏官外，光禄大夫、议郎、博士等均有谏议之责任，其谏议范围包括治国思想、职官制度、经济政策以及皇太子废立、庙乐祭礼，甚至可以涉及皇帝个人品行。汉文帝继位后，下诏“举贤良方正能直言极谏者，以匡朕之不逮”，并废除有碍于直言进谏的诽谤、谣言罪，“今法有诽谤妖言之罪，是使众臣不敢尽情，而上无由闻过失也。将何以来远方之贤良？其除之。”〔3〕总之，两汉时期谏诤思想非常丰富，曾任光禄大夫的刘向曾说：“有能尽言于君，用则留，不用则去，谓之谏；有能尽言于君，用则可生，不用则死，谓之诤。”〔4〕两汉时期涌现出很多历史上著名的谏官，“在一些有关国家安危的重大问题上，例如法律宽严、外戚宦官、太子地位等类问题，谏官或大臣进谏的情况常是络绎不绝，这类谏诤，都对政治的正常运行往往起着良性循环的作用”。〔5〕两汉言谏制度自下而上，御史监察制度自上而下，二者相辅相成，共同促进政治清明和巩固封建统治。

西汉时期的另外一项廉政举措是，改革官员选拔制度，优化官员队伍。察举是汉代最主要的人才选拔制度，是中国古代“选贤与能”在新形势下的继承和发展。它是荐举与考试并行，且逐渐发展为先荐举后考试，以成绩定优劣从而决定取舍的一种人才选拔制度。察举制对隋唐以后的科举制

〔1〕《睡虎地秦墓竹简·法律问答》。

〔2〕《汉书·百官公卿表》。

〔3〕《汉书·文帝纪》。

〔4〕刘向撰、向宗鲁校证：《说苑校证》卷九《正谏》，中华书局1987年版，第50~51页。

〔5〕周天：《中国历代廉政监察制度史》，百家出版社2007年版，第104页。

产生了重要影响，源源不断地为朝廷输送了大批人才，出现了“汉之得人，于兹为盛”的局面。它协调了统治阶级内部权力的分配，奠定了以后历代平民参政的基础，为巩固封建地主阶级的统治，扩大封建王朝的社会基础发挥了重要作用，是刘汉王朝得以延续四百余年的重要因素之一。

秦汉时期，中国廉政制度有了重大发展，第一，表现在实行了监察权与行政权的分离。从中央到地方各级政府均建立了相对独立的监察机构，使各级官吏和行政部门都处在有效监督之下。如汉武帝始设刺史，负责对地方大员的监督。第二，监察机构的工作职责和对象都很明确，操作性强。例如，西汉初年，御史监察三辅时，明确规定了监察的范围有九项：“词讼、盗贼、铸伪钱、狱不直、徭赋不平、吏不廉、吏苛刻、逾侈及弩力十石以上、作非所当服”〔1〕。对于地方，有刺史巡察各地，以“六条问事”，主要负责监察郡守国相一级的地方高级官吏和宗族豪强，有利于地方吏治建设和行政管理。“中国历史上讲到地方行政，一向推崇汉朝，所谓两汉吏治，永为后世称美。”〔2〕

除了建立专门的监察职官外，秦汉时期的廉政制度建设还有三个突出特点。一是具体化。对官吏忠于职守、保障绩效、勤政惠民、节俭用度都有比较明确的规范，例如颁布了规定官员回避制度的《三互法》。二是成体系。一些廉政规范相互照应，多侧面多环节强化官员廉洁从政。三是重治吏。有力度的廉政建设，保障秦汉时期涌现出一批能干和廉洁的官吏，因此，司马迁在《史记》中设“循吏”和“酷吏”列传，以及两汉书都不惜笔墨予以记载。循吏，是为廉洁、节俭、公正的“奉法循理之吏”〔3〕；酷吏，多具有“据法守正”“廉洁无资”的品德。

三、魏晋南北朝时期

魏晋南北朝时期是中国历史上大分裂、大动荡时期，政权割据、民族纷争以及地主阶级内部寒族对门阀势力的斗争，形成了鲜明的时代特征。

---

〔1〕《玉海》卷六五引《唐六典》。

〔2〕钱穆：《中国历代政治得失》，生活·读书·新知三联书店2012年版，第9页。

〔3〕《史记·太史公自序》。

其中门阀士族的盛极而衰和寒门庶族的崛起是这一时期阶级变动的主要标志。

东汉末年，门阀世族已经操纵了察举制，使察举滋生了种种腐败现象。在此背景下，曹操三下“求贤令”，倡导“唯才是举”。曹丕登基后，为了缓和与世族的矛盾，确立了家世、道德、才能三者并重的“九品中正制”选官制度。以“九品中正制”充实察举制，具有进步性。这是因为察举选官制度把宗族乡党的评定作为政府选拔官吏的最重要依据，而九品中正制一方面沿袭乡里评议的传统，又把官员选任权通过“中正”收归政府，一定程度上抑制了世族专权。此制规定，在各州郡选择“贤有识见”的官员任“中正”，中正再根据家世、道德、才能三方面把士人分成上上、上中、上下、中上、中中、中下、下上、下中、下下九等，作为吏部对等授官的依据。九品中正制作为选官制度，下接科举制，施行数百年。

在分裂动荡的三百多年，中央集权的管理体制仍在沿着加强君权、分解臣权的趋势演进。魏晋时期，中央形成了三省六曹制，地方上则沿袭了东汉以来州、郡、县三级管理体制，还兼有诸侯王国。尚书在秦朝设于少府，掌管文书奏章，西汉后期成为分曹办事的政务官员。尚书台权力日益扩展，成为“出纳王命，敷奏万机，盖政令之所由宣，选举之所由定，罪赏之所由正”〔1〕的重要机构。西汉成帝时，在尚书台之下设立六曹：吏部曹管选举祠祀之事；二千石曹管词讼、司法之事；民曹管修缮、园苑之事；三公曹管州郡考课之事；客曹管少数民族及外国之事；中都官曹管水火盗贼之事。此六曹成为以后近两千年间六部的雏形。魏晋南北朝时期，六曹制基本保持，但是，为了限制权逾三公的尚书台，三省制约的体制应运而生。尚书省辖管六曹执行政务，中书省负责诏令文书起草，门下省原为皇帝的侍从机构，渐有封驳政令和诤谏得失职能。

论及廉政制度建设，北魏孝文帝改革值得一提。北魏初期，地方官员任期六年，届满即可升迁。中央不负责地方官员俸禄，由地方自筹。这样就造成了地方官员不思政务，专事掳掠。为扭转风气，孝文帝推行俸禄制度，禁止地方官员私自筹集，一律由中央政府定期发放。同时，还颁布了

〔1〕《通考·职官考》。

惩治贪污法令，凡贪污国家财物达到一匹绢帛者，一律处死；地方官员升迁不再按年资核定，而要考查政绩。北魏还将具有民族特色的反腐败制度推广开来，允许有冤抑者击登闻鼓向皇帝“直诉”，这种制度一直延续到清代。

魏晋南北朝时期监察机构进一步独立发展。东汉时期，御史台和司隶校尉负有监察职责，与尚书省统称为“三独台”。魏晋时期，御史台负责监察宫内百官，称行马内察官；司隶校尉负责监察宫外百官，称行马外察官。两者形成专司监察的严密网络。南北朝时期，司隶校尉合归御史台。御史台则完全跃出百官之列，成为直接受命于皇帝的监察机构，被称为“南台”或“南司”。

魏晋南北朝时期的监察立法也有很大进步。最主要的是形成了一套对皇帝进行最高监督的言察制度。秦汉时期宫内设置的给事中、谏议大夫等加官，至此成为门下省的正式属官，具有诤谏和封驳之权力。在地方上，州刺史的监察职责被强化，魏晋时期出现了“六条察吏”，南北朝时期出现了“诏制九条”“六条课郡法”，作为遣使巡察考课诸州的参照，从而把地方官员的为官道德和为官政绩都纳入了监察立法范畴，进一步丰富了廉政制度。

四、隋唐时期

隋唐时期是中国封建社会重要的发展期。其制度文化的发展是封建社会成熟的重要标志。在中国古代政治史上，隋与唐密不可分，都是隋开基与唐完善，最佳实例是科举制和三省六部制。

隋朝首创科举取士，提拔寒门俊杰，削弱门阀士族。隋文帝终止九品中正制，隋炀帝大业三年（607 年）始建进士科，创立了延至 1905 年的科举取士制度，保障了封建官吏队伍能够源源不断地从各社会阶层吸收有生力量，在廉政制度建设方面具有划时代意义。它不但把天下才俊笼络到统治集团内部，实现了精英政治，并且把官员选任权从地方集中到了中央，有利于国家的稳定和统一。

为加强权力制约和提高行政效率，隋文帝对中央官制进行改革。在三省六曹制的基础上，严格了三省职责，确定内史省负责起草诏书、参与决策；门下省掌封审议、兼具监察；尚书省下辖六部，负责行政。同时整顿地方官制，撤郡一级政府，实行州县两级制，专治民政，不再具有军事职能，不仅防止了地方割据形成，而且改变了东汉以来沿袭五百年的三级辖制，革除了“民少官多，十羊九牧”[1]的现象。

隋代监察制度进一步加强，在御史台之外又增设了司隶、谒者二台，三台分理监察。又颁布了“司隶六条”的监察法条，制定了《开皇律》。建立了大理寺作为最高审判机关、刑部作为最高司法政务部门，地方上仍以州刺史、县长令兼执司法，建立起一套较为完整的司法审判机制。

与隋相比，唐代的中央集权得到了进一步的加强，而与此同时，对皇权的监督与约束也发展到了前所未有的水平。在隋代封驳制度的基础上，唐政府将门下省对政令的审查封驳职责进一步独立和突出，在一定程度上保证了国家政令的颁布和实施建立在民主集议的基础上。唐代又是一个士人进谏和君主纳谏意识都十分积极的朝代，这使得唐代的谏官系统十分发达，不仅专职的谏官数量庞大，而且朝野上下都被赋予监督进谏的职责和义务。

与魏晋南北朝的九品中正制度相比，科举制度为士人提供了更加公正的入仕途径。士人经过层层筛选进入仕途之后，政府又有一系列措施对其任官行为进行管理与约束。除了将官员所得俸禄与考课成绩相结合，还在继承前代亲属回避制度的基础上，大力推行地区回避制度，为防范官吏之间的包庇纵容设定层层设施。此外，较为优厚的致仕待遇又在一定程度上保证了高龄官员的及时致仕，加速了官员队伍的优化更新。

唐代监察体制也相对成熟起来。在机构设置上，御史台是最高中央监察机关，它与中书、门下、尚书等三省相分离，形成了监察与行政机构之间的分权制衡，有利于对中枢决策机构的监督。在监督范围上，御史台的监察涉及中央及地方的人事、司法、财政、经济等各个方面，范围空前广泛。在地方监察上，实行“设官以经之，置使以纬之”的地方监察制度，监察方式一是由中央派出的监察御史出使系统，二是常驻各地的监察使臣系统。两者相互补充，在很大程度上实现了中央对各级州县的强有力监控。

---

[1] 《隋书·杨尚希传》。

唐朝在反腐倡廉建设上突出了法制建设。本着“德礼为政教之本，刑罚为政教之用”[1]的治国思想，唐朝先后编修《武德律》《贞观律》《永徽律》《唐六典》等，促进保障廉政建设。《唐律疏议》共计12篇，其中第3篇《职制律》集中对官吏的设置、选任、失职、渎职等行为作出规范认定，其余篇章也涉及追究官吏违法渎职的法律责任，共涉及惩治贪赃的约有76条，规定罪名445个，涉及官吏犯罪192个，占总律条的43%。[2]较为完备的法制建设，促进了反腐倡廉建设，使唐律和唐朝有“得古今之平”[3]的美誉。

五、宋元时期

宋代是中央集权和君主专制高度发展的时代。唐末五代时期，君弱臣强的局面一直没有改变，中央皇权沦丧，地方藩镇割据势力连年混战。宋太祖建立统一王朝后，采取了一系列政治改革措施，重新对统治权力进行分配，力图做到“一兵之籍，一财之源，一地之守，皆人主自为之也”[4]。赵匡胤虽是行伍出身，却采取了重文抑武的“文治”国策，士族门阀地主衰退，科举出身的士大夫阶层在政治上越来越显赫，宋代成为一个“文质彬彬”的朝代。士大夫制约皇权、皇权挟制士大夫，成为宋代廉政制度建设的一个显著特征。

宋代皇权受士大夫的约束是显而易见的。皇帝的制敕须经中书省宰相的副署，并由中书省发出。宰相甚至可以干预后宫事务。“祖宗之法严，宰相之权重……君臣相与防微杜渐之虑深矣。”[5]这样的“文治”意义重大，皇权得到有力的监控，而且官吏队伍保持了应有的生机。但是，士大夫“道不同，不相为谋”的习性，使宋朝充满党争。其激烈程度，甚至置国家安危于不顾。南宋却又矫枉过正地汲取了党争误国教训，打压士大夫，致使其在廉政中的作用逐渐削弱，最终导致了腐败权臣横行当道。

---

[1] 《唐律疏议·名例》。

[2] 参见吴毅：“唐朝贞观年间防治贪腐的政策举措释析”，载《理论导刊》2009年第9期。

[3] 《四库全书总目》卷八二《史部·政书类二·唐律疏议提要》。

[4] 叶适：《叶适集·水心别集》卷十，中华书局1961年版，第759页。

[5] 《宋史·宦官传·序》。

在权力约束方面，皇权最终还是占上风的。宋代中央官制强化分权制衡，原来三省中尚书省、门下省弱化，独有中书省留在皇宫，称政事堂掌政，枢密院掌军，三司（户部司、盐铁司、度支司）掌财。中书省、枢密院、三司三者鼎足而立，彼此不相知，实际上集权于皇帝一身。后来军政大权渐渐为文职兼任，终成南宋文弱一朝。

在监察体制上，宋代继承了唐代的三院御史之设，又将门下省的诤谏之权别立为谏院。此前御史主弹劾，言谏主讽诤，到宋代御史台又可以参与言事谏诤，形成台谏合一，从而对行政可以全程监督和批评，成为很大的制约力量。台谏制度既对百官监督纠察，也对君权有制约。特别是仁宗一朝，台谏官员多次联合向皇帝诤谏，成为历史少有的奇观。

中国古代防治官吏犯赃的方法历代各异，相比之下，宋代的措施更具"文治"特点，即不是仅仅依恃严刑酷法的威吓，而是通过加强制度建设、着重预防、综合治理的方法来防治犯罪。第一，宋代把一些重要的审计制度以敕、令、格、式等形式加以颁布，主要的审计方式为报送审计和就地审计。另外，新旧官员交替时必须进行离任交接审计，官吏在离任时要编制末账、交头账、漏底账等。第二，为防止官吏妄征无度，中饱私囊，又要保证国家的赋税收入，宋廷建立了严密的税赋征收制度，为各州县和各场、务、坊确定了一个上交的数额。第三，实行严格的经济保管责任制。法律对仓、库、场坊经管官吏的职责和互相约束有明确规定，并且规定了仓库的守护制度。第四，实行严密的账簿审磨制度，采取广泛的督察手段。如果只有详细的法律规定，而没有监督措施，制度仍难以有效推行。因此，朝廷建立了相应的监督审计机制，实行严密的账薄审磨制度。宋朝的经济活动都置簿籍记载，并附上相应的凭证为佐证。第五，通过奖惩手段确保审计人员的清廉。

在官员管理制度方面，宋代有两项制度具有廉政意义。一是官职差遣分离。宋代任官制度有官、职、差遣三个体系。官称与实际职务逐渐脱离，仅用于表示官位、俸禄高低。前朝因事而设、事后即撤的临时差遣，北宋成为由固定官员担任的实际职务，简称职。官表示地位，职指示职务，差遣是担当的工作。三者分离，使官员待遇、职务、荣誉分开，有利于提拔勤政廉洁的年轻官员担当重要职务。二是高俸养廉。"惟其给赐优裕，故入

仕者不复以身家为虑，各自勉其治行。”〔1〕

相比之下，辽、金、元的廉政制度明显不及两宋，呈现游牧民族的粗放状态，所以，就有了史家所言：“宋亡于儒，元亡于吏”。

六、明清时期

明朝建立后，朱元璋强化皇权，把专制体制推向了极致。重要表现就是废除中书省和丞相制，以皇帝直接统领六部。朱元璋认为，宰相一人之下、万人之上，对皇权起着制约甚至抗衡作用。实职宰相被废除，“内阁”大学士助理庶务，内阁制应运而生。内阁大学士官阶五品，是皇帝的顾问和参谋，很难制约皇权。皇帝如果无心朝政，权力就落在了宦官手中。所以，明朝政纲腐败突出的表现就是内阁与宦官的勾结或争斗。

在明朝官制中，五府管军政，六部司行政。前代所设中央监察机构御史台改为都察院，长官为都御史。地方上又划出十三道，分设监察御史巡按州县，专事官吏的考察、举劾。清因明制，仍设都察院，下设十五道。通政使司是明清时收受、检查内外奏章和臣民申诉文书的中央机构，其职能就是开天下言路，长官为通政使。大理寺所掌为“审谳平反刑狱之政令”，长官为大理寺卿。六部尚书加都御史、通政使司、大理寺卿称为九卿，后三者掌管监察。另外还有学术机构翰林院、太子辅导机构詹事府，“清议”批评政务。因此明清具有监察职责的机构可谓规模大、地位高、职能强，但是，他们都是针对监察百官、加强皇权而设立的。

为了严密监控官员，明朝先是设立了锦衣卫，专门承受皇帝旨意，超越司法程序，专司处理针对不法官吏的“诏狱”案件。明成祖又增设东厂，以太监提督，专管“缉访谋逆妖言大奸恶等”〔2〕。明宪宗再设西厂，刺探官民隐私。厂卫本为监督不法官吏而设，起初也在惩治腐败方面效用快速，但是，它超越司法为权宦把持，不接受监督制约，不仅造成不少冤狱，而且自身迅速腐败，养成许多大恶巨奸，清代将之废除。

元代正是由于严重的吏治腐败才导致覆灭，有鉴于此，明初时对于贪

〔1〕（清）赵翼：《廿二史札记 · 宋制禄之厚》。

〔2〕《明史 · 刑法志三》。

腐官员的惩处极为严酷。最极端的是用所谓“人皮袋”方法处置贪腐官员，借此给予其他官员以警示。此外还有挑盘、刖足、剁指、断手、刑膑、钩肠等酷刑。而明初以后，随着社会秩序走向稳定，相应的法律制度也变得规范合理，其中最突出的便是《大明律》的制定。《大明律》包括吏、户、礼、兵、刑、工六律，其中《吏律》是规范官吏行为的法规，共计三十三条。其中增设了“奸党”等前代未有之条目，明显带有抑制功臣权贵的影子，但对于明初以后企图违法乱纪、谋取私利的官员来说，具有相当的威慑作用。

明清两朝最主要的取士制度仍是科举制，但考试程式越来越规范，走向僵化；考试内容越来越限定，几近文化专制。科举取士的廉政意义逐渐消退，至晚清，其严重束缚了读书人的思想和视野，严重削弱了民族创新力和官员的活力。

明清时期的廉政制度建设总的特点是，从防范腐败逐渐演变成了防范臣民失控和谋求专制。皇权极尽专制，必然走向绝对腐败，这也说明中国古代以专制皇权为核心的廉政制度建设走到了尽头。〔1〕

第三节　中国古代的廉政人物

中华民族的历史源远流长。在长达数千年的王朝更替中，始终存在着一股浩然正气，它是政治清明的根基。廉政人物的政治行为，直接影响着朝代命运浮沉，廉政人物的修养作风，凝聚为宝贵的文化遗产代代相传。下面列举几位对中国历史具有影响的，并被中国人所熟知的清官廉吏。

1. 第一循吏孙叔敖

孙叔敖被后世称为第一循吏。“循吏”就是奉公守法、清正廉洁的官吏，由司马迁首创。《史记》中专门有《循吏列传》，记载第一人就是孙叔敖。孙叔敖（约公元前630年~前593年），楚国著名的政治家、军事家，春秋五霸之一的楚庄王的令尹（丞相）。楚庄王的立威定霸，与孙叔敖的鞠躬尽瘁、忠心辅佐是分不开的。

---

〔1〕 参见李洪峰：《中国古代的廉政文化》，故宫出版社2014年版，第135页。

爱民勤政，是廉政官员的共同特点，这两方面在孙叔敖身上表现得尤为突出。少年时期的孙叔敖就有超出常人的仁爱心肠。他儿时听说见了两头蛇的人一定会死，一次他在野外看见一条两头蛇，他以为自己必死无疑，就斩杀了这条蛇，埋到土里，让它不再危害他人。担任楚国令尹后，孙叔敖体恤民情，鼓励民众上山采矿，使楚国的青铜冶炼和铸铁工艺在当时处于领先地位；他重视水利建设，在期思雩娄（今河南商城东）兴修了中国历史上第一个大型水渠工程期思陂，在楚都纪南城东北修建了大型平原水库（现今的海子湖）；他严明法度，制定实施了许多有利于民生的政策法令。对于君王不利于人民的一些做法，孙叔敖总是婉言相劝。一次，庄王认为当时楚国的车子太小，就命令全国一律改造高大的车子。孙叔敖劝说，若以命令行事，必会招致百姓反感，不如把都市街巷两头的门限做高，低小的车过不去，人们就会自觉改造高车了。另有一次，庄王嫌原来通行的货币太小，改铸大币，强令通行。老百姓既不习惯，使用也不方便，结果引起市场混乱。孙叔敖认为商业活动应以百姓方便为宗旨，劝说庄王恢复通行小货币，市场又恢复秩序。

法治是廉政的基础，孙叔敖执政过程中严格依法办事。楚庄王的重臣虞丘曾推荐孙叔敖为令尹，后虞丘家里有人犯法，孙叔敖未徇私情，把那人杀了。虞丘也很正直，称赞孙叔敖能够依法办事。由于孙叔敖奉公律己，带头执法，楚国吏治清明，人民生活安定。《史记·循吏列传》记载，孙叔敖执政后，“施教导民，上下和合，世俗盛美，政缓禁止，吏无奸邪，盗贼不起。秋冬则劝民山采，春夏以水，各得其所便，民皆乐其生”。西汉刘向在《列女传》中更称当时“道不拾遗，门不闭关，而盗贼自食”。

如果说爱民是孙叔敖廉政理念的核心，那么谦虚谨慎则是他廉政思想的基础。据记载，孙叔敖出任令尹时，吏民皆来祝贺，一位老人却着麻衣、戴白帽来吊丧。孙叔敖闻讯后立即整理好衣帽出来迎接，说：“楚王让我做令尹，人们都来祝贺，只有您来吊丧，莫不是有什么话要指教吧?”老人说：“是有话说。当了大官，对人骄傲，百姓就要离开他；职位高，又大权独揽，国君就会厌恶他；俸禄优厚，却不满足，祸患就可能加到他自己身上。”孙叔敖向老人拜了两拜，虚心请教，于是老人说：“地位越高，态度越谦虚；官职越大，处事越小心谨慎；俸禄已很丰厚，就不应索取分外财物。您严格地遵守这三条，就能够把楚国治理好。”孙叔敖牢记老人的话，处处自律。生活方面他更是俭约自持，乘劣马拉的破车，粗茶淡饭，衣着俭朴。有人对此不解，孙叔敖就说：“君子穿得越漂亮越恭敬，小人穿得越漂亮越傲慢。我没有高尚的德行，所以不能穿漂亮的衣服。”孙叔敖是一人之下、万人之上的第一重臣，但他一生不蓄私产，清正廉洁，家徒四壁，临终时连棺椁也没有。过世后，他的儿子只好靠打柴来养活自己和母亲。楚国著名的优伶优孟看不下去，装扮成孙叔敖在楚庄王面前载歌载舞，楚庄王这才想起了孙叔敖的功劳，遂厚待其妻儿。

孙叔敖一生兢兢业业，为楚国强大立下汗马功劳。他生不宠权，死无积财，堪称念国忧民、“奉法守职”的清官廉吏。

2.“宽猛相济”的子产

子产（？~公元前522年），复姓公孙，字子产，是春秋时期郑国著名的贤相，也是历史上有名的清官。公元前554年，子产担任郑国国卿（即丞相）后，实行了一系列政治改革：承认私田的合法性，向土地私有者征收军赋；铸刑书于鼎，将法律向民众公布（这是我国最早的成文法律）。春秋中期晋楚两个大国争霸，作为夹在两个大国之间的小国，郑国对内保持了社会稳定、民生安乐，对外也能维护国家的尊严和安全，这个局面的出现首赖子产辅政有方。

子产的廉政思想的基础是仁爱。有人赠送活鱼给子产，他不忍心为自己享口福而使活生生的鱼遭受鼎俎烹割的痛苦，就命人把鱼蓄养在池塘里。看着鱼儿优游水中，子产心胸畅适，不禁感叹曰：“得其所哉，得其所哉！”子产对动物尚且仁慈，对人民更不待言。孔子称赞他继承了上古仁爱之德的遗风，敬事长上，体恤百姓。子产为政主张“宽猛相济”，一方面强调用道德的力量来教化人民，为政要宽厚、爱民，另一方面强调执法要严格。强调“猛”，表面上看是用严厉的刑法来惩处犯罪，实际上他是想用严刑峻法来防止人们犯罪。他曾比喻说，火很猛烈，百姓看见了便感到害怕，因此很少有人被火烧死；水很柔弱，百姓们便掉以轻心，结果有很多人被淹死。宽和猛也像水和火一样，只行宽政不行猛政，会导致社会的混乱。子产的“猛”实际上与他的“宽”是相通的。后来，子产的继任者子大叔为政时不忍心严厉而一味宽容，结果导致国内盗贼横起，社会治安出现问题，子大叔很后悔没有听从子产的意见。

子产在廉政建设方面的贡献，还突出地表现在保留乡校。乡校是古时乡间的公共场所，既是学校，又是乡人聚会议事的地方。当时郑国都城的乡间也有这么一个公共场所，人们经常议论国家政治，品评政府官员。朝廷大夫然明对乡校十分不满，打算将其拆毁。子产问其由。然明回答说："人们在乡校说长道短，批评政府和官员，这对国家和您都很不利。"子产不以为然："他们认为做得好的，我们就做下去；他们认为做得不对的，我们就加以改正。他们的议论能帮助我们治理好国家，为什么要将乡校拆毁呢?""我听说忠善可以减少怨恨，没听说用威势压迫能防止怨恨的。如果靠权势去压制，当然可以马上制止人们的议论，但是结果会像筑堤治理河水一样，一旦决堤，河水的伤害会更大，不如把河开个小口疏导，让水慢慢地流走。让我们从此听到人们的议论，把它当作治病的良药有多好。"然明听了这番话，心悦诚服。子产保护乡校，实际上就是保护了人民一定的议政权和对当权者的监督权。这两种权利对限制官员的贪暴、保持政治的清廉有积极的作用。作为同一时代的人，孔子对子产很推崇，说他"有君子之道四焉：其行己也恭，其事上也敬，其养民也惠，其使民也义"[1]。

子产也是官吏清正廉洁的表率。作为郑穆公的孙子、郑国的正卿，出身显贵、身居高位的子产一生两袖清风，家无余财，他死后，他的儿子竟然没钱来安葬他。听到他的死讯，"丁壮号哭，老人儿啼，曰'子产去我死乎！民将安归?'"[2]子产下葬之时，郑国的男子献出佩玉，女子献上珠宝，人们为子产助葬而自发捐献的金银珍宝不可胜计。但是子产的儿子谨遵父亲教诲，丝毫不取，亲自负土将父亲安葬于邢山之上，为子产清正廉洁的一生画上了一个圆满的句号。孔子听到子产的死讯，痛哭流涕，感叹说："古之遗爱也!"

3. 司马迁愿为执鞭的晏婴

晏婴（? ~公元前500年），字仲，谥平，后世又称晏平仲，尊称晏子，春秋末期齐国人。他出身于齐国名门贵族晏氏，历齐灵公、庄公、景公三

---

〔1〕《论语·公冶长》。

〔2〕《史记·循吏列传第五十九》。

朝，任上大夫，执政长达五十四年，是春秋后期一位重要的政治家、思想家、外交家。晏婴一生的思想、言行、事迹主要记载于《晏子春秋》一书中。

晏婴是先秦时期卿大夫中明确提出廉政概念并躬行不怠的第一人。他说：“廉者，政之本也。”〔1〕将统治者自身的廉正与政治结合起来，使之具有了今天我们所说的廉政的含义。晏婴的廉政思想最突出的表现是重民与爱民。他强调“德莫高于爱民，行莫厚于乐民”〔2〕，“先民而后身”是国君“长保威强勿失”的根本保证之一，因此对百姓不能“夺其财而饥之，劳其力而疲之，常致其苦而严听其狱，痛诛其罪”〔3〕；应该体恤百姓的痛苦，“饱而知人之饥，温而知人之寒，逸而知人之劳”〔4〕，要“散百官之财施之民”。从这个立场出发，晏婴进一步主张节俭，反对向人民横征暴敛。有一年齐国连续十七天降大雨不止，洪涝灾情严重，齐景公不闻不问，依然日夜饮酒作乐。晏子多次奏请救济灾民，都被景公拒绝。他把自家粮食分给灾民，把车马、器物等放在路旁供人们随便使用，然后徒步去见景公，说：“百姓老弱，冻寒不得短褐，饥饿不得糟糠……而君不恤……民氓百姓，不亦薄乎？”〔5〕说完，他愤然“请身而去”。景公不得不下令开仓救济灾民。

晏婴的廉政思想还表现在对人才的重视上。他认为国有“三不祥”：一是国家有贤人而不知，二是知而不用，三是用而不任。“举贤官能”是治理国家的根本，对贤人要做到知之、用之、任之，否则便是国家的不祥之兆。为此，他总结出一系列通过言行考察人才的具体方法，“通则视其所举，穷则视其不为，富则视其所分，贫则视其所不取”。〔6〕他指出，人的才能不同，因此在使用时应该做到“任人之长，不强其短；任人之工，不强其拙”〔7〕。

〔1〕《晏子春秋·内篇杂下》。

〔2〕《晏子春秋·内篇问下》。

〔3〕《晏子春秋·内篇谏下》。

〔4〕《晏子春秋·内篇谏上》。

〔5〕《晏子春秋·内篇谏上》。

〔6〕《晏子春秋·内篇问上》。

〔7〕《晏子春秋·内篇问上》。

可以说，晏婴是我国较早提出系统的人才观的政治家。

统治者自身的廉洁是廉政建设的中心环节。他认为，统治者奢侈腐化，就是“与民为仇”，其结果将导致“民叛”，得罪于民的国君将遭到“民诛”。他曾对齐景公的穷奢极欲进行了多次的批评。一次齐景公出游麦丘，问那里的封人年岁多大。封人告知八十五岁。景公说：“您真长寿啊，请您祝福我吧。”封人先祝他健康长寿，有益于国家，景公不满足；再祝他的后代长寿，景公仍不满足；封人便说：“使君无得罪于民。”景公听了很不高兴，说：“只有百姓得罪于君主的，哪有君主得罪于百姓的？”晏婴立即插嘴说：“错了，桀纣不是被百姓诛灭的吗？”齐景公哑口无言。

晏婴也是躬行廉洁的楷模。他虽然出身名门，又身居相位，但生活极其俭朴，穿“缁布之衣，麋鹿之裘”；吃“脱粟之食、炙三弋、五卯、苔菜”；出行时“栈轸之车，而驾驽马”。其家人也是“食不重肉，妾不衣锦”。并多次辞绝君主赐予的衣裘、车马、封邑、新宅，“以节俭力行重于齐”〔1〕。

在私生活方面，他也非常严谨，屡屡拒绝送上门来的美女，坚持糟糠之妻不下堂。最典型的一次要算他拒绝齐景公的公主了。齐景公之女，年轻貌美，对晏婴心仪已久。景公打算成全，亲自到晏婴府上赴宴。酒酣耳热之际，齐景公见到晏婴之妻，故作惊讶：“这是你的妻子吗？怎么这么老、这么丑啊！”又说自己女儿年轻漂亮愿嫁他为妻。晏婴一听，马上起立，真诚地说：“现在我妻子确实又老又丑，但她年轻时也很漂亮。我们已经共同生活多年。她在年轻貌美时把自己托付给了我，我决不能辜负她！”在男尊女卑的古代社会，贵族官僚三妻四妾非常正常，抛弃结发糟糠之妻、另攀高枝的现象也屡见不鲜。晏婴却严词拒绝了景公，坚守了清正无私的节操，在家庭生活中也体现了廉洁高尚的品质。

晏婴的廉洁公正让本世君主怀念不已。对于晏婴之死，齐景公表现出了不同寻常的反映。“景公游于菑，闻晏子死，公乘侈舆服繁驵驱之。而因为迟，下车而趋；知不若车之遬，则又乘。比至于国者，四下而趋。行哭而往，伏尸而号，曰：‘子大夫日夜责寡人，不遗尺寸，寡人犹且淫佚而不

---

〔1〕《史记·管晏列传》。

收，怨罪重积于百姓。今天降祸于齐，不加于寡人，而加于夫子，齐国之社稷危矣，百姓将谁告夫！’”〔1〕

孔子曾经称赞晏婴说：“他关心民间疾苦、救民于苦难而不自夸，德行高尚足以弥补齐国三代君主的过失而无人可比，晏子真可称得上是君子啊！”司马迁在《史记》中为晏婴作传，情不自禁地赞叹：“假令晏子而在，余虽为之执鞭，所忻慕焉。”〔2〕仰慕之情，溢于言表。〔3〕

4. “发奸商擿伏如神”的赵广汉

在西汉宣帝时期，出了一位著名的清官，在中国的廉政史上留下了一个传奇，他就是京兆尹赵广汉。赵广汉（？～公元前65年），涿郡蠡吾（今河北省博野西南）人，字子都。年轻时做过郡吏、州从事等地方小官，当时就以廉洁明察、谦以待士而著称，经察举为秀才，被推举到朝廷，担任主管平抑物价的平准令。因其一贯廉洁奉公，政绩突出，最后做到京兆尹（京城最高行政长官）。

作为地方大员，赵广汉廉政的主要举措就是严厉打击贪腐、黑恶势力，确保一方平安。在他担任京兆尹时，其部下杜建网罗一大批地痞流氓为非作歹，称霸一方。赵广汉先是劝诫，但杜建置若罔闻，于是将其依法惩办。杜建被抓，上至宫中权势显耀的宦官，下至地方有声望的豪强，前来说情的络绎不绝，赵广汉不为所动。杜建的子弟和他豢养的宾客竟图谋劫狱。赵广汉洞察其事，派人到主谋的几个人家里，将其阴谋一一揭露，并告诫他们，如果真敢这样做，定会被灭族。之后，当杜建被押赴街市，斩首示众时，他的手下竟没有一个敢露面的。赵广汉的举动震动了京师，人们无不拍手称快。赵广汉任颍川太守时，当地的两大豪门大族原氏和褚氏互相连亲，并与官吏勾结，势力很大。他们在地方横行霸道，对百姓任意盘剥，放纵手下烧杀抢掠。前太守毫无办法。赵广汉到任后，仅几个月的时间，就将原氏、褚氏首恶抓来杀掉，铲除了颍川郡的黑恶势力。在担任京兆尹时，赵广汉仍然不畏权势，甚至对拥立汉宣帝的大将军霍光家族和当时的

---

〔1〕《晏子春秋·外篇第八》。

〔2〕《史记·管晏列传》。

〔3〕参见单卫华、赖红卫、张相军：《中国廉政文化史》，山东画报出版社2010年版，第35页。

丞相家人也是如此，只要犯法，就敢于打击。因此，连皇亲国戚对他也有所畏惧，不敢造次。

赵广汉还精于吏治，善于调动属下的积极性。一是功归属下。遇有功劳或奖赏之事，总是诚心诚意地归之于部下。他与属下总是推心置腹，所以官吏都乐于受他差遣，即便赴汤蹈火也在所不辞。二是知人善任，严于御下。赵广汉对手下人的能力、特长及是否尽力办事都了如指掌，按照能力派给差事，人尽其才。三是提高基层司法人员的官品和待遇。长安城里负责治安的游徼和监狱的狱卒，原来都是没有品秩的小吏，赵广汉向汉宣帝建议将他们都提升为秩一百石（相当于现在的科长）的小官员。有了品秩后，这些人都很自重，不敢枉法拘捕百姓。从此京兆政治清明，百姓赞不绝口。

赵广汉天性聪明，目光敏锐，善于捕捉罪犯的蛛丝马迹，而且广布耳目眼线，所以罪犯无所逃匿。班固在《汉书》中称赞他“发奸擿伏如神”，就是说他揭发隐秘的坏人坏事，犹如神明。有一次，长安城中有数名无赖少年聚集在一所极其隐蔽的空房子里谋划抢劫，坐下话还没说完，赵广汉派来的官吏就将他们一网打尽。还有一次，两个罪犯绑架了一个姓苏的别官，结果不一会儿赵广汉就带人包围了他们的家。赵广汉派人向两名绑匪喊话：“京兆尹赵君请二位不要杀人质，此人是朝廷官员，你们放了他，可以得到宽大处理，如幸逢赦令或许还能从轻发落。”两个绑匪素知赵广汉威名，乖乖地走出来跪在他面前束手就擒。在赵广汉的治理下，京兆境内的犯罪几乎销声匿迹。赵广汉还特别精于“钩钜”，也就是当今所说的调查、推理，通过缜密的推理，判断出隐秘的案情。

赵广汉在中国廉政史上还有一个贡献，就是发明了据说是中国最早的举报箱。在担任颍川太守时，由于原、褚两个豪强大族盘根错节的联盟，赵广汉很难找到他们的罪证，而受害人也迫于压力不敢公开揭发他们的罪行。于是赵广汉令人制成形状像竹筒，口很小，可入不可出的器具“缿筒”，让人们向它里面投放举报信，然后故意向外散播这些举报信都是豪门大族的子弟写的，如此一来，原本互相勾结的豪门大族竟翻脸成仇。赵广汉根据得到的线索，一举消灭奸党。

赵广汉性格刚强，办事雷厉风行，有时甚至不计后果，而最后也因此而遭难。当时，赵广汉听说丞相家有一个婢女死亡，怀疑是丞相夫人因嫉妒而将其杀害，他没有仔细调查核实，竟鲁莽地率人冲进丞相家中，强令夫人下跪接受审理，并抓走了几十名仆人。结果赵广汉因此而被扣上“不道”的罪名，最终被处腰斩。长安人民听说赵广汉要被处刑的消息后，几万人守在宫外放声大哭，纷纷表示愿意代赵而死。他死后，人们为怀念他清正廉明而作的歌，到东汉时仍在传唱。

5. 以清白留子孙的杨氏

东汉中期以后，外戚和宦官交替把持政权，政治日益黑暗。大多数官员或巴结权贵沦为外戚、宦官的爪牙，或随波逐流，明哲保身，整个官场腐败透顶。这时，却有一个士大夫家族，不仅廉洁自律，将清白作为传家之宝，而且敢于与黑暗势力斗争，深受时人的敬仰。这个家族就是弘农杨氏。

东汉初有个人名叫杨宝，传说他九岁时于华山北看到一只黄雀被鸱枭击败而跌于树下，便上前拾起黄雀带回家。经过一百多天的喂养，黄雀的伤好了，它绕杨宝的头顶转一圈后飞走了。当天夜里，有一个黄衣童子，自称是西王母的使者，特地前来感谢杨宝救命之恩，并送给杨宝四枚白环，说：“令君子孙洁白，位登三公，一如此环。”这就是成语“黄雀衔环”一词的由来。这个杨宝就是弘农杨氏的先祖。所以洁白无瑕的品质正是杨氏家族的追求。

第一个明确这种追求的是杨宝的儿子杨震，字伯起。杨震前半生隐居乡间，屡不应召，在家教授门徒，颇被时人推崇，号称“关西孔子”。年五十始出仕，为官清廉，正直无私。一次，杨震出任东莱太守，路经昌邑，该县县令王密是他以前举荐的秀才。王密为报答举荐之恩，便在深夜偷偷拿了十斤黄金去拜见杨震。杨震毅然拒绝，并责备说：“故人知君，君不知故人，何也?”王密却说：“暮夜无知者。”杨震正色道：“天知，神知，我知，子知，何谓无知!”王密听后，非常羞惭地拿上黄金谢罪走了。从此，杨震遂以“四知”而扬名天下。杨震为官二十余年，两袖清风，家无余财。子孙常粗食布衣，以步代车，生活比较清苦。有人就劝他购置些产业，留给儿孙，他却说：“使后世称为清白吏子孙，以此遗之，不亦厚乎?”[1]

---

[1]《后汉书·杨震传》。

东汉哀帝延光二年，杨震官至太尉，位登三公之首。此时，宦官、外戚及哀帝的乳母三种恶势力把持朝政，政治黑暗，贿赂公行。杨震忠正耿直，不畏权势，屡屡得罪这三种势力，而招致他们的嫉恨。一次，皇帝宠妃耿贵人之兄耿宝向杨震举荐一名得势的宦官——中常侍李闰的哥哥，杨震不予理睬。耿宝不甘心，又亲自出面找杨震说，李常侍为国家所重，安排李兄是皇帝的意思。可杨震仍然不给面子，生硬地答复说，若是朝廷的安排，应该由尚书省下敕文。结果耿宝大恨而退。又一次，皇后之兄也向杨震推荐一个朋友，杨震同样硬邦邦地顶了回去。另一位三公、司空刘授听说后，主动找上门给两位要人的亲信作了安排，不久这人就飞黄腾达。杨震不仅不巴结外戚、宦官，还屡次上书哀帝，要他疏远、黜退这三股恶势力，更令这些人把他视为眼中钉。但是鉴于杨震在当时名气实在太大，他们不敢公然加害，就唆使哀帝找机会罢免杨震，并将他驱逐出京师。杨震悲愤填膺，对诸子和门人说："死者仕之常分。吾蒙恩居上司，疾奸臣狡猾而不能诛，恶嬖女倾乱而不能禁，何面目复见日月！身死之日，以杂木为棺，布单被裁足盖形，勿归冢次，勿设祭祠。"〔1〕他在回老家途中饮鸩自尽，以死抗争，时年七十余岁。杨震之死，令时人十分悲痛。传说在杨震下葬之前，有两只高达一丈有余、五色斑斓的大鸟，飞到杨震灵堂前，悲鸣不已，鸟的眼泪流了一地，一直持续了十余天，等下葬完毕两只大鸟才飞走。于是人们在杨震墓前立了石鸟像。这个传说表达了时人对杨震的敬慕、哀悼之情。

杨震死后，其子孙也遭到迫害。一直到顺帝即位，杨震才得到昭雪。杨震之后，其子杨秉、孙杨赐、曾孙杨彪先后在东汉晚期出任太尉。杨氏一门，四世三公，在当时传为佳话。更为难得的是杨震的后代都继承家风，生活朴素，品德高尚，为官清廉，不愧"清白吏子孙"的美誉。不仅如此，他们还勇于和当权的邪恶势力作斗争，敢于披逆鳞犯颜直谏，并因之受迫害，丢官罢职，也不改其节操。汉桓帝延熹五年（公元 162 年），杨秉为太尉。当时宦官势力如烈焰飞腾，他们随意保任亲信及子弟做官，其人数之多竟至"布满天下，竞为贪淫，朝野嗟怨"。特别是单超、具瑗等五侯宗族

〔1〕《后汉书·杨震传》。

宾客气焰更为嚣张。杨秉与宦官势力进行了坚决的斗争。他上书罗列宦官专权导致吏治败坏的情况，提出“中臣子弟不得居位秉势”，即不许宦官子弟当官掌权，并要求彻底清理冒滥及诸劣迹官员，“退贪残，塞灾谤”，获得桓帝批准。结果处置了包括匈奴中郎将燕瑗、青州刺史羊亮、辽东太守孙谊等在内的五十多名宦官爪牙，天下肃然。大宦官侯览之弟侯参为益州刺史，贪婪无比，残害百姓，杨秉义愤填膺，参奏侯参，最后侯参畏罪自杀。杨秉趁此机会，继续向汉桓帝上书，痛斥宦官擅权，作威作福。桓帝略有醒悟，罢免侯览，同时减削了具瑗的封国。杨秉与宦官的斗争取得了一定的胜利，这在豺狼当道的东汉后期黑暗政治里，是难得一见的一丝光明。

杨秉一生效法其父，为官清廉，生活俭朴，从不饮酒。他曾连任四州刺史，“计日受奉，余禄不入私门”〔1〕。一次，他上书言事获罪，免官放归田里，家至贫寒，两天才吃一顿饭。他的老部下凑钱百万馈赠，他却闭门拒受。夫人早逝，他终生未再娶。杨秉晚年总结自己一生，说：“我有三不惑：酒、色、财也。”《后汉书》称赞杨氏父子：“震‘畏四知’，秉‘去三惑’。”

杨震以其一生的光明磊落，清廉正直，高风亮节，为后世子孙做出了榜样。杨氏一家，把清白作为遗产，世代相袭。他们忧国忧民、刚正无私、廉洁正直、光明磊落、嫉恶如仇，并连续四代弘扬祖风，在历史上留下了一个家族的美名。〔2〕

6. 疾风劲草之陶侃

两晋时期，统治集团清谈成风，奢侈淫逸，风气萎靡。在这样的背景下，却有一名出身贫寒的官员如疾风劲草，逆流而上，不仅冲破了门阀士族在仕途上为寒门素族所设的重重障碍，且不为时风所动，清正节俭，体现了一位廉政官员的高风亮节。

陶侃（公元259~334年），字士行，鄱阳郡（今江西鄱阳县）人，东

〔1〕《后汉书·杨震传》。

〔2〕参见单卫华、赖红卫、张相军：《中国廉政文化史》，山东画报出版社2010年版，第65页。

晋著名军事家，晋代诗人陶渊明的曾祖父。陶侃曾经权倾一时，但并不擅权作威作福。他一生勤勤恳恳，俭朴节约，不仅《晋书》里有其传，在《世说新语》中也记载了不少有关他的遗闻逸事。

西晋以降，门阀士族仅凭“冢中枯骨”（当高官的祖先）便可平途进取，坐至公卿。他们把持着高官厚爵，却不愿管理政务，“当官者以理事为俗吏，奉法为苛刻”“从容为高妙，放荡为达士”〔1〕。陶侃对这种风气深恶痛绝，声言：“君子当正其衣冠，摄其威仪，何有乱头养望自谓宏达邪!”〔2〕陶侃为官多年，一直勤于致事。史书记载，他整日在官衙处理公事，不曾有半刻清闲。官府里的大小政事，没有一丝遗漏；所有来往书信，亲自一一回复。陶侃从不在生活上放纵自己，他常对人说：“大禹是圣人，还十分珍惜时间；至于普通人则更应该珍惜分分秒秒的时间，怎么能够游乐纵酒?”当时上层社会饮酒之风盛行，陶侃对此深恶痛绝。每次宴会饮酒，他都预先设下定限。常常是酒兴正浓时却到了酒限，这时不管众人怎么劝，他也决不再饮。两晋时期，赌博之风越演越烈，严重影响了社会风气。陶侃非常鄙视参与赌博之人，将赌博称为“牧猪奴戏”。他的僚属也有人沉迷酗酒、赌博，陶侃便召集全体属下，当众将酒器、赌博工具统统丢到江里，并将参与酗酒和赌博的人当众鞭打，然后严厉训斥道：“如有闲暇，文士何不读书，武士何不射弓?”陶侃的出色才干获得了时人的好评。其中一个叫梅陶的人赞美道：“陶公机神明鉴似魏武，忠顺勤劳似孔明，陆抗诸人不能及也。”将陶侃比之曹操、诸葛亮，虽有溢美之嫌，但也反映了陶侃的才略及勤于为政，在当时卓尔不群。

陶侃还很重视发展农业生产，关心人民生活。荆州大饥，饿死了很多百姓。陶侃担任荆州刺史，秋天庄稼成熟时官府买进粮食，到饥荒时再减价卖出，很多百姓赖以活命，非常感激。陶侃很重视农业，不仅劝勉人民努力耕织，还鼓励士兵在打仗之余也从事农业生产。有人送他东西，他总是问东西从哪里来的。如果回答是自己生产出来的，他就很高兴地接受，鼓励一番，并赏赐很多东西；如果说不是自己劳动所得，他就很生气，将

〔1〕《晋书·熊远传》。

〔2〕《晋书·陶侃传》。

礼物退回。《晋书》中记载，在他治理下，“自南陵迄于白帝数千里中，路不拾遗”。

陶侃还厉行节俭，真正做到了“物尽其用”。他的俭朴与当时崇尚奢侈的世风不相水火，以致为时人所不能理解。他做荆州刺史时，曾叫负责造船的官员将木屑通通搜集起来，又命官府制造竹器时将削下的竹头也都收藏起来，并登记在册，以致木屑、竹头堆积如山。人们都不明原因。后逢大雪，天晴雪融，官府门前余雪泥泞，无法行走。这时陶侃命人用木屑铺撒地面。又过了几十年，桓温伐蜀时大造船舰，又用陶侃保存的竹头作钉来装船。陶侃一生清廉，虽然不是家徒四壁，但也坚持不取官物。他在离开荆州任所前，将官府所有物资都登记在册，封印仓库，亲手锁上库门，将钥匙、账簿交专人保管，然后才登船赴长沙，“朝野以为美谈”。第二天，他竟死在途中的樊溪，时年七十六岁。

陶侃的成长与他母亲的教诲分不开。陶侃少年时丧父，家境清贫，与母亲湛氏相依为命。湛氏对陶侃管教很严，靠辛苦纺绩供儿子读书。陶侃当上鱼梁县主簿，派人给母亲送去一坛鱼。陶母把鱼退给使者，并写信责备陶侃，说：“你做官，却以官物送我，不仅对我没有好处，反而增加我对你的担忧啊!”在母亲的影响下，他为政清廉，不取官物，传为美谈。

7. 改革家苏绰

公元534年，奢华、腐败的北魏政权分崩离析，东部农业发达、经济富庶的地区由权臣高欢控制，史称东魏；而西部比较落后、贫瘠的地区则由宇文泰掌握，史称西魏。可是，过了三十多年后，公元577年，取代东魏的高氏北齐政权却被原本弱小的取代西魏的宇文氏北周政权所灭。在这个渐进的变化中，宇文泰任用苏绰改革，为宇文氏政权由弱变强、统一北方奠定了坚实的基础。

苏绰，字令绰，京兆武功（今属陕西）人，出身于关中地区汉族世家大族。苏绰少年时代十分好学，史称他“博览群书，尤善算术”。[1]当时宇文泰广招人才，苏绰的从兄苏让向宇文泰推荐了苏绰。当时宇文泰对苏绰并不太重视，只是授任行台郎中这样一个小小的职位。苏绰在这个职位

〔1〕《北史·苏绰传》卷六三列传第五一。

上认真地干了一年多，初次展露其才华。行台的各个部门遇到难题，都去找他来解决，并且苏绰还为当时的公文制定了格式，所以苏绰在行台中的名声一天比一天响亮，大家都称他有“王佐之才”。然而苏绰真正得到宇文泰的赏识却得缘于一个偶然的机会。

一次，宇文泰率众公卿外出捕鱼游玩，走到长安城西原西汉故仓池遗址，宇文泰询问左右仓池沿革，众位公卿竟无一人能答。这时有人推荐苏绰，宇文泰派人把苏绰找来，他把这个地方的来龙去脉讲解得清清楚楚。宇文泰大喜，又提问很多问题，上至天文，下至地理，以及历代兴亡，苏绰对答如流。宇文泰听得入迷，也不捕鱼了，返回京城。晚上将苏绰留在宫中，通宵长谈。苏绰侃侃而谈，“指陈帝王之道，兼述申、韩之要”〔1〕。宇文泰听得如醉如痴，起身整衣危坐，竟不知不觉膝行到苏绰跟前。第二天，宇文泰上朝，立即拜他为大行台左丞，参典机密。宇文泰对他非常信任，有时出游，预先留下盖有大印的空白公文，吩咐苏绰遇事自行处理，待自己回来，通报一声即可。二人推心置腹，相处融洽，后人把苏绰治西魏比喻为“管子治齐，诸葛相蜀”。当时，西魏国衰兵弱，宇文泰急欲革易时政，实现强国富民的目的，而苏绰尽其才智，辅佐宇文泰施行了大刀阔斧的改革。

苏绰的改革涉及经济、政治、思想等方面，主要措施有：第一，制定“文案程式”（公文格式），规定“朱出墨入”，即朝廷发出的文书用红色笔，下面上呈的文书用黑色笔，所以我们可以说现在的“红头文件”是苏绰发明的。第二，实行计账法和户籍法。包括编制户籍、计账及国家预算等内容。主要目的在于防止偷、漏赋税，保证政府财政收入。第三，裁减冗官，改革基层管理机构，设置二长（里长、党长），加强对地方的控制。第四，实行屯田，用以足兵足食。但是，更为重要的改革发生在大统十年（公元544年），苏绰提出六条建议，宇文泰全盘接受，并颁令全国施行，这就是有名的“六条诏书”。

“六条诏书”不仅体现西魏政权和苏绰本人的政治理念，也反映了他们的廉政思想和廉政措施。其主要内容有：第一，“先治心”。这一条是苏绰

〔1〕《周书·苏绰传》卷二三列传第一五。

改革的思想基础。第二，“敦教化”。这是扭转数百年来衰败的社会风气，消除北魏末年以来严重的社会动乱的根本手段。第三，“尽地力”。地方官员的重要职责是督促人民搞好生产。第四，“擢贤良”。提拔贤明人才为官是廉政的关键措施。第五，“恤狱讼”。司法公正是社会公正的基础和重要体现，是稳定社会的重要措施，也是廉政建设的一个重点。第六，“均赋役”。在经济措施上减轻人民的负担。“六条诏书”的施行，在一定程度上改变了北魏后期统治集团内部贪污成风、贿赂公行、卖官买爵、聚敛无极的腐败状况，使当时饱受连年战争之苦的广大人民能减轻一些重负，更使西魏的政治稳定，经济发展，国力不断增强。

苏绰一生以天下为己任，呕心沥血，终因积劳成疾，不幸病逝，年仅四十九岁。归葬乡里时，仅以一乘布车载灵柩，使他廉洁奉公的夙愿得以圆满地实现。宇文泰亲率百官送棺椁出城外，他手持酒杯，以酒酹地，扶棺痛哭，悲叹：“尚书平生为事，妻子兄弟不知者，吾皆知之。惟尔知吾心，吾知尔意。方欲共定天下，不幸遂舍我去，奈何!”〔1〕他恸哭失声，不觉手中酒杯掉下。〔2〕

8. “先天下之忧而忧，后天下之乐而乐”的范仲淹

范仲淹（公元989~1052年），字希文，北宋政治家、文学家。他一生从政近四十年，历尽宦海沉浮，始终以天下为己任，清正廉洁，刚直不阿。

范仲淹少孤贫，却志向远大。年轻时代借居佛寺，日食两餐冷粥，五年未尝解衣就枕，坚持学习不辍。早年的艰苦生活磨砺出坚韧的意志和高尚的品质，成为他坚守清廉节操的力量源泉。范仲淹二十七岁中进士，开始政治生涯。最初十余年，他一直担任地方上的小官，每到一地总是踏踏实实做一些有利于国计民生的事情，初步展示出经世治国的才能。宋仁宗天圣六年（公元1028年），范仲淹担任秘阁校理，进入朝廷中央。他勤于政事，忠正耿直，大胆进谏。当时刘太后干预政事，把宋仁宗当成傀儡，百官噤声，范仲淹挺身而出，奏请太后还政，结果触怒太后，被贬任边远

〔1〕《周书·苏绰传》卷二三列传第一五。

〔2〕参见单卫华、赖红卫、张相军：《中国廉政文化史》，山东画报出版社2010年版，第122页。

地方通判。这是范仲淹政治生涯中第一次被贬官。

刘太后去世后，宋仁宗把范仲淹召回京师，派做专门评议朝事的言官——右司谏。明道二年（公元 1033 年），天下大旱，蝗灾接踵而至，京东和江淮尤为严重。范仲淹深为忧虑，奏请宋仁宗马上派人前去救灾，却不被理会。他便质问仁宗："如果宫中半日不食，会怎么样？"宋仁宗不得已，派他去江淮一带安抚灾民。范仲淹每到一地就开仓赈济，并免除了灾区的部分赋税。回京时，他特意把饥民吃的野草带回来献给仁宗，并请他转送宫嫔贵戚，以劝诫他们不要过分奢侈。范仲淹经常大胆上谏，皇帝不快，又将他贬出朝廷。这是范仲淹第二次被贬官。

被贬后的范仲淹毫不气馁，在地方上兴利除弊，搞得有声有色。景祐元年（公元 1034 年），范仲淹出任苏州知州，恰逢苏州遭受水灾，他带领大家疏浚五河，导太湖之水入海，恢复了生产。他在苏州南园购得一块地，准备建住宅。一位风水先生对他说，住此地"必踵生公卿"。范仲淹答曰："吾家有其贵，孰若天下之士受教育于此。"于是在这块地上建起了郡学，延请名师来教授学生，为国家培养人才。范仲淹在地方政绩斐然，名声日显，又被召回京师，任吏部员外郎。

这时的朝廷里，宰相吕夷简势力很大，他一向排斥异己，打击贤能，网罗党羽，培植亲信，形成了一个强大的官僚守旧集团，致使官员升迁无序。范仲淹对此十分痛恨，他把京官晋升情况绘成《百官图》，进呈宋仁宗，先后连上四章，抨击吕夷简败坏朝政，吕夷简恼羞成怒，污蔑范仲淹拉帮结派，朋比为奸，结果范仲淹第三次被赶出京城。

宋仁宗宝元元年（公元 1038 年），北宋边疆告急。范仲淹主动请缨，被授户部郎中兼知延州。他修固边城，精练士卒，安抚百姓，团结羌人，巩固了边防。西夏人对范仲淹既敬畏又惮服，尊称他为"小范老子"。经历了西夏之变后，宋朝积弱积贫的统治危机暴露无遗；宋仁宗逐渐倾向于改革时弊，以巩固政权，于是重用范仲淹，准备变法。

范仲淹总结从政二十八年来酝酿已久的改革思想，针对时弊，呈上了著名的新政纲领《答手诏条陈十事》，提出了十项改革主张：①明黜陟。改革官员升迁制度，反对过去根据资历升迁，主张以政绩为依据破格提拔有大功劳和明显政绩的官员。②抑侥幸。改革贵族官僚子弟因袭做官的做法。

③精贡举。改革科举制度，把考试重点放在治国安邦的对策上，以选拔具有真才实学的人才。④择长官。严格地方官员的选拔制度，确保地方官员廉洁能干。⑤均公田。公田，即职田，是北宋地方官的定额收入之一，但分配往往高低不均。范仲淹建议朝廷均衡地方官员的职田收入，使他们衣食无忧。⑥厚农桑。以农为本，重视发展农业生产。⑦修武备。整治军备，招募强壮男丁，充作京畿卫士，一年中三个季度务农，一个季度习战，寓兵于农，既壮大军事力量，又节约开支。⑧推恩信。即广泛落实朝廷的惠政和信义，取信于民。⑨重命令。立法应该慎重严谨，防止经常变更。⑩减徭役。合并人口较少的州县，减轻人民的徭役负担。

为了保证新政的顺利推行，范仲淹亲自选拔一批精明能干、政治清廉的官员巡查全国，监督地方官执行情况。他坐镇中央，每当得到按察使的报告，就翻开各路官员的花名册把不称职者的名字勾掉。富弼劝他说："你这大笔一勾，可就有一家人要哭！"范仲淹回答说："一家哭，总比一路哭好！"

新政的推行，使朝廷中的风气为之一新。但是，新政的实施触动了守旧官僚的利益，遭到他们的强烈反对和猛烈攻击。在守旧官员的喧嚣下，宋仁宗也丧失了改革的热情，宣布废止新政，以范仲淹为首的改革派人物也纷纷被贬逐出京城。这是范仲淹最后一次被贬出京城，从此再没有回去。皇祐四年（公元 1052 年），六十四岁的范仲淹在赴任颍州的途中溘然长逝。

范仲淹一生十分节俭，乐善好施。他早年为官时，宦囊羞涩，但帮助别人却不遗余力，常常将自己的俸禄都拿出来给那些贫穷的读书人，导致家人生活窘迫，几个儿子只共有一套体面衣服，出门必须换着穿。后来虽然位高名显，俸禄优厚，但仍然过着清廉简朴的生活，妻子儿女仅能满足基本的衣食需要，他的俸禄大部分拿出来资助别人。他在苏州建起义庄，赡养贫穷的族人，许多读书人特别是贫穷的读书人都投奔在他门下。范仲淹无私地为国家发掘出大量的人才，当时著名的学者孙复、胡瑗、李觏、张载、石介等都是或受其资助、受其指点或被他推荐而显名天下的，北宋名将狄青也是最早被他发掘的。

范仲淹清贫一生，临终连办丧事的钱都没有。他真正做到了两袖清风、一身傲骨，不愧为廉政官员的典范。而他的"先天下之忧而忧，后天下之乐而乐”的精神，成为中华民族宝贵的精神财富，传承至今。

9. 铁面无私的包青天

包拯（公元999~1062年），字希仁，庐州合肥人，是北宋中期著名的政治家。少年时学习勤奋，对父母很孝顺。二十九岁考中进士甲科，被授予建昌知县，因父母年老，辞不就官。直到父母都去世后，四十岁的他才正式踏上仕途，出任天长知县。虽然在传统戏剧和民间传说中，包拯以断案如神而出名，但《宋史》中仅记载了一个关于他断案的故事，就发生在天长知县任上。当时县里有个人偷偷割了仇人家一头牛的舌头，牛的主人跑到县衙告状，包拯吩咐牛主人回家把牛杀死卖掉。那时，偷宰自家耕牛也是犯法的事，所以不久就有人来衙门告发。包拯见了来人，不慌不忙地问他：“你为什么先割了人家的牛舌，现在又来告发他呢?”那人大惊失色，不得不服罪。从这件小事上，确实可以看出包拯的断案水平。

作为清官的代表，包拯之清首先表现在他“以民为本”的思想和体恤民情的做法。他曾经给宋仁宗上了大量奏疏，阐述“民者国之本”，只有这个根本坚固了，国家才会安宁。要巩固这个根本，就要“薄赋敛、宽力役、救荒饥”，包拯多次奏免了强加在人民身上的苛捐杂税。他任职三司（宋朝最高经济部门）时，了解到秦陇一带强行向人民摊派造船费用，有七个州向百姓征收名为“河桥竹索”的杂税，每年竟达到几十万钱，他要求朝廷将这些不合理的苛捐杂税统统取消。当时，法定两税，也就是政府每年分夏、秋两季向人民征收赋税，一般征收实物。但是，江淮、两浙、陈州等地，连年灾荒，当地官府不仅没有减轻人民的负担，反而挖空心思，巧取豪夺，将本来应该缴纳粮食的夏税一律折换成银两征收，称为“折变”，在折换时又将折算价格定得高于市价，陈州等地还巧立名目，增加所谓“脚费”“鼠耗”等杂税，人民雪上加霜，苦不堪言。包拯多次上书，促使朝廷取消了当地这些害民的做法。江淮六路连年旱灾，继之以饥荒，人民流离失所，父子不能相顾。包拯连连上书皇帝，要求派得力官员去灾区赈灾，采取妥善措施安定人民生活。

包拯之清，其次表现在他铁面无私，执法如山。包拯办案从不徇私情。他曾任老家庐州知州，他的一位堂舅自以为可以依恃而胡作非为，横行乡里，被人告发，包拯打他七十大板，之后亲族中再没有人敢胡作非为。包拯执法不畏权贵。他担任开封府尹，一改过去百姓告状必须经过“门牌司”转交状纸，导致小吏从中上下其手勒索百姓、使百姓求告无门的做法，下令将衙门大开，百姓可以直接进入大堂向知府述说冤情。奸猾小吏再也不能从中舞弊，百姓打官司不再需要去打通关节了，所以京中百姓高兴地唱道：“关节不到，有阎罗老包。”开封是帝京，城中遍布皇亲国戚、权贵中臣。开封城内有一条惠民河，这些人竞相霸占沿河土地，修盖花园亭榭，导致河道壅塞，大水时节经常泛滥成灾，人民深受其害。包拯下令将沿河亭榭花园一律拆除。有的权贵不服，拿着伪造、篡改的地券找包拯论理，被包拯一一查清，治罪。从此，京中的皇亲国戚、达官贵人都十分害怕包拯，人人敛手，不敢为非作歹。百姓们十分高兴，将他比做“黄河清”，城中大大小小都知道包拯大名，称他为“包待制”。

包拯之清，还表现在他敢于犯颜直谏，要求皇帝惩治贪官污吏。包拯一生多次直言上奏，他留下的《包孝肃公奏议》大多是弹劾、抨击并要求严惩贪官污吏的奏折。其中最有名的是他先后七次上书弹劾贪官王逵。王逵是当时的一个大官僚。他担任荆湖南路转运使的时候，非常残暴凶狠，逼得人民逃亡山中。后来，他调任江南西路转运使，还是继续残害百姓。庆历六年春，调查到这些情况的包拯上了两道奏疏，抨击王逵“心同蛇蝎”，“行事任性，不顾条制，苛政暴敛，殊无忌惮”“累任皆以惨虐不法”“酷法诛求财利，苟图进擢，民被杀者，罔知其数”。这两道奏疏上去，朝廷并未罢王逵的官，又调他做了淮南路转运使。包拯又上第三道奏疏，进行弹劾。后来包拯了解到王逵的另一项重大罪行。在王逵担任江南西路转运使时，疑心地方官卞咸告发他的罪行，打击报复，暗中指使人诬告卞咸，一起关押了五六百人，制造了一起大冤案。包拯便接连上了四道奏疏弹劾王逵。他义正词严地责问宋仁宗说：“今乃不恤人言，固用酷吏，于一王逵则幸矣，如一路不幸何！”[1]包拯连上七道奏疏，言辞激烈，以致舆论汹汹，最后，宋仁宗不得不免了王逵的官职。包拯还给宋仁宗上了一篇名为《乞不用赃吏》的奏疏，指出：“廉者，民之表也；贪者，民之贼也。”表达了对贪官污吏的极端憎恨。他指责朝廷对贪官污吏太宽宥放纵，导致“赃

[1]《包孝肃公奏议》卷六《弹王逵》。

污擿发，无日无之”。他疾呼：“今后应臣僚犯赃抵罪，不从轻贷，并依条施行。纵遇大赦，更不录用。”

包拯之清，还表现在他为官清廉。包拯一生，“虽贵，衣服、器用、饮食如布衣时”〔1〕。他曾出任端州知州，端州盛产“端砚”，历来作为贡品，被人追捧。过去历任端州知府都借口上贡，巧取豪夺数十倍定额的砚台，私下送给京中权贵，牟取私利。包拯到任后，命工匠按照上贡定额制作上交砚台，大大减轻当地负担，深受百姓欢迎。当他任满回京时，行囊中并不携带一方砚台，时人大为叹服。为了保持清廉的作风，包拯为官二十余年，与人没有私交，只有公谊，甚至与亲戚朋友都断了联系。包拯对自己的家人不忘廉洁教育，晚年时他为子孙留下遗训：“后世子孙仕宦，有犯赃者，不得放归本家，死不得葬大茔中。不从吾志，非吾子吾孙也。”〔2〕

包拯曾作过一首诗：“清心为治本，直道是身谋。秀干终成栋，精钢不做钩。仓充鼠雀喜，草尽狐兔悲。史册有遗训，无贻来着羞。”这首诗可以说是他一生真实的写照，他无愧于中国历史上清官的代表。

10. 少数民族的清官代表耶律楚材

蒙元时代，统治阶级大多数都愚昧贪婪、昏庸残暴，大肆摧残文明，戕害传统，贪污狼藉。在上层统治者中，作为少数民族清官的代表，耶律楚材却出淤泥而不染，为当时昏暗的政治涂上了一抹清亮的色彩。

耶律楚材（公元 1190~1244 年），字晋卿，法号湛然居士，出身于契丹贵族家庭，是辽太祖耶律阿保机的九世孙。他生活于金末、蒙古国时期，精通汉学，有较高的传统文化造诣。他辅佐成吉思汗、窝阔台汗两朝近三十年，以儒治国，发展经济，延续传统，元朝的典章制度大多都由他制定，是当时一位杰出的政治家。后人评价他“功德塞天地”“大有造于中国”。

成吉思汗十年（公元 1215 年），蒙古军攻占金朝中都（今北京），成吉思汗听说耶律楚材才华横溢、满腹经纶，遂下诏召见他。耶律楚材归附成吉思汗后，跟随他多次出征，深得信任。在西征过程中，耶律楚材谏言禁止州郡官吏擅自征发杀戮，使蒙古贵族贪暴之风稍敛，并建议成吉思汗结

---

〔1〕《宋史》卷三一六《包拯传》。

〔2〕《宋史》卷三一六《包拯传》。

束西征。

成吉思汗去世以后，窝阔台继位。当时的蒙古国刚刚迈入文明的门槛，他们靠武力征服广阔的中原，却缺乏治理天下的政治理念和行之有效的政治制度。在窝阔台的支持下，耶律楚材积极定制度、议礼乐、立宗庙、建宫室、创学校、设科举、拔隐逸、访遗老、举贤良、求方正、劝农桑、抑游惰、省刑罚、薄赋敛、尚名节、斥纵横、去冗员、黜酷吏、崇孝悌、赈困穷，对蒙古国进行了全面的制度建设和文化建设，使蒙古国的文明向前迈进了一大步。

蒙古贵族占领了文化先进的中原地区之后，政治黑暗，政局混乱，其主要原因就是当时没有法制。耶律楚材向窝阔台上《便宜十八事》，作为临时法律，主要内容如下：第一，设置州县行政官员管理百姓。这主要针对蒙古国时期没有牧民官，只有万户长、千户长这样的军事长官的情况。蒙古国的军事官员大多骄横不法，肆意掠夺，设置地方长官的目的主要在于遏制万户长们的骄横；第二，州县长官应存恤百姓，对那些擅自征发科差的官员严加治罪；第三，对私自借用官物、利用官物做生意的官员处罪；第四，蒙古、回鹘、河西等人种地不纳税的处死；第五，监主自盗官物者处死；第六，死刑应上奏批准后才能执行；第七，禁止贡献礼物。《便宜十八事》中涉及的七个方面，几乎都与廉政有密切关系。其中的第七条，更直接针对大汗对百姓的搜刮。窝阔台对前六条都统统采纳，但却没有批准第七条。对此，耶律楚材据理力争说："蠹害之端，必由于此。"但窝阔台却说："凡卿所奏，无不从者，卿不能从朕一事耶?"[1]耶律楚材无可奈何。

当时，蒙古国内部对于如何统治先进的中原地区发生了争议。蒙古贵族别迭等人认为汉人无用，应该全部杀掉，以便将汉人的耕地变为牧场。耶律楚材坚决反对这种愚蠢做法，并奏请设立燕京等十路征收课税使，以建立赋税制度，制止蒙古贵族的肆意掠夺。后又制定了通行天下的赋税制度《二五户丝》，一直沿用到元末。赋税制度的确立，遏制了蒙古贵族的肆意掠夺，减轻了人民的负担，有利于中原地区人民的休养生息。

---

〔1〕《元史》卷一四六《耶律楚材传》。

为了进一步有效地进行管理，耶律楚材还大力选拔人才，特别是汉族知识分子。他向窝阔台上书说："制造器物一定要有好的工匠，守好江山一定要任用读书人出身的臣子。但读书人出身的臣子要能成就事业，不积累几十年的工夫，大概是不容易成功的啊。"窝阔台听从了他的主张，决定恢复科举制度，开科取士。公元1238年，蒙古国举行了第一次科举考试，史称"戊戌选试"。窝阔台"命宣德州宣课使刘中随郡考试，以经义、词赋、论分为三科，儒人被俘为奴者，亦令就试，其主匿弗遣者死。得士凡四千三十人，免为奴者四之一"〔1〕。一时名士纷纷中选，被任命为"本贯议事官"，他们对蒙古国政治、经济、文化的发展作出了极大贡献。

耶律楚材还坚决反对对人民的横征暴敛，多次反对"扑买"。扑买是宋元政府向商人、民户出卖某种征税权的制度。蒙古灭金后，富人刘忽笃马、涉猎发丁、刘廷玉等以银一百四十万两扑买天下课税。耶律楚材使他们的图谋没能得逞。但是他对奥都剌合蛮扑买的反对却失败了。窝阔台晚年嗜酒多病，重用奥都剌合蛮，任命他为提领诸路课税官，以二百二十万两银扑买课税。耶律楚材极力劝谏阻止，越说越激动，声色俱厉，眼泪都禁不住流下来。但窝阔台被眼前的利益所诱，不为所动，反问耶律楚材："你想搏斗吗？你想为百姓哭泣吗？"耶律楚材无法阻止，叹息说："民之穷困，将自此始"。

不久，窝阔台病死，乃马真皇后称制，奥都剌合蛮更加得势。乃马真皇后竟将汗廷的印章和空纸交给他，让他自行填写。耶律楚材坚决抵制，说："天下者，先帝之天下。朝廷自有宪章，今欲紊之，臣不敢奉诏。"乃马真皇后这才收回了成命。不久，她又颁发了一道旨意，说："凡奥都剌合蛮所建白，令史不为书者，断其手。"耶律楚材说："国之典故，先帝悉委老臣，令史何预焉。事若合理，自当奉行，如不可行，死且不避，况断手乎！"面对越来越混乱的政局，耶律楚材极力抗争，最后忧愤而死，年仅五十五岁。

耶律楚材是历史上有名的清官。成吉思汗攻打西夏时，将领们纷纷抢夺金玉财宝，他却收集、保存了许多文集和大量的药材。后来军中疫病流

〔1〕《元史》卷一四六《耶律楚材传》。

行，这些药材救活了好几万人。他主持国家政务达二十余年，把得到的俸禄都分给亲属和族人，但却从不徇私情让他们做官。他平时生活十分俭朴。一次，一个叫万松的和尚路经耶律楚材家门口，见他“执菜根，醮油盐，饭脱粟（即糙米，只去壳）”，便问：“你这样不觉得太俭苦吗？”耶律楚材回答说：“过去中都被困时，六十天未进粒米，仍忠于职守，如同平常，后来从军西征，六万余里，历尽险阻困苦，仍志气高昂，从不沮丧；如今俯瞰天下，而志不加大，只觉乐在其中，不觉其苦。”耶律楚材死后，他的政敌攻击他在相位日久，天下财赋半入其家，并对他的家产进行了查抄。结果“惟琴阮十余，及古今书画金石、遗文数千卷”，除此之外没有任何财产。〔1〕

11. “要留清白在人间”的于谦

明英宗正统初年，朝廷乃至整个社会风气在廉政清洁方面还是颇有建树的。可惜的是，英宗成年后掌政，提拔亲信大宦官王振为司礼监太监，明代宦官擅权由此抬头。王振本来是一个失意的教书先生，自阉进宫，因为识得一些诗文被调拨到东宫，侍奉当时的太子朱祁镇读书，深得太子敬爱。后来朱祁镇登基称帝，王振自恃受宠信，把持朝政，一手遮天，卖官鬻爵，浑浊朝野，“每朝觐官来见者，以百金为率，千金者始得醉饱而出”〔2〕。正是由于以王振为首的明中叶贪腐集团奖贪黜廉，“一时士大夫廉耻道丧，相与恬然”〔3〕。到景帝时，从王家查抄出“金银六十余库，玉盘一百余面”〔4〕，光七尺高的珊瑚树就达二十余株，其他珠玉宝物更是不计其数，具体资产根本无法估算。至此，太祖、成祖以来处心积虑营建的廉政大厦被打开了豁口，明朝开始了由吏治清明向纲纪失范退变的沉沦时期。

在同一时期，与贪腐大蠹王振断然相反的还有一位历史伟人、清廉典范于谦。于谦在明代历史乃至整个中国古代史上地位极其崇高，他是爱国将领，更是民族英雄，与之名实相埒的可能仅有岳飞、文天祥、林则徐而已。然而，今天人们不能忘怀的是于谦的高风亮节、一尘不染的清廉人生。

---

〔1〕参见单卫华、赖红卫、张相军：《中国廉政文化史》，山东画报出版社2010年版，第215页。

〔2〕（清）赵翼：《廿二史札记·明代宦官》。

〔3〕《明通鉴》卷二三。

〔4〕《明史·王振传》。

于谦，字廷益，浙江钱塘人。自幼受儒家先义后利和父母“不妄与一事，不妄取一钱”教诲的熏陶和感染，很早就确立了自己一生以义为利的立命准则。在初入仕途任职地方期间，于谦上京奏事从不携带礼品、特产。当时大宦官王振把持国政，进京的地方官吏无不登门打点以免遭排挤打压。当时有人劝于谦多少带些土特产打点一下，于谦当即笑着举起两袖，风趣地说：“我入朝怎么没带东西呢？不是有两袖清风吗？”他就此作了一首《入京诗》：“绢帕蘑菇与线香，本资民用反为殃。清风两袖朝天去，免得闾阎话短长。”这首流芳千古而不朽的诗篇至今仍为老少感慨之。北京保卫战胜利以后，于谦迎来了他人生政治事业的巅峰，景泰帝视之为国家股肱、社稷柱石，“帝知谦深，所论奏无不从者”〔1〕；又见于谦生活俭朴，要给他加双俸，他坚决不纳；于谦在京师的住宅过于简陋，景泰帝认为有失臣体，想在西华门外另赐他一所上等府第，于谦再一次辞谢。他说：“国家多难，臣子何敢自安。”〔2〕他还特意引用汉朝霍去病“匈奴未灭，何以家为”的话加以推辞说：“去病竖子，尚知此意，臣独何人，而敢饕此。”〔3〕这一次景泰帝坚持不允，于谦无法推辞，但只将皇帝历年恩赐给他的盔甲、袍带、玺书之类藏在这所华丽府第的正室里，自己仍住原处，每年入府瞻视而已。后来于谦被诬蒙难，抄家时，“家无余资，独正室鐍钥甚固。启视，则上赐蟒衣、剑器也。”〔4〕当时奉旨查抄者都惋惜地说：“彼日夜分国忧，不问家产，即彼去，令朝廷何处更得此人。”〔5〕

纵观于谦一生之经纬，他把“能吏寻常见，公廉第一难”〔6〕中的“第一难”当成自己做人当官最为基本的信条，而事实上他也确实终其一生恪守了这一道德底线，并做得尤为出色。“修短荣枯天赋予，一官随分乐清贫。”〔7〕于谦在中国廉政文化史上留下了自己浓重的一笔。

---

〔1〕《明史·于谦传》。

〔2〕《明史·于谦传》。

〔3〕《明史纪事本末·南宫复辟》。

〔4〕《明史·于谦传》。

〔5〕《明史·于谦传》。

〔6〕（金）元好问：《元遗山集·薛明府去思口号》。

〔7〕（明）于谦：《于谦集》。

12. 一代清正名臣——海瑞

海瑞（1514~1587年），明代著名政治家，海南琼山人，字汝贤，自号刚峰。他年少即有大志，但两次会试皆不第，以举人身份于嘉靖三十二年（公元1553年）被授为福建南平县教谕。在此期间，海瑞恪守祖制，坚决抵制官场媚俗，拒绝向上官行磕头大礼，被赞为“海笔架”，足见其风骨不俗。任淳安知县时，海瑞穿布袍，吃粗饭，让老仆人种菜自给自足。一次，总督胡宗宪居然煞有介事地对属下说：“昨闻海令为母寿，市肉两斤矣。”〔1〕足见其立身之正。当时把持朝政的严嵩一党为了进一步搜刮民脂民膏，特意任命其党徒鄢懋卿为江南诸省巡盐御史。一路上鄢氏大肆索贿受贿，铺张奢费，害民不浅，可唯独过淳安县时所受“供具甚薄”，虽然“恚甚，然素闻瑞名，为敛威去”〔2〕，足见海瑞清名之盛。及至海瑞升至应天巡抚为封疆大吏时，他整顿吏治、提倡廉政的力度更大，下车伊始即颁布了《督抚条约》，共三十五款，严令治下诸吏恪守清廉，严禁官场贪墨陋习，不得鱼肉百姓，还以自己为例：“本院凡巡历，所在县驿俱不许铺毡结彩”“不用鼓乐”“止鸡、肉、鱼，小并酒等件，不用鹅及金酒。物价贵地方费银不过三钱，物价贱地方费银二钱，烛柴俱在内”〔3〕。细查之下，海瑞制定的这些条例对于封疆大吏来说似乎有些零碎不堪、不识大体，但正是这些细节化的章程在最大程度上斩断了地方官吏对百姓敲骨吸髓的一切口实，实实在在地整治了当时江浙一带的官场陋习，在吴地刮起了一阵久违的清廉、爱民之风。不久海瑞被排挤出应天，“小民闻当去，号泣载道，家绘像祀之”〔4〕。

海瑞一生最为光耀的还不在于以上克己为民、廉洁奉公的德行政绩，而是在嘉靖四十五年（公元1566年）二月向明世宗所上的《为直言天下第一事，以正君道、明臣职，求万世治安事》，也即民间传颂不息的“海瑞骂皇帝”。大奸宦也罢，大贪官也好，不过是家奴、打手而已，国家腐败堕落的真正始作俑者还是高高在上的帝王，嘉靖皇帝就是其中的“杰出代表”。

---

〔1〕《明史·海瑞传》。

〔2〕《明史·海瑞传》。

〔3〕（清）王国宪：《海忠介公年谱》。

〔4〕《明史·海瑞传》。

他执政中后期刚愎自用、佞道崇玄、大兴土木、渔色奢靡，是不折不扣的一代昏君。海瑞正是看到了这一层，不再感慨日益沉沦的社会风气，也不弹劾大大小小贪官污吏，一篇《治安疏》直指嘉靖帝："至谓遐举可得，一意修真，竭民脂膏，滥兴土木"；"二十余年不视朝，法纪弛矣……吏贪官横，民不聊生；水旱无时，盗贼滋炽"；随后指出："陛下之误多矣"，"陛下误举，诸臣误顺，无一人为陛下正言焉"；最后甚至引用民间对皇帝年号的讥讽："嘉靖者言家家皆净而无财用也。"〔1〕此奏一出，皇帝勃然大怒，群臣骇然，但苦于海瑞所奏之事都是天下最大的实话，无可辩驳，最后只好在《大明律》中寻出一条"子骂父"将海瑞谳定死罪，但始终没敢将其处决。嘉靖帝驾崩之后，海瑞被放出且不久连升数级调任都察院。以唯物史观来看，这篇奏疏并没有抓住国家吏治败坏、世风不纯的症结，只是停留在统治阶级内部有识之士对最高统治者的劝诫，但是其胆量之大、用词之重、立意之远堪称"前无古人，后无来者"，可谓"文谏死"的典范，连嘉靖皇帝也被他这道过于忠直的奏章"感动太息，留中者数月"，称"海瑞言俱是"〔2〕。一部二十四史把廉政建设的文章做得这么"大"、这么"热闹"的恐怕只有海刚峰了！

不久，海瑞升任都察院右佥都御史，总督粮储、提督军务，巡抚应天十府，监管浙西杭、嘉、湖三府税粮。期间，海瑞雷厉风行，改革时弊，整肃官场，"力摧豪强，抚穷弱"，打击乡宦势力。主张"贫民田入于富室者，率夺还之。"并兴修水利，根治水灾，使人民安居乐业。隆庆四年(1570年)，海瑞被陷害弹劾，罢官归田。在琼山闲居十六年期间，关心百姓疾苦，普查清丈田亩，开渠兴修水利，筑陂以利农牧。万历十三年(1585年)，海瑞晚年又被神宗起用，任职南京都察院右佥都御史期间，仍整顿朝纲，亲手制定肃清吏治的"禁革积弊告示"，力惩贪官污吏，堵塞舞弊漏洞。任官一生极力推行"清丈田地"，致力颁行"一条鞭法"，意在利民，因此得到世代百姓的称颂，尊称"海青天""南包公"。海瑞曾经做过官的浙江淳安县，现在有一座海瑞庙。20世纪60年代当地修建新安江水库

〔1〕《明史·海瑞传》。

〔2〕《明史·海瑞传》。

大坝，将淹没这座庙。当地居民不愿看到海瑞庙被淹没在水下，就筹资把庙宇迁到了山上。在松江县（现上海金山区）枫泾镇北黄浦江畔，也有一座名闻四乡的海瑞庙。当地百姓在海大人当年组织民力开掘、疏流的河道旁，建造了一座海忠介公祠，以志纪念。当地人每到农历八月十八日海瑞诞生之日，均要到海忠介公祠焚香祭祀。

13. 百姓心中的“清汤”——理学名臣汤斌

汤斌，字孔伯，河南睢县人。顺治朝进士，后辞官跟随孙奇逢求学，康熙时被提升为内阁学士，后任江苏巡抚，颇以清正廉洁著名，所以百姓根据他的姓氏称呼他为“清汤”，以比喻他为官清清白白。汤斌之所以能深得民心，深得帝心，就在于他奉行的“无所取于彼，无所应于上”的为官之道。

首先，他勤于公务、实心任事。顺治皇帝南巡到达江苏时，也是汤斌刚赴任不久，此前已经有如山的文案堆积等着处理，但又不能不陪伴南巡的顺治帝，所以他在巡行的船中，常常晚上批阅文件至四更天，白天只吃一顿饭，这样六天六夜才把积压的文件处理完毕，曾有下属劝他休息一下，他慨然道：“君命即天命也!”顺治帝南巡至此，总督几次想要推倒民房修御道，以逢迎、取悦皇帝，而汤斌每次都力争力辩，结果受到了顺治皇帝的赞赏，认为“是事颇合朕爱民之意”〔1〕。汤斌刚赴任时，苏州城上方山五通祠淫掠妇女，以道术骗人，世人都不敢与其作对，他到任后，把这些骗人害民的祠堂庙宇付之一炬，没收了他们的土地，并将那些害人术士绳之以法，之后又集资修建范文正、周忠介二公的祠堂，整肃了苏州城的奢淫之风。他在任期间还广施仁政，为百姓谋福利。顺治帝南巡时他代当地百姓请求免除漕粮数千百担，让当地百姓感念万分。还有一年，吴县地区菱芡丰收，有下属报告汤斌说按照旧例应该对菱芡收税，汤斌就指责说：你知道今年菱芡丰收，明年就一定还会丰收吗？一旦上报每年就要缴纳固定的税额，再想去除这项税款就难了。况且例律是人定制的，宽一分，百姓就享受一份恩赐，你们作为父母官，就那么见不得百姓有些糊口的营生，一定要让他们喘不过气来才好吗？为官如此为百姓着想，也难怪在他应诏

〔1〕《所闻录》。

离开吴地时，百姓空巷哭着挽留，直到他渡过淮河才停止；在他受到奸人陷害受惩处时，苏松诸郡在京城做客的数百民众聚集在鼓厅门前，打算击鼓为其诉冤；为纪念他为吴地百姓的付出，百姓为他建生祠，得知他亡故的消息后，数千人到他祠堂前哀号恸哭，悲痛之情犹如丧失亲人。汤斌的爱民如子赢得了百姓对他的爱戴和思念，而百姓真情实感的流露又成就了汤斌廉正清白的美名。

其次，他洁己率属、举贤荐廉。汤斌去京城参加乡试时遇到了自己曾经救助过的徐公，徐公因女儿嫁于当朝宰相而一夜暴富，为报答汤斌当年的救命之恩，便让自己女儿求宰相帮他谋求一个举人的名额，最终放榜时汤斌果然被定为解元，但汤斌知道了其中内幕后，立即偷偷离开京城，也不乘坐公家的车马，直到这位当权者落马，才又重新参加会试。时人都对汤公拒受权相恩遇的高风亮节感到佩服不已，甚至还传言他的浩然正气可以驱邪避祸。汤斌不仅自己以清正自励，敦厚风化，更时常劝诫属下以善为官，爱民恤民。对于贪婪的酷吏，他严厉惩处，绝不手软。但是贤能的人即使犯有错误，他也会在教育的基础上给予保举和推荐。郭琇曾经因为贪渎而被汤斌所知，汤斌就以为官的贞操和廉洁教育郭琇，郭琇感动于他的廉正，保证以后改过自新。汤斌就给了他这个机会。当时适逢朝廷选拔御史，但是其标准之一是必须保证官员所在地的钱粮缴纳完毕，很多虽然很有才能又清正廉明的官员往往会因为钱粮未缴纳完毕而无法得到提拔。汤斌看到了这一旧例的弊端，于是上书皇帝陈情，并且推荐手下的郭琇和刘滋，说他们虽然钱粮未缴纳完成，但是操守廉洁，政绩卓著，希望皇帝予以考虑。最终皇帝下旨："刘滋、郭琇、汤斌既称为廉能最着，准其行取。"〔1〕正因为他为官清正，爱民如子，又能识人举贤，所以皇帝对汤斌十分信任。顺治帝在位时曾夸赞他"品行清端"，康熙帝也说："天下官有才者不少，操守清廉者不多见。"〔2〕

最后，他生活俭朴、淡泊名利。汤斌在任期间，虽最高位至礼部尚书，但是生活极其简朴，"乐闲静、甘淡泊"。他去苏州任巡抚时仅"布衣牛车

〔1〕《清史列传》卷八。

〔2〕《清史列传》卷八。

从一老苍头”。一次皇帝召他进京，他的夫人去送他，结果从她乘坐的车舆里掉出了破旧的棉絮，而跟随汤斌赴京的也仅是几个竹筐，满车书籍而已。到了京城以后，汤斌租住的是简陋的小屋，而且只有一件羊裘御寒，以至于入朝时皇宫护卫们不管认识不认识他都知道那个每天都穿着同一件羊裘的就是汤尚书，其朴素淡泊可见一斑。他不仅以俭朴要求自己，而且对儿子和家仆也严格要求。有一次他在查阅日常开支账簿时，发现厨子买了两只鸡，竟然感到非常震惊，自言自语道：“我自临民以来，常餐未敢食肉，况鸡乎？”于是就责问厨子，得知是自己儿子的要求后就把儿子找来训斥了一顿，说：“汝不读书，不知世间艰苦，动讲豪华，汝其以苏州之鸡，贱于河南耶？”[1]命儿子跪着背诵《朱子家语》。他死后，同僚们去吊唁时看到如此景象：汤斌躺在板床上，上身穿着破旧的蓝色丝袄，下身是褐色的布裤，查他遗物，只有俸银八两放在竹筐里，以至于还要其他官员拿出二十两银子帮他入殓。其操守清廉至此，连康熙帝都认为难能可贵，后下令仍以尚书例给予厚葬，到雍正时下诏入贤良祠，乾隆元年赐给谥号文正，以示清朝历代帝王对这位清官的厚遇和恩赐。

14.“清官第一”的于成龙

于成龙（1617～1684年），字北溟，山西永宁州人。清顺治帝十八年（1661年）授广西罗城知县。于成龙在任居官七年，建学宫，创养济院，洁己爱民，“与民相爱如家人父子”。1667年康熙六年，任四川合州知州，当时该州治所仅有百多人，且差役十分繁重。到任后，革除宿弊，招民垦田，贷以牛种，不到一个月，州治户口增至一千。康熙十七年，于成龙升任福建按察使。是时，以郑成功而株连获罪数千人，皆为死罪。于成龙查明这些人都是无辜百姓，即呈报上司批准予以开释。于成龙任按察使期间，秉公执法，判处公平，使不少冤狱得以平反。对有些良家子女没为奴婢的，于成龙为其集资赎归，并赠川资遣回家中。且于成龙廉洁自律，从不馈送，由此政声鹊起，为巡抚吴兴祚荐为廉能第一，深受百姓欢迎。

因于成龙政绩卓著，康熙十九年擢直隶巡抚。赴任伊始，布训示不得馈送上官。又根据实际情况，上疏皇帝请求免征宣化府所属东西两县与怀

[1]《所闻录》。

安、蔚州的二万一千八百顷的赋税，减去了几千户农民的沉重负担。当于成龙惊悉宣化府东西二城在二十余日饿死数十人的情况后，在未经朝廷允许的情况下，派人将平粜仓粮赈济饥困不能谋生的穷民，每日赈济二斗。后得到康熙皇帝照准。康熙二十年，于成龙赴京面君，康熙皇帝称赞他为“清官第一”，赐银千两，皇帝御马一匹，制诗褒扬，并命户部派官助其赈济饥民。

康熙二十一年，于成龙升为江南江西总督。他一到江南，即革除苛捐杂税，祛其积弊，办事勤谨，辄自通宵。于成龙常日间乐于微服私访，通晓民间疾苦，官吏贤能贪鄙尽在掌握之中。凡亲友有请托者，一概婉言谢绝，对馈送物品一丝不取。平时俭朴自勉，日食粗饭蔬菜。江南历代崇尚奢侈，于成龙如此率先，下属亦凡事从简，豪强奸邪之人亦敛迹远避。于成龙任总督几月，政行幡然，初见成效。后康熙二十三年，于成龙又兼理江苏、安徽两巡抚事，不久病逝。被康熙帝追赠为太子太保。

于成龙官至总督，不带家属。其时，僚属吊唁时，见其居所的竹笼中仅有绨袍一件，床头盐豆豉数包。清贫竟至如此。闻于成龙死，百姓罢市哀悼，家家绘像奉祀。康熙皇帝闻知于成龙临终前的状况，十分感慨，对群臣说：“居官如成龙，能有几耶？”因谥成龙“清瑞”，以示褒奖。

15. “天下第一清官”张伯行

张伯行，字孝先，河南仪封人，康熙朝进士。历任福建、江苏巡抚，官至礼部尚书。他自幼酷爱读书，“及读小学、《近思录》、程朱《语类》、《文集》，乃恍然曰：‘此孔孟之正传也，入圣门庭尽在是矣。’”[1]从此笃学程朱，并以“穷理以致其知，躬行以践其实”作为他终身信条。他为官治政总是落在实处，而不是夸夸其谈。他认为从事“经世事业，必原于道德”，因而他又能严于律己，“知利禄之不足慕，而圣贤之果可求”[2]。“民为贵”的传统儒家思想对他产生了深刻的影响，他深知“民”在封建国家中的重要地位，深感“官无大小，在得民心”[3]，所以他为官一介不

〔1〕《碑传集》卷一七。

〔2〕（清）任兰枝：《张清恪公年谱序》。

〔3〕（清）陈康祺：《判牍余沈》卷一一。

取，一尘不染，自甘清苦，勤政利民，总能做到为官一任、造福一方。张伯行一生为官清廉，被誉为“天下清官第一”，其廉政举措主要包括以下几个方面：

第一，心系百姓。济宁境内的邕河水，每年秋天经常泛滥，淹没民田不下数百万顷，关系到山东兖州府郓城县等十五州百姓生存。张伯行调任济宁道后，亲自巡察地形，最终找到了解决水患的方法；而且还不分寒暑，昼夜辛劳在河岸旁，督理工程的各项施工，终于使十五州之水各得其所，使汪洋水泽变成肥田沃土。同年，济宁道又发生了饥荒，他首先倾散家财，从家乡运来粮米、钱财和棉衣赈济灾民，以解百姓燃眉之急；继而在来不及奏报朝廷的情况下，动用仓谷两万余石救济灾民，此举受到藩司的严厉指责，他义正词严地申辩说：我动用仓谷是奉皇帝的恩旨，是为呈显皇恩浩荡，是为赈济饥民，并非擅动谷仓，更不为“邀誉”和“肥己”。百姓正嗷嗷待哺，而官府有余粮却不急加赈济，使百姓流离失所，性命难保，谁来承担这个罪责？如果以擅动粮谷问罪，恐怕以后山东各官都以此为戒，“视仓谷重、民命轻，害不可言矣”〔1〕。连康熙皇帝对他治理水患等政绩也大加赞赏，南巡时亲笔为张伯行题写了“布泽安流”的匾额予以表彰。

第二，居官清俭。张伯行居官二十余年，一向节俭，他任官期间从不携带眷属，随从也不多，日常生活所需要的蔬菜、粮食、寸丝尺布，以至拉磨的牛、磨麦的碾石都是从家里带去。赴苏州任巡抚之前就发檄文告诉属下禁止铺设官署，到官署时，四壁萧然，仅有一张小桌、一张床榻，陈设极其俭仆，而他却恬然自得。平日里缺少急需之物时，坚决不向民间借办。起初无锡县令给他送惠山泉水，他还曾接受，后来听说泉水是用民船送来的，想到这样劳扰民力，以后就坚决不受。他不仅自己崇尚清节，还极力杜绝属下官员的腐败行为。为了避免请托送礼及贪污受贿之风兴起，特意传发了《禁止馈送檄》，以此表明自己的心迹。檄中写道：“一丝一粒，我之名节；一厘一毫，民之脂膏。宽一分，民受赐不止一分；取一文，我为人不值一文。谁云交际之常，廉耻实伤；倘非不义之财，此物何来。本都院

〔1〕（清）陈康祺：《郎潜纪闻三笔》卷一二。

既冰蘖盟心，各司道亦激扬同志。务期苞苴永杜，庶几风化日隆。”[1]与此同时，张伯行开始整治属吏，察访属下的品行操守，奖廉惩贪，一时间“奢侈之风为之一变”。

第三，不畏权贵。康熙三十年，张伯行迁臬江宁，按照惯例，须送给督抚约四千两银子做见面礼，但他却说：“我居官，誓不取民一钱，安能办此！”[2]扬州六个秀才得罪了郡守，抚军大怒，要张伯行砍掉他们的脑袋，他慷慨陈词说：“以穷秀才衣顶逢迎上官，我不能也。”并再三为他们申辩，最终获免。但是这样刚正不阿的清官难免会遭到那些贪官污吏的诋毁和反对，尤其是辛卯科场舞弊案发生后，张伯行据实陈奏噶礼等人操纵科考收受贿赂的腐败行为，请求皇帝给予严惩。不料他的义正辞严却遭到了噶礼等人的反诬，康熙帝在情况未明下不得已罢了二人的官。初闻这个消息，数万百姓罢市撤业，围着公馆放声大哭，响彻整个扬州城，甚至争相要去京城上诉，以表达他们对这位清官的信任和爱戴。扬州的百姓扶老携幼，带着蔬菜瓜果到公馆送给张伯行，他推辞不接受，百姓就哭着说：“公在任，只饮吴江一杯水。今将去，子民一点心，不可却也。”[3]不得已，他才留下了一块豆腐、一捆菜。好在康熙帝本是贤明君主，加上对张伯行的清名早有见识，最终在这场清廉与贪腐的斗争中，张伯行取得了胜利。当他官复原职的消息传来，江苏士子在门口张榜曰：“天子圣明，还我天下第一清官。”[4]“焚香结彩，拜龙亭、呼万岁者，至数十万人。复有数万人赴京师畅春园，跪疏谢恩，愿各减一龄，益圣寿万万岁，以申真实感激之枕。而闽省士民亦不谋而合，若赤子之庆慈父母也。”[5]由此可见张伯行在百姓心中的崇高地位，连皇帝都亲笔御书“廉惠宣猷”四字赐之，真正是当之无愧的“天下第一清官”。

16. 直言敢谏的铁面御史钱沣

钱沣（1740~1795年），字东注，云南昆明人，乾隆三十六年进士。他

---

[1]（清）陈康祺：《郎潜纪闻二笔》卷一。

[2]《碑传集》卷一七。

[3]《逊志堂杂钞》丙集。

[4]《养吉斋余录》卷八。

[5]《仪封传》。

在任御史时，不畏权贵，慷慨直言，执政严明，秉公办事。曾因两次成功弹劾贪官污吏又敢于和权贵和珅作对而“直声震天下”，成为乾隆年间最有名的廉吏。

钱沣本人生活俭朴，“在京师，尝携一仆徒行，蔬食大布，晏如也。”〔1〕有时来往于京师南、北城之间，除了步行外，顶多就是雇辆骡车乘坐。当时御史的官俸本就不高，加上钱沣经常以助贫为乐，或者把自己的俸禄悉数捐出以修缮会馆、“增府县两庠乡会试卷金”等，所以生活往往更加清苦。就连为好友陆耀治丧的钱都要靠典当衣物来获得，而且还是步行前往凭吊。即便这样，他也从不收受贿赂。母亲去世时，他回乡治丧，“各官有追送赙仪者，俱拒不受。”〔2〕后来其父病故，钱沣更是闭门不接待大小官吏。在担任湖南学政期间，“不通干谒，不受苞苴，取士至公，士子莫不诚服”〔3〕。山东巡抚国泰贪纵营私，事情败露后皇帝派时为御史的钱沣随同和珅、刘墉一同前往调查，因国泰早已依附和珅，和珅就想拉拢钱沣企图将此事大事化小、小事化无，以瞒圣听。当时正是寒冬时节，和珅就派人一路上不间断地为钱沣送上御寒的皮裘、珍肴美味和一切可以用来贿赂的物件，殷勤周到，但是钱沣始终不为所动，查清原委后秉公处理，坚决果断。不仅如此，他还耻于向上级官员行贿。在他做湖南学政时，前任湖南巡抚陆耀因为久旱求雨不得，忧心劳力而病逝，新巡抚浦霖一到任，不但对地方旱灾和百姓疾苦不闻不问，还大操大办生辰寿典，以收取贺礼充实腰包。属下提醒钱沣要随礼，他却义正词严地指责道：“前抚军以死勤事，今遽举觞称庆耶？”〔4〕于是命令属下送去一对大蜡烛和几斤莲藕，意在讽刺浦霖“外无眼光，内无心孔”。浦霖终因害怕被迫停止了这次寿庆，而钱沣拒不行贿、勇敢机智的表现给人们留下了深刻的印象。

更值得称道的是，钱沣敢于和权贵的贪污腐败行为作斗争，骨鲠直陈，勇敢果决，切实履行了身为言官的职责。真正让钱沣声名鹊起的是参劾陕甘总督毕沅知情不报，参劾山东巡抚国泰贪赃枉法及独抗和珅。钱沣任御

---

〔1〕《碑传集》卷五六。

〔2〕（清）钱泳：《履园丛话》卷五。

〔3〕（清）陈康祺：《郎潜纪闻二笔》卷一〇。

〔4〕《蛰存斋笔记》。

史之初刚好是乾隆帝大力惩处甘肃折监冒赈案犯收尾之时，首、从犯基本都落网，但是毕沅却逃脱了制裁。钱沣于是上疏直言，说毕曾两任陕甘总督，与甘肃近在同城，对甘肃折监冒赈案不可能一无所知，但是因为同在和珅门下，所以故意知情不报，理应也要受到惩处。乾隆帝最终接受他的谏言，毕沅官降三级以示惩处。山东巡抚国泰废弛吏治，并借纳贡名义收受贿赂，贪婪无度，地方州县亏空严重，百姓深受其苦，钱沣得知后，上疏劝谏皇帝今后取消贡纳，不要给地方督抚侵贪以借口，同时奏请彻查国泰。后来在彻查此案的过程中更是拒不受贿，秉公办案，最后把贪官国泰和藩司于易简送入了刑部大牢。

当时和珅营私舞弊、玩弄权力，但身居高位，备受宠信，所以朝廷中敢和他对抗的只有很少几个人，敢直言其得失的恐怕只有钱沣了。对于和珅不与军机处一同办案，他直接陈奏皇帝要求军机大臣遵循旧章，引起和珅的不满，加上之前参劾国泰一案已经使和珅心有芥蒂，于是他对钱沣更加憎恨，时时诬陷诽谤，但因为钱沣敢于言事，实心任事，乾隆帝“知君贤不可谮，则凡军机劳苦事多以委君”〔1〕。

钱沣为官清贫，甚至连御寒之衣都没有；他关心百姓疾苦，曾配合地方官治理了六河水患；他清风亮节，从不行贿受贿；他刚正直言，打击贪官污吏。在乾隆中晚期社会浮华奢靡、腐败丛生的情况下，钱沣坚持操守，不为权势、金钱所诱，一心为国为民，在当时是十分少见的。所以康祺有云：“乾隆至今，不少敢言之谏官，求如通政之廉俭为体，刚正为用，亦本朝有数直臣也。”〔2〕可见钱沣是当之无愧的乾隆末年直臣第一人。〔3〕

除以上介绍的著名的廉政人物，中国历史上还有不少清官廉吏的故事流传至今：如战国时期宋国大臣子罕“以不贪为宝”；东汉时期的羊续“悬鱼”；三国时期诸葛亮的“鞠躬尽瘁”；宋朝时期的朱熹“六弹贪官”；清末林则徐的“五不通告”等，不一一列举。

---

〔1〕《枢垣纪略》卷二八。

〔2〕（清）陈康祺：《郎潜纪闻三笔》卷一一。

〔3〕参见单卫华、赖红卫、张相军：《中国廉政文化史》，山东画报出版社2010年版，第318页。

阅读书目

1. 周天：《中国历代廉政监察制度史》，百家出版社2007年版。

2. 李洪峰：《中国古代的廉政文化》，故宫出版社2014年版。

3. 单卫华、赖红卫、张相军：《中国廉政文化史》，山东画报出版社2010年版。

4. 卜宪群主编：《中国历史上的腐败与反腐败》，鹭江出版社2014年版。

另外，阅读以下古代典籍：《尚书》《论语》《道德经》《庄子》《孟子》《荀子》《管子》《墨子》《韩非子》《春秋繁露》《资治通鉴》《商君书》《汉书》《史记》《晏子春秋》《明史》等。

思考题

1. 除文中所述，你认为中国古代还有哪些廉政思想值得提倡？

2. 为什么说科举取士对廉政制度建设有着划时代的意义？

3. 中国古代廉政人物有哪些共同特点？

第三章
马克思主义廉政文化

反腐倡廉是一个历史性的难题，也是一个世界性的难题。对于马克思主义政党特别是马克思主义执政党来说，反腐倡廉问题至关重要，它关系到党和社会主义的前途命运。因此，马克思主义的创始人及其后继者在指导工人阶级政党建设中，进行了许多深刻的阐述，形成了丰富的反腐倡廉思想，为马克思主义政党建设特别是执政党的反腐倡廉建设提供了强大的理论武器。

第一节　马克思主义经典作家的廉政思想

马克思主义是我国建设中国特色社会主义的指导思想和理论基础，蕴含了丰富的反腐倡廉思想理论。马克思和恩格斯在科学社会主义产生之初就十分关注资本主义社会中的腐败问题，并指出要引以为戒，提出了要搞好无产阶级政权的廉政建设。俄国十月革命胜利以后，为了巩固新生的苏维埃政权，针对当时种种腐败现象，列宁提出了要反对官僚主义，进行廉政建设的伟大论断。作为伟大的革命导师，马克思和恩格斯以及列宁在其著作中都对廉政思想进行了经典的论述。

一、马克思、恩格斯的廉政思想

马克思、恩格斯反腐倡廉的基本思想主要是在其创立和发展科学社会主义的过程中，在指导无产阶级政党的建设中，在关注巴黎公社革命特别是总结巴黎公社的经验教训中逐步形成的。马克思、恩格斯没有关于廉政文化的专门著述，但在关于无产阶级政党、政权建设及其相关的论述中却蕴含着丰富的廉政思想。他们通过分析人类历史与现实的廉政思想和廉政实践，在扬弃近代资产阶级廉政思想的基础上，深刻地揭示了腐败现象产生的根源，廉洁、廉政的实质以及廉政建设的规律，为无产阶级政党及政权的廉政建设奠定了思想理论基础。依据马克思、恩格斯著作及书信等文献，可以看到，马克思、恩格斯的反腐倡廉思想主要有以下几个方面的内容：

（一）深刻揭露腐败产生的根源

在马克思主义诞生之前，空想社会主义者曾对社会腐败问题进行过激烈批判，并对其根源作了深刻揭露。莫尔认为，私有制是一种不公正的制度，造成少数人奢侈腐化，大多数人贫困。温斯坦莱认为，私有制是贪欲和自私扼杀理性和正义的结果。摩莱里认为，私有制是一切罪恶之母，是造成一切政治和道德上罪恶的原因。欧文认为私有制“过去和现在都是人们所犯的无数罪行和所遭受的无数灾祸的根源”。魏特林指出，金钱使公务员变质，使英雄变成狗熊，使权贵对它摇尾乞怜。空想社会主义者对社会腐败问题的批判以及对其根源的深刻揭露，为马克思恩格斯的反腐倡廉思想提供了重要的思想材料。

马克思、恩格斯认同空想社会主义对私有制和腐败关系的上述揭示，并且明确指出腐败现象是私有制的伴生物。在原始社会，生产力低下，没有私有观念，不存在脱离民族共同利益的公共权力，氏族首领都是社会公仆，不存在以权谋私的腐败现象。由于生产力的发展和社会分工的分化，有了剩余产品，人们“卑下的私欲”产生了，出现了财富私有化和公共权力私有化现象。那些一向“奉公”的氏族首领和家族长利用自己对公共财产的管理权和分配权，逐步将公有财产侵吞而据为己有。从特定意义上说，最初由公有财产变成铸造文明世代基石的私有财产就是腐败分子攫取的第一批赃物。

马克思进一步指出，以生产资料私有制为基础的国家政权及其官僚制度，特别是在资本主义国家及其官僚体制下，公权力必然沦为少数人牟取私利的工具，“表面上高高凌驾于社会之上的国家政权，实际上正是这个社会最丑恶的东西，正是这个社会一切腐败事物的温床”[1]。“它不但变成了巨额国债和苛捐杂税的温床，不但由于拥有令人倾心的官职、金钱和权势而变成了统治阶级中各不相让的党派和冒险家们彼此争夺的对象，而且，它的政治性质也随着社会的经济变化而同时改变。现代工业的进步促使资本和劳动之间的阶级对立更为发展、扩大和深化。与此同步，国家政权在性质上也越来越变成了资本借以压迫劳动的全国政权，变成了为进行社会奴役而组织起来的社会力量，变成了阶级专制的机器。”[2]由此可见，资本主义条件下的政治权力是物质财富的直接体现，政治权力的大小直接决定着物质财富的多寡。因此，政治权力就必然成为官僚政客所崇拜、追求的对象，谋求政治权力的途径也就是牟取经济利益的途径，这样也必然带来政治权力的滥用和放纵，从而造成对“市民社会”的侵害。马克思在《法兰西内战》中所描述的梯也尔就是这样一个活生生的例证：“他在多年的政治生涯中，从来没有办过一件哪怕是极微小的稍有实际好处的事情。梯也尔始终不忘的，是他对财富的贪得无厌和对财富生产者的憎恨。他第一次当路易·菲利浦的内阁首相时，穷得和约伯一样，而到离职时已经成了百万富翁。”[3]

在马克思恩格斯看来，腐败和特权是伴随着私有制而生，私有制导致公共权力异化，在以私有制为基础的阶级社会里，腐败是不可避免的。因此，无产阶级必须推翻资产阶级的旧国家机器，以公有制代替私有制，逐步铲除滋生腐败的土壤和条件。

（二）建设“廉价政府”

建立在生产资料私有制基础上的国家政权、官僚制度、虚假的民主和法制，是腐败产生的根源，它必然造成国家与市民社会、政府与民众之间的对立以及公共权力的异化。只有消灭私有制建立新型的人民政权，才能从根本上消除国家与市民社会、政府与民众之间的对立，防止公共权力的异化。为此，马克思在总结巴黎公社经验教训时提出了一系列消除腐败现

[1] 《马克思恩格斯文集》第3卷，人民出版社2009年版，第154页。

[2] 《马克思恩格斯选集》第3卷，人民出版社1995年版，第53页。

[3] 《马克思恩格斯选集》第3卷，人民出版社1995年版，第40页。

象、建设“廉价政府”的重要思想。

1. 打碎旧的国家机器

为建设“廉价政府”，巴黎公社必须打碎了旧的国家机器：一是废除常备军和警察。常备军和警察是旧的“寄生政府”所掌握的用以镇压人民的两支强大的物质力量，“公社的第一个法令就是废除常备军而代之以武装的人民”，“警察不再是中央政府的工具，他们立刻被免除了政治职能，而变为公社的负责任的、随时可以罢免的工作人员。”[1]二是收回立法权和司法权。“法官的虚假的独立性被取消，这种独立性只是他们用来掩盖自己向历届政府奴颜谄媚的假面具”，“法官和审判官，也如其他一切公务人员一样，今后由选举产生，要负责任，并且可以罢免。”[2]三是摧毁旧的意识形态力量。“公社在铲除了常备军和警察这两支旧政府手中的物质力量后，便急切地着手摧毁作为压迫工具的精神力量，即‘僧侣势力’”，[3]消除了旧的国家机器赖以存在的意识形态合法性。通过废除常备军和警察、收回立法权和司法权、摧毁旧的意识形态力量等措施，“政府的压迫力量和统治社会的权威就随着它的纯粹压迫性的机构的废除而被摧毁，而政府应执行的合理职能则不是由凌驾于社会之上的机构，而是由社会本身的负责任的勤务员来执行。”[4]只有这样，腐败滋生的土壤才能够从根本上铲除，腐败现象才能够得到有效的遏制。也正是在这个基础上，马克思认为“公社实现了所有资产阶级革命都提出的廉价政府这一口号，因为它取消了两个最大的开支项目，即常备军和国家官吏”。[5]

2. 建立无产阶级政权

在打碎旧的国家机器后，马克思提出应该“建立一个不但取代阶级统治的君主制形式、而且取代阶级统治本身的共和国。公社正是这个共和国的毫不含糊的形式”。[6]马克思进一步指出了公社的本质：“公社的真正秘

〔1〕《马克思恩格斯选集》第3卷，人民出版社1995年版，第54页。
〔2〕《马克思恩格斯选集》第3卷，人民出版社1995年版，第56页。
〔3〕《马克思恩格斯选集》第3卷，人民出版社1995年版，第56页。
〔4〕《马克思恩格斯选集》第3卷，人民出版社1995年版，第122页。
〔5〕《马克思恩格斯选集》第3卷，人民出版社1995年版，第58页。
〔6〕《马克思恩格斯选集》第3卷，人民出版社1995年版，第53页。

密就在于：它实质上是工人阶级的政府，是生产者阶级同占有者阶级斗争的产物，是终于发现的可以使劳动在经济上获得解放的政治形式。”〔1〕他认为，公社这种政治体制就是要消灭那种将多数人的劳动转化为少数人的财富的阶级所有制即资本主义私有制，就是要“剥夺剥夺者”，否定建立在这种私有制基础上的官僚专制政府，把国家权力收归社会所有，转而由无产阶级自己来管理整个社会事务。后来在总结巴黎公社经验教训时，马克思高度评价了这种公社体制：“公社体制把靠社会供养而又阻碍社会自由发展的国家这个寄生赘瘤迄今所夺去的一切力量，归还给社会机体。仅此一举就会把法国的复兴推动起来。”〔2〕

3. 重视对权力的监督和制约

在总结巴黎公社经验教训时，马克思高度赞扬了巴黎公社所采取的一系列对权力加强监督和制约的举措。他指出，在公社体制下，“彻底清除了国家等级制，以随时可以罢免的勤务员来代替骑在人民头上作威作福的老爷们，以真正的责任制来代替虚伪的责任制，因为这些勤务员总是在公众监督之下进行工作的”〔3〕，“社会公职不会再是中央政府赏赐给它的爪牙的私有财产”，〔4〕人民群众也“不要再总是过分客气地对待党内的官吏——自己的仆人，不要再总是把他们当作完美无缺的官僚，百依百顺地服从他们，而不进行批评”〔5〕。公社以随时可以罢免的勤务员来代替骑在人民头上作威作福的老爷，以真正的责任制来代替虚伪的责任制，这样就可以保证这些勤务员的工作总是切实地处于在人民群众的监督之下。同时，马克思认为，一切社会公职，甚至原应属于中央政府的为数不多的几项职能，也应由公社的勤务员来执行，这样才能保证公社对其的监督。此外，马克思还认为实行政务公开是实现“廉价政府”的重要途径，“公社可不像一切旧政府那样自诩绝不会犯错误。它把自己的所言所行一律公布出来，把自己的

〔1〕《马克思恩格斯选集》第3卷，人民出版社1995年版，第59页。

〔2〕《马克思恩格斯选集》第3卷，人民出版社1995年版，第58页。

〔3〕《马克思恩格斯选集》第3卷，人民出版社1995年版，第96页。

〔4〕《马克思恩格斯选集》第3卷，人民出版社1995年版，第121页。

〔5〕《马克思恩格斯全集》第38卷，人民出版社1972年版，第33页。

一切缺点都让公众知道。”〔1〕

（三）强调要保持无产阶级政党的纯洁性和先进性

旧的国家政权的消亡并不意味着腐败现象的消失。由于历史和现实的原因，无产阶级政权在经济、政治、文化和道德等方面仍未完全摆脱旧制度的羁绊，无产阶级政党内部也混入了一些投机分子。为从根本上清除腐败现象，马克思高度重视保持无产阶级政党的纯洁性和先进性。

马克思、恩格斯强调工人阶级政党本性是大公无私、工人阶级政权是廉价政府，这是就其本质上说的，但并不因此就认为它们本身不会出现腐败现象。恰恰相反，他们认为，由于种种因素的影响，无产阶级政党和国家内部也不可避免地会出现腐败现象和不正之风，因而必须同腐败现象和不正之风进行斗争。针对当时党内流行着的腐败风气和市侩庸俗习气，马克思、恩格斯强调要开展最无情的斗争，并分析了共产党内一部分人出现腐败变质问题的原因：一是从外部包围共产党的资产阶级拼命以自己的思想意识和生活方式影响共产党；二是加入共产党内的某些小生产者和其他非无产阶级出生的人想用其思想意识和面貌影响改造党，侵蚀了党的肌体，败坏了党的风气，使得社会上的腐败风气和市侩的庸俗风气也出现在党内；三是资产阶级对工人阶级政党上层的收买，使得一些人变成资产阶级化的工人贵族。既然共产党内腐败现象和市侩习气不可避免地会出现和存在，它们又必然会侵蚀党的肌体，那么，党同这些腐败现象和市侩习气的斗争就是不可避免的。为了保持工人阶级政党的先锋队性质，防止共产党出现腐败变质，必须加强党的建设，坚决反对腐败现象和资产阶级、小资产阶级的思想作风。

1. 明确无产阶级政党的宗旨

马克思强调，无产阶级运动是为绝大多数人谋利益的独立运动，共产党员作为无产阶级的先进分子，没有任何同整个无产阶级利益不同的利益。因此，共产党人的宗旨与腐败截然对立，是防治腐败、实行廉洁政治的关键，共产党领导的无产阶级运动的根本任务就是要推翻资产阶级的腐朽统治，建立新型的无产阶级政权，铲除滋生腐败的土壤，这就必须“要防止

〔1〕《马克思恩格斯选集》第3卷，人民出版社1995年版，第65页。

党内的官吏——自己的仆人，变成在党内恣意作威作福的官僚”。[1]在马克思、恩格斯看来，无产阶级及其政党的本性是大公无私的，不仅如此，无产阶级及其政党还把消灭私有制及其伴生物——包括腐败在内的各种社会不公正现象作为自己的基本目标。因为工人阶级争得统治地位后所建立的政权也同以往一切凌驾于社会之上、与民众对立的政权根本不同，它建立在生产资料公有制之上。社会公职已不再是中央政府走卒们的私有物，而是真正能担负社会职能、为国家所有人服务、以劳动者的利益和彻底解放为目的的。

2. 建立无产阶级民主制度

建立无产阶级的真正的民主制度，是消除腐败的制度基础。早在负责起草共产主义者同盟和第一国际章程时，马克思就对民主选举问题进行了详细的阐述。《共产主义者同盟章程》规定，党的代表大会是全党的最高权力机关、立法机关，决定全党的一切重大事情；中央委员会是它的执行机关，必须向它负责，定期向它报告工作并接受监督。章程的第 7、13、22、25、26 等条款规定，同盟从基层到中央的各级领导机构，都必须由民主选举产生，并可以随时进行撤换。“公社必须由各区全民投票选出的市政委员组成，这些市政委员对选民负责，随时可以罢免。其中大多数自然会是工人，或者是公认的工人阶级代表。”[2]马克思反对个人迷信和个人崇拜，他在给威廉·布洛斯的信中说，“恩格斯和我最初参加共产主义者秘密团体时的必要条件是：摒弃章程中一切助长迷信权威的东西”。[3]恩格斯也指出：“任何一个身居高位的人，都无权要求别人对自己采取与众不同的温顺态度。”[4]后来恩格斯在回忆同盟时感慨道：“组织本身是完全民主的，它的各委员会由选举产生并随时可以罢免，仅这一点就已堵塞了任何要求独裁的密谋狂的道路。”[5]

---

〔1〕《马克思恩格斯全集》第 34 卷，人民出版社 1972 年版，第 90 页。

〔2〕《马克思恩格斯选集》第 3 卷，人民出版社 1995 年版，第 121 页。

〔3〕《马克思恩格斯全集》第 34 卷，人民出版社 1972 年版，第 289 页。

〔4〕《马克思恩格斯全集》第 38 卷，人民出版社 1972 年版，第 73 页。

〔5〕《马克思恩格斯全集》第 4 卷，人民出版社 1958 年版，第 196 页。

3. 废除高薪制

高薪制的废除是与等级制的废除密切联系在一起的，在巴黎公社革命期间通过了《废除国家机关高薪法令》，提出取消兼职薪金的决议，规定“从公社委员起，自上至下一切公职人员，都只能领取相当于工人工资的报酬。从前国家的高官显宦所享有的一切特权以及公务津贴，都随着这些人本身的消失而消失了”。[1] 1871 年 5 月，巴黎公社又提出取消兼职薪金的决议，解决了一些公职人员身兼数职领取兼职薪酬的问题。对此，恩格斯如是评价：“即使公社没有另外给各代议机构的代表规定限权委托书，也能可靠地防止人们去追求升官发财了。”[2]

4. 强调党的组织纪律性

马克思认为高度的组织纪律性是无产阶级政党防治和铲除腐败的重要保证，共产党人应始终坚持党的利益与全体人民利益的高度统一，坚决反对一党私利，任何个人或小团体谋求私利的行为都是党的组织纪律所不允许的。1858 年，马克思在给恩格斯的信中说：“我们现在必须绝对保持党的纪律，否则将一事无成。”[3]在总结巴黎公社经验教训时，马克思也高度强调和肯定了无产阶级政党的组织纪律，认为无产阶级政党高度的组织纪律性是巴黎公社革命得以开展和持续的重要原因。[4]

（四）防止由“社会公仆”变为“社会主人”

由于时代的原因，马克思、恩格斯没有无产阶级政党执政的经历，但他们却在对巴黎公社经验的总结中，提出了无产阶级取得政权以后要防止国家机关和公职人员由“社会公仆”变为“社会主人”的重要思想。

马克思一直关注巴黎公社革命，巴黎公社失败后仅过了两天，马克思就向国际工人协会总委员会宣读了自己为巴黎公社而作的《法兰西内战》著作。在这本书里，马克思考察了公社在政权建设上的举措，指出：为了防止国家和国家机关由社会公仆变为社会主人——这种现象在至今所有的国家中都是不可避免的——公社采取了两个可靠的办法。第一，它把行政、

[1] 《马克思恩格斯选集》第 3 卷，人民出版社 1995 年版，第 54 页。

[2] 《马克思恩格斯选集》第 2 卷，人民出版社 1995 年版，第 13 页。

[3] 《马克思恩格斯选集》第 2 卷，人民出版社 1995 年版，第 375 页。

[4] 邓学源：“马克思廉政思想的哲学意蕴及其现实意义”，载《理论导刊》2014 年第 6 期。

司法和国民教育方面的一切职位交给由普选选出的人担任，而且规定选举者可以随时撤换被选举者。第二，它对所有公务员，不论职位高低，都只付给跟其他工人同样的工资。公社曾经付过的最高薪金是6000法郎。此外，公社颁布的法令还规定，公社的公职人宁愿不享受任何特权，不得乘坐豪华的桥式马车，严禁军官滥用军马，禁止利用职权无偿地居住高等楼房等。公社“一方面取缔国家寄生虫的非生产性活动和胡作非为，从根源上杜绝把巨量国民产品浪费于供养国家这个魔怪……公社一开始就不仅进行政治改造，而且还厉行节约，实行经济改革。”〔1〕社会主义社会、无产阶级政党，应当承担起培养本阶级知识分子和干部队伍的重任，从政治上、经济上、制度上和组织上来防止国家机关及其工作人员由公仆变成主人。巴黎公社不仅废除了旧的资产阶级官僚制度，加强人民民主，实施了一系列政权廉政建设措施，也反对公职人员任何形式的特权存在，将公权力回归社会，从根源上防止腐败的发生。

由于客观社会历史条件的限制，马克思、恩格斯关于工人阶级政党建设中的反腐倡廉思想主要来源于对工人阶级及其先锋队——共产党性质的思考，关于无产阶级夺取政权后的反腐廉政建设思想则主要来源于对巴黎公社经验的总结。由于马克思、恩格斯毕竟没有直接领导一个无产阶级专政国家的经历，没有领导马克思主义执政党建设的经历，他们所关注的世界上第一个无产阶级政权——巴黎公社毕竟也只存在了72天，其实践还未来得及完全展开，其创造性的举措也来不及在实践中逐步完善，所以，马克思、恩格斯对无产阶级政党的反腐倡廉建设和无产阶级夺取政权后如何开展廉政建设的问题，都只能提出一些大的原则和思路，而不可能系统展开和全面论述；他们关于廉政建设的某些设想如一切公职人员只领取相当于普通工人的工资报酬等具体措施，也未必完全适合于我们今天所处的社会发展阶段的现实，但是，他们关于无产阶级政党内部要开展思想斗争的思想，关于要同不正之风和腐败现象进行斗争的思想，关于领导干部要有更高条件的思想，关于领导干部要接受监督的思想，关于无产阶级夺取政权后要采取各种措施防止国家机关和公职人员由“社会公仆”变成“社会

〔1〕《马克思恩格斯选集》第3卷，人民出版社1995年版，第98页。

主人”的思想，以及由巴黎公社所创造、而为他们所总结的各种原则性的措施，都为后来的马克思主义政党建设特别是马克思主义执政党的反腐倡廉建设，奠定了理论基础，指明了前进方向，至今仍有很强的现实意义。

二、列宁的廉政思想

俄国十月革命建立了第一个无产阶级领导的社会主义国家，开辟了人类探索社会主义道路的新时代，使马克思列宁主义传遍世界，极大地震撼了资本主义世界。十月革命向全世界宣告崭新的社会制度由理想变为现实。十月革命胜利以后，布尔什维克党成为执政党，沙皇专制的余毒尤在，特权思想、官僚主义、贪污受贿等腐败现象在俄共党内和苏维埃国家机关滋生，加之文化的落后给管理带来了很大的难度。为了巩固无产阶级政权，再加强执政党的廉政建设。列宁就如何防治腐败、建设和巩固无产阶级政权进行了大量的探索，提出了一系列非常有价值的廉政建设思想，把马克思主义廉政思想发展到了一个新阶段。如果说马克思、恩格斯的廉政思想立足于从根本上解决腐败问题，如消灭私有制，打碎旧的国家机器等，具有原则性和根本性的指导意义，那么列宁的廉政思想不只是停留在理论的层面上，是在领导社会主义革命和建设中，总结和提炼出来的，更具有实践性。因此，也有学者认为，“列宁与马克思、恩格斯有所不同，他的廉政思想是在领导苏维埃政权进行社会主义建设的伟大事业中，提炼和总结出来的，因而他的廉政思想体系博大恢宏，既具有理论性，又具有实践性，为我们留下了宝贵的思想遗产”〔1〕。

（一）全面深入分析腐败产生的根源

列宁在论述廉政相关思想时，并没有用过“腐败”一词，而是具体以“贪污受贿”“官僚主义”“形式主义”“拖拉作风”等现象，也即我们今天所说的“腐败现象”。列宁深刻指出了腐败现象在党和国家机关的实际工作中的危害，并指出要加强执政党的建设和改革国家机关，以不断铲除滋生腐败的各种根源。为了有效遏制腐败，列宁全面深入地分析了腐败现象产生的根源，主要概括为以下几个因素：

〔1〕周卫东：《廉政理论研究》，中央编译出版社 2005 年版，第 21 页。

1. 个体的欲望

列宁认为，如果权力被掌握在了个人私欲比较多的人手上时，便会被用来谋取私利，从而就会产生腐败现象。列宁针对在个人层次上出现的问题，他主张通过共产主义教育和科学文化教育来解决。他指出，无产阶级政党有培养自己的领导干部队伍的责任，必须加强共产主义教育来抵制资产阶级思想的侵蚀，同时要学会理论联系实际，要把书面上的东西学会用到实践中去。列宁还十分注重个人素质的培养，强调广大党员干部要理论联系实际，不断学习科学文化知识，提高个人本领。无产阶级政权向国外及资产阶级专家学习时，不能生搬硬套，要在分析批判的基础上结合实际。要严惩个人的任何腐败行为，同时反对形式主义、办事拖拉的官僚作风；对于公职人员存在的滥用职权、玩忽职守、贪污受贿、侵害人民权利等腐败行为，用法律来加以约束。

2. 环境的影响

由于旧官僚制的影响、群众文化落后和小生产的存在，再加上苏维埃机关里仍然存留了许多旧职员，使机关内部的官僚主义和腐败现象容易滋生。首先，旧社会对新的工人阶级影响很难在短期内消除，“它在我们中间腐烂发臭并且毒害我们”〔1〕，这些腐朽的思想依然在严重影响着社会，成为新兴工人阶级前进的思想障碍。其次，部分的旧官僚仍然留在苏维埃的政权的机关里，腐朽作风依然在腐蚀着政权机关，而且这些旧官僚不能在短时间内改造出来。列宁指出，苏维埃当时国家机关依然是典型旧式的国家机关，体制落后严重损害了人民的民主权利，也致使广大人民群众不可能广泛地参与国家管理。再次，由于苏维埃政权的建立前后，严峻的国际国内形势下采取的高度集权化的运作方式，也是造成腐败发生的重要体制根源。最后，由于实行了新经济政策，资本主义因素得到恢复和加强，这也带来了负面的影响，“我们政治组织和工会组织内的公职人员是受到了资本主义环境的腐蚀（确切些说，有被腐蚀的趋势）”〔2〕，使得这些为人民服务的公职人员，有变为官僚的危险，他们有变为脱离群众、享有特权的

〔1〕《列宁全集》第34卷，人民出版社1985年版，第380页。

〔2〕《列宁全集》第31卷，人民出版社1985年版，第111页。

人的趋势，有把自己高高凌驾于人民群众之上的趋势。针对当时出现的实际情况，列宁强调必须进行切实有效地改革，改革需要有条件和分步骤地进行，使政权机关不断得到改善，还要充分吸收人民群众来参与对国家和社会的管理。

3. 落后的文化

列宁认为，文化落后也是产生腐败现象的重要原因。一方面，文化落后影响了政权的管理体制和对国家的治理。由于文化水平低，只能由无产阶级中的先进分子来管理国家，广大劳动群众依然缺乏管理国家的知识和能力，这导致了广大的劳动群众没有真正参与到社会的管理中去。“由于文化水平这样低，苏维埃虽然按党纲规定是通过劳动者来实行管理的机关，而实际上却是通过无产阶级先进阶层来为劳动者实行管理而不是通过劳动群众来实行管理的机关”[1]，人民还不完全具备管理国家的能力，这种间接民主方式也造就了腐败发生的可能。另一方面，文化落后也限制了党员和人民群众用法律来同腐败作斗争，“不仅农民不会利用，就连相当多的共产党员也不会利用苏维埃的法律去同拖拉作风和官僚主义作斗争，或者去同贪污受贿这种道地的俄国现象作斗争”。[2]针对以上问题，列宁认为，在苏维埃政权建立以后，还要进一步加强文化建设和法制教育，弘扬无产阶级廉政文化。因此，他主张用法律的形式保障人民群众学习科学文化水平的权利，并要求国家提供必需的教育经费。

（二）提出防范与治理腐败的措施

列宁清醒地认识到腐败有着巨大的危害，为了巩固十月革命的成果，就必须铲除苏维埃政权内的腐败现象，建立廉洁高效的新政权机关。列宁针对腐败现象产生的根源，提出了防止腐败发生和治理腐败现象的针对性的措施。

1. 加强党的建设，保持党的先进性

列宁认为，要巩固苏维埃政权，首先要把党建设好。他十分重视党员干部队伍的建设工作，把党员干部作为党和苏维埃政权一切工作能否取得

---

〔1〕《列宁选集》第3卷，人民出版社1995年版，第770页。

〔2〕《列宁全集》第42卷，人民出版社1987年版，第197页。

成功的关键。列宁从纯洁党员干部队伍、加强党员干部教育方面进行了探索和努力。首先，纯洁党员队伍。一是要坚持党员标准，严格入党条件，“徒有其名的党员，就是白给，我们也不要……不追求党员数量的增加，而注意党员质量的提高和清洗‘混进党里来的人’”。[1]二是要清理党员队伍，把徒有其名的党员清理出去，努力提高执政党的领导素质。列宁根据党内实际情况和所面临的问题指出，在清党的过程中，需要把孟什维克分子、不忠诚和不坚定的共产党员、以权谋私的党员以及党内的派别分子清理出去，保持党的纯洁性。其次，列宁要求公开选拔干部，十分重视干部的素质和才能，充分发挥知识分子在社会建设中的作用，选拔优秀的人才为干部和管理人员。最后，列宁强调要加强对干部的思想政治教育，消除特权思想，强化公仆意识。广大党员干部要不断学习马克思主义理论知识，提高广大公仆的理论素质，身体力行做表率。“我们一定要给自己提出这样的任务：第一是学习，第二是学习，第三还是学习。然后要检查，使学问真正深入到我们的血肉里面去，真正地、完全地成为生活的组成部分”[2]，培养和建立自己的知识分子队伍。

2. 建立健全监督机制

列宁十分重视对权力的监督，他强调要在党内和苏维埃政权建立一个全方位的权力监督机制。这不仅包括领导集体之间的相互制约，还包括专门监督机关、人民群众、社会舆论等方式的监督。首先，重视人民群众的监督。列宁认为，“在评价人的时候，在揭露‘混进党的’‘摆委员架子的’‘官僚化的’人的时候，非党无产阶级群众的意见以及在许多场合下非党农民群众的意见是极其宝贵的”[3]。人民群众的监督除了行使罢免权之外，还包括信访接待制度、群众参与工作的制度。列宁还主张吸纳党外群众参加检查和管理工作，他在 1918 年起草的《关于苏维埃机关管理工作的规定草案》中，对机关的信访接待制度做了明确的规定，保证人民群众行使监督的权利。其次，为了防治权力滥用，在党内设立专门的监督机构。列宁

[1] 《列宁选集》第 4 卷，人民出版社 1972 年版，第 76 页。

[2] 《列宁选集》第 4 卷，人民出版社 1972 年版，第 699~700 页。

[3] 《列宁全集》第 42 卷，人民出版社 1987 年版，第 145~146 页。

十分重视国家的监察制度和机关的建立和完善，进一步改组农工检察院，不断提高监督机关的地位和威信。吸引了大批优秀人才进入检察机关的队伍，也给他们提供良好的生活条件、提高中央监察委员会的权力和地位，把中央监察院委员会和农工检察院结合起来，发挥新一代知识分子的作用，建立一支高效的检察队伍。最后，舆论是发挥监督作用的重要工具，要充分发挥其监督作用。列宁主张，通过报刊来揭发违纪违法行为和纠正生活中存在的问题，充分利用报刊舆论揭露各种贪污腐败罪行，同时对于那些传播腐朽思想的报刊要予以严厉查处。

3. 改革国家机关和管理体制

列宁十分重视国家机关和管理的体制改革，“我们国家机关及其改善的问题，是一个非常困难、远未解决的问题”〔1〕。在改革的具体方面，包括：精简和改革国家机关、实行党政分开、完善干部制度和领导机制、加强政务分开等。第一，精简和改革国家机关。针对苏维埃政权成立后管理机构存在的官僚和拖拉作风，合并部分机关，精简冗员，对那些可以不要或者应当撤销的机关一律撤销。第二，实行党政分开，加强政务公开。十月革命以后，许多政府的各主要部门领导职位都是党的主要领导人担任，由此出现了权力高度集中的现象。为了防止无产阶级政党集权化和官僚化蜕变，列宁认为，要明确划分政党和国家机关的职权，党要发挥领导作用，但不能过分干涉国家机关工作的具体细节，提高党和国家机关的工作人员主动性和责任心。列宁倡导公开选拔干部，反对暗箱操作：建立定期工作报告制度，加强政务公开，以加强公开促进民主制的发展。第三，完善干部制度和领导机制。在完善干部制度方面，列宁指出，要不断完善选举和罢免的制度，由民主选举产生国家机关和议会，对于不能真正代表人民意志的代表实行罢免，但罢免应当谨慎，同时要对一定的亲属关系实施任职回避制度。他还反对高薪，“高额薪金的腐化作用既影响到苏维埃政权……也影响到工人群众，这是无可争辩的”〔2〕。在完善领导机制方面，列宁认为，应该通过集体商讨来决定机关里的一切事务，机关的各个部门及其工作人

〔1〕《列宁选集》第4卷，人民出版社1972年版，第693页。

〔2〕《列宁全集》第34卷，人民出版社1985年版，第163页。

员要明确自己的任务以及所要承担的责任，坚持民主集中和个人分工负责相结合的机制。

4. 加强法制建设，依法严惩腐败

列宁认为，要把防治腐败的相关制度上升到法律层面，依法严惩腐败，保证公权力的正确运行。首先，列宁十分重视建立反腐败的法律，认为立法的完备是法制的前提。根据列宁的建议，人民委员会通过了《关于惩办受贿的法令》，规定公职人员“利用其有公权范围内的活动或协助进行其他部门公职人员职权内的活动而犯有受贿罪者，应判处不少于5年的徒刑，服刑期间强迫劳动（并没收全部财产）”。之后又通过了《关于革命法制的决定》，确立了法律的基本原则。此后又相继通过了如《关于贿赂行为》《关于消灭拖拉现象》等一系列反对贪污贿赂现象的法律和法令。1922年《苏俄刑法典》对职务犯罪又做了明确的规定。其次，严格执法。列宁不仅强调立法，而且强调执法，要求从严执法，对腐败行为严惩不贷，“不枪毙这样的受贿者，而判以轻得令人发笑的刑罚，这对共产党员和革命者来说是可耻的行为。这样的同志应该受到舆论的谴责，并且应该开除出党。”〔1〕有效地控制了党内和苏维埃政权机关的腐败现象。再次，列宁主张，在法律实施的过程中，要做到人人平等，同时他还反对特权，要求党员干部要密切联系群众，“对共产党员的惩处应比对非党人员加倍严厉，这同样是起码常识”〔2〕。最后，他还主张，要加强法制宣传和法制教育，增强人民的法制意识和观念，把法律武器交给广大人民群众，使他们利用这个武器同各种腐败行为作斗争。〔3〕

总之，列宁的廉政思想已经形成了比较全面科学的体系，对社会主义政党的建设和反腐败方面进行了有益的探索，内容涉及制度、教育、监督等方面，有比较科学的反腐倡廉思路，对于我国新时期开展反腐败斗争和廉政建设有重要的理论意义和现实意义。

---

〔1〕《列宁全集》第34卷，人民出版社1985年版，第263页。

〔2〕《列宁全集》第42卷，人民出版社1987年版，第426页。

〔3〕 廖斌：“马克思主义廉政思想中国化历程”，西南政法大学2014年硕士学位论文。

第二节　当代中国社会主义的廉政观

中国共产党自成立以来就十分重视党的建设，始终把保持党的先进性和政府的纯洁性作为取得革命和社会主义事业的基本保证。新中国成立之后，党的历届领导集体都非常重视廉政建设工作，对这个问题提出了一系列深刻的论述。他们都从巩固党的执政地位和实现全心全意为人民服务的根本宗旨出发，创立和发展了一系列廉政文化理论，赋予了廉政文化崭新的内涵，形成了社会主义廉政文化观。这是在充分吸收借鉴古今中外一切优秀廉政文化成果，深刻总结了我们党长期以来反腐倡廉经验的基础上形成的，是我们党立党为公、执政为民的执政理念在文化形态上的反映，是我们党执政实践的进步和提升，是建设社会主义先进文化的重要内容。从深入开展党风廉政建设和反腐败斗争的光辉历程来看，呈现出一脉相承和与时俱进的五个历史时期：一是毛泽东同志在缔造新中国时期；二是以邓小平为总设计师的改革开放时期；三是江泽民同志在我国与时俱进时期；四是胡锦涛同志在我国科学发展时期；五是习近平在共和国奋勇前进的新时期。中国共产党历代领导集体都高度重视党风廉政建设和反腐败斗争。因此，系统深入地研究其廉政思想，对于当代中国廉政文化建设具有重要的理论意义、现实意义和指导意义。

一、第一代领导集体的廉政观

无论是革命年代，还是在社会主义建设时期，作为第一代领导集体的核心毛泽东就十分重视党风廉政和反腐败的工作，强调按照腐败犯罪的性质和危害程度，依法严惩腐败分子，坚决同各种腐败现象作斗争。早在抗战时期，毛泽东就开始了对廉政问题的思考与探索。新中国成立后，党的第一代领导集体在不断巩固新生政权的同时，时刻不忘反腐败斗争，取得了显著的成效，为后来改革开放时期乃至当今的反腐败斗争提供了良好借鉴。作为一位伟大的无产阶级革命家，毛泽东同志领导中国人民进行了近三十年艰苦卓绝的革命斗争，终于赢得了中国革命的最终胜利，建立了中华人民共和国。新中国成立以后，对于如何保持与人民群众的血肉联系，如何经受住执政和胜利的考验，如何更好地进行廉政建设，成为执政党面临的一个非常重要的问题，这也是党的最高领导人毛泽东经常思考的问题。他们不仅反复论述了加强党风廉政建设的必要性和重要性，深刻分析了党内产生腐败现象的主客观原因，而且为拒腐防变创造和积累了一套行之有效的经验，制定了适合实际情况的方针、政策和办法，并以自己的模范行动为全党树立了永久的楷模。

毛泽东的廉政思想是以毛泽东同志为核心的第一代中国共产党人对反腐败和廉政建设的经验的集体智慧结晶，也是毛泽东思想的重要组成部分，深入细致地研究毛泽东的廉政思想对我国当前和今后的廉政建设工作有着重要的理论意义和现实意义。毛泽东的廉政思想是同建立和巩固社会主义政权紧密联系在一起的，概括起来主要有如下几个方面：

（一）揭示了官僚主义和腐败现象产生的根源

新中国成立后，毛泽东把出现的官僚主义和腐败现象同封建主义、帝国主义和官僚资本主义相提并论，他对腐败现象一向是深恶痛绝的。在毛泽东看来政治上的蜕化变质，经济上的贪污贿赂，生活上的浪费挥霍都是腐败。要真正克服官僚主义、腐败现象，必须找到它产生和发展的各种根源。

1. 经济根源

新中国成立之初，“三害”大量存在和蔓延，许多不法之徒，为了谋取自己的私利，往往采取阿谀奉承请客送礼、美女金钱等手段，对机关干部进行拉拢腐蚀。1958 年以后，我国实行了“大锅饭”“铁工资”“等级工资制”等带有平均主义的色彩分配原则。在当时人们的消费水平普遍低下的情况下，由部分掌握公权力的干部来行使分配权，却没有相关的监管制度去制约，最终给一些干部提供了在经济上腐败的可能，因此也就出现了有些地方的干部多拿多分、贪污、挪用，甚至是投机倒把的现象。另外传统的政治经济体制的运行，也制约了社会主义民主的发展。权力高度集中的政治经济体制，不能很好地适应商品经济的发展。随着社会的发展，在利益的诱惑下，部分党员干部不能树立正确的价值观、权力观，正确使用人民赋予的权力，搞权钱交易，以权谋私，滋生腐败。

2. 思想根源

1951年在全国开展了反贪污、反浪费和反对官僚主义的斗争，1953年又开展了反对官僚主义、命令主义和违法乱纪的新“三反”运动。毛泽东把官僚主义和腐败习气比作灰尘，要求共产党员绝不能骄傲自满，广大党员干部应该天天洗脸，要保持清洁，保持良好的精神面貌。总结起来，产生腐败的思想根源主要有以下几个方面的因素：第一，社会主义条件下，旧思想、旧传统依然在很长的一段时间存在，旧社会遗留下来的腐朽思想依然在影响着我们的社会生活的各个方面。第二，落后的经济文化现状，小生产条件下的群众往往安于现状、盲目服从，文化水平低下，思想观念陈旧落后，习惯把权力的代表偶像化，甚至是神化；而手里掌握着权力的人，成为高高在上、发号施令的官僚主义者，这使得公权力的主体有发生腐败的可能。第三，党内的骄傲自满情绪的出现，也是产生官僚主义的一个重要的思想因素。

3. 政治根源

毛泽东指出，刚建立不久的社会主义制度，在某些方面还存在着缺陷和制度不完善的地方，“国家机构中某些官僚主义作风的存在，国家制度中某些环节上缺陷的存在”[1]，比如一段时期内权力高度集中、机构臃肿和监督机制不完善等都会成为官僚主义出现的条件。他针对当时高度集权的政治体制指出，我们不能像苏联那样搞集权，中央集中了一切权力，而不给地方机动灵活的权力。1958年后，中央开始向地方下放权力，却并没有跳出计划经济的框架，而产生了分散主义的倾向，这也导致了地方大量的腐败现象发生，如对上级阳奉阴违，对下级搞独断专横，挥霍浪费，对国家分配的物资搞层层扣留，贪污、投机倒把、扰乱市场。从而在经济上削弱了集体经济的实力，化公为私，思想上腐蚀了人的灵魂。以官僚主义为代表的各种腐败现象完全违背了党的宗旨，也与人民政权根本对立，是剥削阶级腐朽的政治遗产的突出表现。

4. 社会根源

在毛泽东看来，中国是一个经历了两千多年的封建统治和在近代又缺

---

〔1〕《毛泽东选集》第5卷，人民出版社1977年版，第374页。

乏民主传统的国家，旧的腐朽思想、作风和剥削阶级遗毒依然在侵蚀着我们社会生活的各个方面，这也是腐败产生的社会根源。毛泽东指出，国内外的剥削阶级的思想、价值观念、生活方式一直在用各种方式侵蚀着党的肌体。由于社会主义历史和现实的原因，在制度上的某些缺陷依然存在，制度还不够完善，在这样的社会背景下，也为腐败现象的滋生提供了社会土壤和条件，内外社会的因素交织，也就使得新的社会主义条件下腐败依然存在。

（二）全心全意为人民服务是廉政建设的最终目标

新中国成立以后，为了更好地建设国家和巩固政权，毛泽东在干部队伍建设的理论和实践上做了创造性的贡献，提出了“为人民服务”这一科学论断。1944 年 9 月 8 日，毛泽东在张思德追悼会上发表了题为《为人民服务》的演讲，同年 12 月 15 日的陕甘宁边区会议上，他进一步指出，“我们一切工作干部，不论职位高低，都是人民的勤务员，我们所做的一切，都是为人民服务”，[1]由此，“为人民服务”被确立为党员干部的宗旨。后来“为人民服务”还进一步被写入宪法，规定国家及其工作人员必须以此为工作宗旨。因为共产党是为民族和人民谋利益的政党，所以在他的心目中，人民群众有着极其重要的地位。人民群众是社会发展的真正动力，党要完成解放全人类的伟大历史使命就必须代表广大人民群众的利益。“为人民服务”是以建设廉洁的政治为出发点，以维护好人民群众的利益为归宿，这也是以毛泽东为核心的第一代领导集体廉政思想的核心。

在毛泽东看来，要真正实现廉政的价值追求，切实做到为人民服务，必须做好以下几个方面的工作：第一，广大党员干部必须密切联系群众，坚决反对任何形式的官僚主义。不管地位多高，官多大，都要密切联系群众，到群众中去学习，必须克服官僚主义这个密切联系群众的障碍。第二，要加强干部队伍建设，任人唯贤，选拔德才兼备人员担任领导干部。第三，严惩贪污腐败，奉行清廉勤政的作风。首先，依法从严治腐，对于违法乱纪者，毫不留情，对于那些罪大恶极的腐败分子，决不姑息，通过开展群众运动的方式来揭发各种贪污腐败现象。其次，加强教育，对广大党员开

---

〔1〕《毛泽东文集》第 3 卷，人民出版社 1996 年版，第 243 页。

展宗旨意识和理想信念的教育，把廉洁勤政视为国家公职人员起码的职业道德，使干部以廉为乐，激发干部发自内心的廉政动力。再次，要发扬人民群众的监督作用，使党和国家的机关及其工作人员不敢贪污腐化，以人民监督促进广大干部廉洁从政，服务于民。最后，毛泽东还号召广大的党员干部要以身作则、身体力行，树立廉洁清正、两袖清风的典范，始终把全心全意为人民服务作为各项工作的出发点，使“为人民服务”的价值观念深入到工作的各个方面，促进廉洁政治的建设。

（三）思想政治教育是廉政建设的重要思想武器

毛泽东十分重视思想政治教育，着重从思想上建设党。他指出：“政治工作是一切经济工作的生命线”，[1]教育广大党员干部廉洁从政，积极从思想上入党，这是毛泽东廉政思想的重要内容。毛泽东认为，依靠开展群众运动，是加强党员干部廉洁自律教育和进行反腐败斗争的有效策略，他一生领导党进行了三次大规模的整风运动，在一定程度上打击了贪污腐败现象，也使得广大党员干部的思想素质得到提高。毛泽东认为，如果不加强对党员的思想政治教育工作，党员干部就有思想腐化的可能，这也就难以避免腐败发生。因此，要防止党员干部腐化变质，就必须加强对他们的思想政治教育工作，让他们树立起廉洁自律的意识，树立起正确的人生观、价值观和权力观，保持优良的传统和作风，消除腐朽思想，在思想上筑起抵御腐败侵蚀的坚固防线。

（四）民主与监督是廉政建设的重要措施

毛泽东对各种腐败现象深恶痛绝，坚持严肃纪律，坚决同各种腐败现象作斗争。他汲取历史的教训，在治理腐败时充分依靠民主，民主是实现廉政的基本前提，这是毛泽东坚持马克思主义的唯物史观一贯立场在反腐倡廉建设中的表现。民主的内容包括党内民主和人民民主两个方面。毛泽东指出，必须在党内实行民主制，充分发挥全党的积极性，使全党团结得更加紧密，肃清宗派主义观念，锻炼出一大批素质强的干部队伍。毛泽东意识到要保持党和政府的廉洁，必须建立起有效的民主管理机制，建立起有民主又有集中的机制，形成生动活泼的政治局面，为反腐倡廉建设提供

---

[1]《十四大以来重要文献选编》（中），人民出版社1997年版，第1681页。

保障。同时党内党外都要过充分的民主生活，切实有效地实行民主制度，要让人民民主深入人心，只有充分依靠民主，通过建立和完善民主机制，才能有效地防止权力腐败行为。毛泽东十分重视对执政党的监督，这也是加强党风廉政建设和反腐倡廉工作的重要举措。[1]

综上所述，新中国成立后，特别是在社会主义改造与建设时期，党的第一代领导集体所开展的反腐廉政建设工作，清除了一批腐败分子，比如在“三反”运动中，查实贪污1000万元以上的共10万余人，贪污金额达6万亿元（旧币），判处有期徒刑的贪污犯9942人，判处无期徒刑的67人，判处死刑的42人，死缓9人。新中国建设初期制止了一些违法乱纪的腐败行为，密切了党群干群关系，这对于新生的人民政权的巩固，对于执政党队伍的纯洁等具有重要意义。

二、第二代领导集体的廉政观

十一届三中全会以后，全党的工作重心转移到经济建设上来，党中央作出了实行改革开放的历史性新决策。在这种新形势下，一些党员干部没有抵挡住拜金主义、享乐主义和极端个人主义等资产阶级腐朽思想的侵蚀，走上了腐化堕落之路，严重影响到了社会主义各项建设的顺利推进。我国廉政建设的任务很艰巨、矛盾突出，也出现了新的问题。在对待腐败的问题上，社会上有不少人把经济建设与廉政对立起来，把腐败现象的出现完全归因于改革开放，这不能不引起人们的深思。

以邓小平为核心的第二代领导集体的廉政思想就是在改革开放的廉政建设具体实践中逐渐形成的，是对马克思主义廉政思想的新发展，同时也是邓小平建设有中国特色的社会主义理论的有机组成部分和邓小平理论的重要组成部分，是指导中国人民进行改革开放建设和实现社会主义现代化的重要理论，具有重大的理论价值。邓小平同志从我国改革和经济建设的实际出发，全面总结了廉政建设和反腐败斗争的经验，从战略和全局的高度，深刻阐明了在今后相当长的时期内反腐败斗争的紧迫性和重要性，系统回答了在新的历史时期，进行廉政建设的一系列基本问题，形成了比较

[1] 廖斌：“马克思主义廉政思想中国化历程”，西南政法大学2014年硕士学位论文。

完备的廉政建设思想体系。

（一）“两手抓，两手都要硬”是廉政建设的总体方针

反腐倡廉是不同社会、不同经济发展水平国家共同面临的课题。从我国的现实情况来看，反腐败是为了政治稳定、经济发展、社会和谐的需要。以邓小平为核心的党的第二代领导集体严厉批判只抓经济建设，忽视反腐败工作的错误行为。并在此基础上创造性地提出了一手抓教育，一手抓法制；一手抓改革开放，一手抓惩治腐败；一手抓物质文明建设，一手抓精神文明建设等“两手抓，两手都要硬”的反腐斗争的总体方针，进而反复强调，在整个改革开放过程中都要反对腐败，越是改革开放，越要反对腐败。

（二）解放和发展生产力是廉政建设的首要出发点

从社会实践上看，解放和发展生产力是反腐败斗争和廉政建设的首要出发点。第一，腐败严重阻碍了社会生产力的发展。在“文化大革命”时期我国社会政治方面出现了严重的腐败情形。党中央拨乱反正挽救了我们的党和国家，但“文化大革命”遗留下来的政治、经济、组织、思想上的混乱还是极其严重的。在这种情形下，邓小平首先是从反对思想上的腐败开始，针对当时的混乱状况，实行了拨乱反正，使社会恢复正常，按照社会内在规律自然发展。邓小平认为，“文化大革命”后，我们社会的基本矛盾，“仍然是生产关系和生产力之间的矛盾，上层建筑和经济基础之间的矛盾”〔1〕。要解放和发展生产力，首先要解决好上层建筑的问题，其中最主要的是要解决人们的思想认识问题，特别是解决党政领导干部的认识问题，提高他们的认识水平。第二，解放和发展生产力迫切需要廉政建设和反腐败。社会主义之所以比资本主义优越，就在于它能更大范围地使生产力得到解放和发展。所有的腐败行为都不利于社会主义道路，都会危害，甚至葬送社会主义，直接削弱、甚至破坏社会主义的经济基础。反腐败和廉政建设就是为了更好坚持社会主义道路，为了解放和发展生产力。改革是推动生产力发展的直接动力。我国面临的生产力的落后状况，改革有其紧迫性，邓小平则从改革开放的现实出发指出，如果不进行改革，就有葬送社会主义和

〔1〕《邓小平文选》第2卷，人民出版社1994年版，第182页。

现代化建设的危险，改革势在必行。当然，改革也是深刻的社会政治、经济、文化的全方位、多层次的改革，会涉及社会生活的方方面面。腐败现象存在则是社会改革的障碍，不坚决反腐，就不能很好地解放和发展生产力。

（三）确保经济建设顺利进行是廉政建设的重要原则

随着党和国家的工作重心转移到了经济建设上来，“以经济建设为中心”成为各项工作的重要指导思想。保证经济建设的顺利进行，也就成为廉政建设和反腐败斗争的重要原则。腐败现象广泛存在于经济领域，这已是公认的事实。我国正处于经济转型期，容易诱发腐败。在这个转型的过程中，不可避免地会产生一些管理上的真空、漏洞，给腐败分子以可乘之机，容易诱发腐败的滋生和蔓延。腐败的发生严重危害着我国的经济发展，遏制腐败现象已经成为现阶段我国的一场严重的经济政治斗争。

邓小平认为，腐败现象给国家和社会的发展，带来的危害是多方面的。腐败扰乱了市场经济秩序，腐蚀了公有制经济基础，造成大量的国有资产流失，破坏了经济发展的大好环境，腐蚀市场规则，直接影响到改革开放和社会主义市场经济的发展。而社会主义市场经济是法制经济，腐败直接危害社会主义市场经济的建立。市场经济要健康的发展，必须建立起完备的法律体系，并且得到有效的实行。市场交易的规则，要求一切的交易活动公平公开，一切的交易活动在自愿、等价、互惠的基础上进行。然而腐败的介入破坏了经济秩序和市场机制，出现了垄断、欺诈、假冒伪劣等情形。因此，反腐败成为了经济建设顺利进行的保证。

（四）依靠人民群众是进行廉政建设最有效的方法

改革开放以来，反腐败斗争的形势依然十分严峻，反腐败斗争具有长期性，社会主义建设事业也遇到了多方困难，要解决这些突出的问题，“归根结底，只有相信群众，依靠群众，充分走群众路线，才能够得到解决”〔1〕，进而彻底取得反腐败斗争的胜利。任何腐败行为，比如挪用公款、以权谋私、贪污受贿等，都是以损害人民群众的利益为前提。如果不坚决反对腐败，共同富裕就有可能成为一句空话，还会造成社会的两极分化，甚至是导致

〔1〕《邓小平文选》第2卷，人民出版社1994年版，第230页。

改革的失败。人民群众为追求幸福的生活，为了社会主义的前途，必将起来反对腐败，要求党和政府采取强有力的措施惩治腐败。可以说，邓小平继承了毛泽东同志的群众观点，但是与毛泽东经常发动大规模的群众运动不同，他并不赞成这种利用群众运动的方式。他说："用大搞群众运动的方法……而不是用扎扎实实、稳步前进的办法，去解决现行制度的改革和新制度的建立问题，从来都是不成功的。"〔1〕他认为，通过搞群众运动的方式来反腐，不能够持久坚持，而且容易犯扩大化的错误，甚至会破坏社会秩序，造成政治局面的动荡。但是，不搞群众运动，并不代表他放弃了群众路线，邓小平指出："党的组织、党和党的干部，必须同群众打成一片，绝对不能同群众相对立，如果哪个党组织严重脱离群众而不能坚决改正，那就丧失了力量的源泉，就一定会失败，就会被人民抛弃。"〔2〕在廉政建设中，邓小平十分重视调动广大人民群众的积极性，加强群众的监督作用，密切联系群众，使廉政建设获得源源不断的群众力量。

（五）加强法制，通过制度、体制改革遏制腐败是廉政建设的重要手段

在新的历史条件下，邓小平在总结改革开放的基础上，提出来了要完善法制，把廉政建设纳入法制化、制度化的轨道，"廉政建设要作为大事来抓。还是要靠法制，搞法制靠得住些"〔3〕。邓小平十分重视法制对于反腐败的作用，他强调加强法制首先要完善立法，做到有法可依，"法律条文开始可以粗一点，逐步完善。有的法规可以先试搞，然后经过总结提高，制定全国通行的法律。修改补充法律，成熟一条就修改补充一条，不要等待'成套设备'。总之，有比没有好，快搞比慢搞好"。〔4〕其次要严格地执行法律，使法的威力得以实现。要做到严格执法，必须有制度上的保证，要不断提高从业人员的业务素质和作风，同时强调要严惩高级干部。最后要树立严厉处罚的旗帜，"不管牵涉到谁，都要按照党纪、国法查处"，〔5〕震慑腐败分子，切实打击和遏制腐败分子的嚣张气焰。据统计，从 1982 年 4

---

〔1〕《邓小平文选》第 2 卷，人民出版社 1994 年版，第 336 页。

〔2〕《邓小平文选》第 2 卷，人民出版社 1994 年版，第 368 页。

〔3〕《邓小平文选》第 3 卷，人民出版社 1993 年版，第 379 页。

〔4〕《邓小平文选》第 2 卷，人民出版社 1994 年版，第 147 页。

〔5〕《邓小平文选》第 3 卷，人民出版社 1993 年版，第 152 页。

月至1983年4月底，全国已揭露出并依据党纪国法立案审查各类经济犯罪案件共19.2万件，全国投案自首、坦白交代各种经济犯罪问题的共2.4万人。有8500多名党员被开除党籍，近3万人被判刑。另据统计，在1982年到1986年严厉打击经济犯罪斗争中，全国各级法院共受理经济犯罪案件约26万件，此间共判处经济罪犯31.3万人。1986年全国法院已判处的严重经济犯罪分子中，处10年以上有期徒刑、无期徒刑直至死刑的，比1985年增加了56.23%。

改革开放之初，以邓小平为核心的党的第二代中央领导集体就意识到领导、组织制度、体制在反腐廉政建设中的重要作用。在干部组织制度上，废除领导职务终身制，使党政机关等公共机构的工作职责、权限范围及公职人员的选拔、考核、任免、培训等制度都有明确规范。在干部人事制度方面，精兵简政，提高工作效率。在党的领导方式上，实行党企分开、党政分开和政企分开，防止以党代政、政企不分和党政干部经商办企业等现象发生，避免公务员利用企业贪污收贿，假公济私。此外，在监督体制方面，党的第二代中央领导集体在恢复重建"文革"期间被取消的行政监督、检察监督的基础上，强化党内监督、人大监督、民主党派监督、舆论监督等多种监督机制。

三、第三代领导集体的廉政观

以江泽民为核心的第三代领导集体以马克思主义与时俱进的科学态度，结合时代特征和中国社会主义建设的实际，对马克思主义廉政思想进行了深化与推进，为马克思主义的廉政思想宝库增添了崭新的内容，使我们党对反腐倡廉在理论认识上达到了一个新的历史高度。党的十三届四中全会以来，以江泽民为核心的第三代党中央领导集体，积极应对国际环境、国内条件以及执政党自身状况发生的深刻变化所带来的各种考验和挑战，坚持与时俱进、开拓创新，结合新时期反腐倡廉工作的要求，不断推进廉政理论创新，深入解答了在新的历史条件下如何搞好党风廉政建设的一系列基本问题，形成了比较完备的党风廉政思想体系。

（一）指出了我国反腐倡廉建设的必要性和重要性

江泽民同志强调，全党一项重要的政治任务就是加强和完善反腐倡廉建设。如果抓不好反腐倡廉建设，就不能顺利实现有中国特色的社会主义。如果不坚决惩治腐败，就会严重损害党同人民群众的血肉联系，就有可能丧失党的执政地位，党有可能最终走向灭亡。因此，中国共产党要想长期执政，就必须十分注重防范各种腐朽思想的侵蚀，保证党员队伍的纯洁。江泽民同志反复强调在实行改革开放和社会主义现代化建设的同时，一定要高度重视做好反腐倡廉工作。由于我国正处于社会主义初级阶段，生产力水平、科技发展水平都很低，许多法规制度也不完善，再加上封建主义消极思想和资本主义腐朽思想的入侵，使得一些党员干部同志，经受不住权力、金钱、美色的诱惑，陷入了腐败的漩涡。江泽民同志正是在分析了当前反腐败斗争严峻形势的基础上，揭示了反腐倡廉建设对于中国共产党的极端重要性。我们必须旗帜鲜明、态度坚决地反对腐败，必须长期做好反腐败工作。只有这样，我们的改革开放和现代化建设才有坚强的政治保证，我们的党才不会走到亡党的邪路上。可见，党的第三代领导集体准确判断了我国的反腐倡廉形势，高度关注了我国的反腐倡廉建设。

（二）把“三个代表”重要思想作为廉政建设的工作方向

“三个代表”重要思想，是江泽民在坚持马克思主义理论的指导下，在不断总结党的革命和建设实践经验的基础上，根据国际国内新形势和社会主义现代化建设的新问题、新任务，做出的科学论断，具有很强的理论性、实践性和鲜明的时代特征，从根本上进一步回答了在充满希望与挑战的21世纪要把我们党建设成为什么样的党和怎样建设党的问题。2000年2月25日，江泽民同志在广东省考察工作时，首次比较全面地阐述“三个代表”重要思想。它是对马克思主义建党学说的新发展，是开展廉政建设和反腐败斗争的强大思想武器，为新时期党风廉政建设工作指明了方向。

江泽民科学地阐述了“三个代表”重要思想的理论内涵，并指出，我们党“总是代表着中国先进生产力的发展要求，代表着中国先进文化的前进方向，代表着中国最广大人民的根本利益”〔1〕，这是我们党在各个时期，取得胜利和赢得人民的拥护的重要法宝。首先，我们党始终代表着先进社会生产力的发展要求，这要求廉政建设必须坚持以经济建设为中心，

〔1〕《江泽民文选》第3卷，人民出版社2006年版，第2页。

始终把发展社会生产力作为根本任务放在首要地位，这也是党的基本路线的核心。其次，党始终代表先进文化的前进方向，廉政建设必须符合科学的社会主义文化的要求，培育积极的政风民风。腐败现象的存在，败坏了政风民风，阻碍了社会主义文化的进步和发展。再次，党始终代表最广大人民的根本利益，廉政建设要以维护最广大人民的利益作为根本出发点。各种腐败现象的存在，如官僚主义、特权主义、形式主义以及贪污受贿极大地损害了人民群众的利益，破坏党和人民群众的血肉联系。江泽民指出，“党的一切工作，必须以最广大人民的根本利益为最高标准”〔1〕，要深入群众，依靠群众，倾听群众的呼声，问计于民，各项工作和政策都要符合人民的利益，保证人民当家作主，提高人民进行社会主义事业建设的积极性。因此，我们党必须按照“三个代表”重要思想作为新时期加强党风廉政建设的工作方向，始终保持党的先进性，培养民主平等、依法办事的政风民风，调动一切积极因素，不断开创社会主义现代化建设的新局面。

（三）部署了反腐败廉政建设的三项工作格局

江泽民深入分析了改革开放和社会主义市场经济条件下的党风廉政建设和反腐败斗争，阐明了做好三项工作是开展反腐败斗争的关键。一是各级领导干部要带头廉洁自律。主要包括三个方面的内容：首先，各级领导干部要严于律己，廉政勤政，做好廉洁的表率。其次，各级领导干部要严格要求自己的家属子女和身边工作人员，对他们要经常进行思想政治教育。发现有违纪违法现象，要及时制止并向组织汇报，绝不袒护。最后，党员领导干部要积极地开展批评与自我批评，做到“吾日三省吾身”。二是集中力量查办一批大案要案。江泽民认为查办大案要案主要涉及两个方面：一方面对党内腐败现象的查处要加大力度。他指出要对党政机关、司法部门、行政执法部门和经济管理部门工作人员的违法犯罪行为重点查办，集中力量查办。另一方面对腐败现象易发多发领域要进行专项治理。他强调要组织力量对腐败现象易发多发的金融、证券、房地产、司法等领域进行执法监察和专项检查。发现违纪违法的，不管涉及到谁，都要一查到底。三是解决本地区本部门本单位的突出问题。首先，要求各部门要找出自身存在

〔1〕《江泽民文选》第3卷，人民出版社2006年版，第280页。

的问题。江泽民指出，各级党委要结合本地区本部门的实际情况，抓紧解决那些不适应改革和发展的新形势和新任务、不符合人民群众的意愿和要求的突出问题。其次，要敢于处理群众反映强烈的问题。“对涉及面广、危害性大、群众反映强烈的问题，要形成必要的声势，进行专门整治，一个问题一个问题地解决。纠正不正之风，要敢于动真格的。不敢抓、不敢管、不敢碰硬，好人主义盛行，不可能取得好的效果。”〔1〕最后，对深层次的问题要循序渐进。“反腐败不可能毕其功于一役，要一个问题一个问题地解决，一个案子一个案子去查处，一步一步地引向深入。”〔2〕

（四）确立了反腐败领导体制和工作机制

反腐败领导体制和工作机制是江泽民在党的十五大确立的，他指出，反腐败斗争要坚持党委统一领导，党政齐抓共管，纪委组织协调，部门各负其责，依靠群众的支持和参与。这一机制的确立为我们深入开展反腐败斗争提供了组织保障。党委统一领导是全党反腐败斗争顺利实现的保障。只有坚持这一领导，才能保证反腐倡廉建设沿着正确的方向前进，才能确保决策的贯彻落实。各级党委必须把反腐倡廉建设作为关系党和国家前途命运的大事来抓，必须把党风廉政建设和反腐败工作融入党委工作的整体格局中去。党政齐抓共管是推进反腐败斗争的关键。在我国政治体制中，党委是领导机关，政府是行政管理机关，而现今的腐败现象，主要就发生在这两个部门。只要党委、政府带头反腐，齐心协力联合管理，必定会形成强大的反腐力量，从而有效清除腐败现象。纪委组织协调是抓好反腐败斗争的客观需要。党委、政府属于两个部门，要开展反腐倡廉工作，必须要有一个专门机构来组织协调。这个机构就是党的监督机关——纪律检查委员会。部门各负其责是抓好反腐败斗争的重要方面。各个职能部门要按照管好班子、带好队伍、管住系统、堵住源头、解决问题的思路，各司其职，各负其责，刹住腐败之风，惩治违法乱纪，坚持标本兼治，从而在本部门营造出风清气正的良好风气。依靠群众的支持和参与是反腐倡廉建设的可靠基础。依靠群众的支持和参与不是像过去一样搞群众运动，而是让

〔1〕江泽民：《论党的建设》，中央文献出版社 2001 年版，第 546 页。

〔2〕江泽民：《论党的建设》，中央文献出版社 2001 年版，第 546 页。

群众充分发挥民主权力，让群众通过各种渠道进行反腐。

（五）制定了反腐败的基本方针

针对反腐败斗争出现的新情况、新问题，江泽民同志指出，反腐败斗争必须紧紧围绕经济建设这个中心，服从和服务于全党全国的工作大局。明确提出了“反腐倡廉，既要治标，更要治本”和“反腐败斗争应该逐步加大治本的工作力度，努力从源头上预防和治理腐败现象”的新要求。在中央纪委第八次全会上，他提出了“教育是基础，法制是保证，监督是关键，通过深化改革，不断铲除腐败现象滋生蔓延的土壤”这一预防和治理腐败的基本思路。在党的十六大报告中，江泽民同志再次阐述和强调了标本兼治、综合治理的方针。〔1〕

（六）强调了开展广泛的国际合作的重要性

随着全球化进程的加快，腐败行为也出现了跨国化的发展趋势，贪官携款逃往国外的现象日渐加剧。世界各国已经充分意识到腐败不再是某一个国家的内部事情，而是世界各国共同关心的话题。作为负责任的大国，我国提出了开展反腐败国际合作的原则：相互尊重主权，平等互利；承认和尊重各国不同的国情及由此产生的反腐败斗争的特殊性，反腐败体制和机制应当与各国实际相适应；合作要循序渐进，注重实际成效，重点加强司法协助、引渡、追缴和返还腐败资产等方面的有效合作。这三点原则受到了国际社会的高度赞赏，对消除分歧、促进合作起到了积极作用。

总之，第三代领导集体探索出一条适合我国现阶段基本国情的有效开展反腐倡廉的路子。其在深入推进反腐倡廉建设方面做出了独特的贡献，无论是思想理论上，还是在具体实践中，都以锲而不舍的精神进行了艰辛探索，形成了符合时代发展要求的反腐倡廉建设思想。国际社会对我国反腐败和廉政建设所取得的巨大成就也给予了积极评价。

四、以胡锦涛为核心的领导集体的廉政观

党的十六大以来，中国特色社会主义事业发展到了新的历史时期，以

〔1〕 马晓艳：“十六大以来中国共产党反腐倡廉思想的新发展”，江西师范大学2014年硕士学位论文。

胡锦涛同志为核心的党中央领导集体立足于国情现实，科学判断形势，在总结前人反腐倡廉经验的基础上，提出了一系列在廉政建设方面的新思想和新举措。

胡锦涛反腐倡廉思想是马克思主义反腐倡廉思想在新时期同中国实际相结合的产物，是对党的三代中央领导集体反腐倡廉思想的继承和发展，也标志着我们党对廉政建设规律认识的进一步深化创新和科学发展，标志着有中国特色的反腐倡廉理论体系逐渐形成和完善。胡锦涛十分重视廉政建设和反腐败斗争，并指出全党同志务必牢固树立科学发展观，以求真务实的精神推进反腐倡廉工作。同时，胡锦涛还积极从理论和实践上对廉政建设进行探索创新，并指出，反腐倡廉关系到党的执政能力的建设，要切实做好保持党的纯洁性工作，深入贯彻落实以人为本、执政为民的理念，建设公平正义、政治清明的社会主义和谐社会。

（一）把以人为本、执政为民作为廉政建设的重要理念

以人为本、执政为民是中国共产党的一贯的政治主张和执政理念，是马克思主义执政党的本质要求和生命的根基，也是党的性质和宗旨的集中体现。人民群众是历史的创造者，廉政建设和反腐败斗争依靠人民群众的支持，维护人民群众的利益，充分发挥人民在反腐倡廉建设中的积极性。胡锦涛同志指出："党风廉政建设和反腐败斗争贯彻以人为本、执政为民，……把实现好、维护好、发展好最广大人民根本利益作为一切工作的出发点和落脚点，认真解决损害群众利益的突出问题和反腐倡廉建设中群众反映强烈的突出问题，……保持党同人民群众的血肉联系；……充分发挥人民群众在党风廉政建设和反腐败斗争中的积极作用，……以党风廉政建设和反腐败斗争的实际成效取信于民。"〔1〕胡锦涛科学系统地阐述了以人为本、执政为民对于廉政建设的重要性，同时以人为本、执政为民的理念也对新形势下反腐倡廉工作提出了新的内涵和要求。强调在社会主义现代化建设新的历史条件下，我们必须牢固树立以人为本、执政为民的理念，扎实推进廉政建设和反腐败斗争，坚持群众路线，关心群众，把维护好人民群众的利益作

---

〔1〕胡锦涛："在十七届中央纪委六次全会上的讲话"，载《人民日报》2011年1月11日，第1版。

为反腐倡廉工作的重要出发点和落脚点。

（二）把科学发展观贯穿于廉政建设的整个过程

科学发展观，是以胡锦涛为核心的中央领导集体，在准确把握世界发展趋势、认真总结我国社会主义建设和发展的经验、深入分析当今我国社会发展特征的基础上提出的重大战略思想。腐败是政治、经济、文化发展不充分的产物，我国正处于社会主义发展的关键时期，“要实现全面建设小康社会的奋斗目标，开创中国特色社会主义事业新局面，必须坚持贯彻‘三个代表’重要思想和十六大精神，牢固树立和认真落实以人为本，全面、协调、可持续的发展观，切实抓好发展这个党执政兴国的第一要务。”〔1〕

科学发展观是新时期马克思主义理论发展的最新成果。我们要深刻理解科学发展观和廉政建设工作的内在联系，牢固树立和落实科学发展观，正确运用科学发展观指导廉政建设和反腐败斗争，应该切实做好以下几个方面：首先，坚持与时俱进，用马克思主义中国化的最新成果指导实践，不断开拓社会主义事业发展的新局面。廉政建设的工作要时刻关注发展的宏观走向，深刻了解国内外的形势变化，给反腐工作准确定位。其次，要坚持抓好发展这个党执政兴国的第一要务，要把反腐败斗争和廉政建设寓于各项重要政策和措施当中，努力服务于发展，促进全面发展。正确处理好改革与发展的关系，不断开拓发展思路，推动社会主义物质文明、政治文明、精神文明的协调发展。再次，必须坚持立党为公、执政为民，把广大人民的根本利益作为廉政建设的出发点和落脚点。最后，坚持民主执政、依法行政，把加强教育、完善法制、强化监督制度等措施结合起来，切实解决人民群众反映的突出的腐败问题；坚持科学执政，努力实现可持续发展，将反腐倡廉建设贯穿于社会主义建设的各个领域，因地制宜地把科学发展观贯穿于各方面工作中去，更好地完成新时期我们肩负的历史任务。

（三）坚持惩治和预防并重，建立健全惩治和预防腐败体系

在新历史条件下，以胡锦涛同志为总书记的党中央第四代领导集体进

---

〔1〕 胡锦涛：“在中央人口资源环境工作座谈会上的讲话”，载《人民日报》2004年4月5日，第2版。

一步加大了反腐败斗争的工作力度，对廉政建设和反腐败工作做出了一系列新的部署，提出要“建立健全与社会主义市场经济体制相适应的教育、制度、监督并重的惩治和预防腐败体系”[1]。胡锦涛也进一步深化了反腐败斗争的策略，在继承江泽民廉政思想的基础上，提出了惩治和预防两手都要抓的方针，“要坚持治标和治本、惩治和预防两手抓、两手都要硬，惩治于已然，防患于未然，努力把腐败现象减少到最低程度。”[2]在党的十六届四中全会上，胡锦涛同志进一步提出了“标本兼治、综合治理、惩防并举、注重预防”[3]的十六字方针。

廉政建设和反腐败斗争是社会主义政治文明的重要切入点，要不断推动惩治和预防腐败体系的完善，以制度的进步和体系的完善来控制腐败现象的发生，进而实现在腐败方面标本兼治。在治标方面，加大对腐败的惩处力度，严厉惩治腐败发生，依法严惩任何形式的腐败现象，形成“不敢腐”的惩治机制，从而维护人民群众的利益。在治本方面，不断推进预防腐败体系的建设和完善，加大源头治理，形成“不易腐”的防范机制。在治本方面，胡锦涛强调还需做好以下几个方面的工作：首先要加强廉政教育和宣传，筑牢拒腐防变的思想防线，思想教育还要和法制教育相结合，让社会形成良好的政风民风。其次，要不断完善反腐倡廉的制度体系，推进源头治理的制度创新，将教育、监督和惩治腐败纳入制度化的轨道，形成一套完善的反腐倡廉体系。再次，加强对权力运行的监督和制约，要综合运用党内监督、国家专门机关监督、群众监督和舆论监督等多种形式，加强对权力科学严密地监督和制约，从而确保权力的正确运行。最后，要把治标和治本结合起来，“治标和治本，是反腐倡廉相辅相成、相互促进的两个方面。只有抓紧治标，严惩各种腐败行为，有效抑制腐败分子的猖獗活动，才能为治本创造前提条件。只有抓好治本，从源头上不断铲除腐败滋生蔓延的土壤，才能巩固和发展反腐败取得的成果，从根本上解决腐败

[1]《建立健全惩治和预防腐败体系若干重大课题解读》，新华出版社2005年版，第1页。

[2] 胡锦涛：“在十七届中央纪委二次全会上的讲话”，载《人民日报》2008年1月16日，第1版。

[3] 中共中央文献研究室：《十六大以来重要文献选编》（中），中央文献出版社2006年版，第252页。

问题,”〔1〕构建严密的反腐败机制，从而真正实现对腐败现象的标本兼治。

(四) 弘扬求真务实精神，加强党风廉政建设

党风廉政建设和反腐败斗争，关系到执政党的形象，也关系到执政党的人心背向和死生存亡。党的十六大以来，以胡锦涛同志为总书记的党中央，不断推进反腐败斗争和廉政建设工作，着眼于党和国家发展的新的战略高度，要求全党同志要大力弘扬求真务实的精神，树立正确的政绩观，坚持“两个务必”，树立清正廉洁的作风，加快推进社会主义各项事业又好又快的发展。求真务实精神的提出，是对我党思想路线的丰富和发展，也是我们党一贯倡导的主张。因此，大力弘扬求真务实的精神，将求真务实之风贯穿与整个反腐倡廉的工作中，具有十分重要的历史意义和现实意义。〔2〕

(五) 加强廉政文化建设，完善反腐倡廉制度体系

胡锦涛同志在注重拒腐防变教育机制的同时，更为关注廉政文化建设。可以说，加强廉政文化建设是新时期反腐倡廉思想对历史上反腐倡廉教育思想的一次重大超越。2009 年 12 月印发的《关于加强廉政文化建设的意见》，进一步提出推动廉政文化建设深入社会领域、加强各类基层廉政文化建设阵地、推动廉政文化产品的创作生产、加大廉政文化传播力度、加强廉政文化理论研究等具体要求。此外，以胡锦涛总书记为核心的党中央领导集体提出要建立健全惩治与预防腐败体系，其本质是一个完善的反腐倡廉制度体系，将教育、监督和惩治纳入制度化轨道。只有加强廉政法制建设，才能真正形成用制度规范从政行为、按制度办事、靠制度管人的有效机制，保证党政干部廉洁从政。

总之，胡锦涛反腐倡廉建设思想是一个完整严密的思想逻辑体系，内涵丰富，立意深邃，概括精辟，理念科学，具有鲜明的时代特征，具有强烈的现实针对性和实际操作性。胡锦涛廉政思想既有对党的三代领导集体的继承，又有对他们廉政思想的大胆创新与发展，同时更是我们党党风廉政建设

〔1〕 中共中央文献研究室:《十六大以来重要文献选编》(中)，中央文献出版社 2006 年版，第 596 页。

〔2〕 廖斌:“马克思主义廉政思想中国化历程”，西南政法大学 2014 年硕士学位论文。

的深刻思考和科学总结。因此，这一思想有利于全面推进我国反腐倡廉建设的深入开展。

五、以习近平为核心的领导集体的廉政观

习近平同志在其从政历程中，始终高度重视廉政建设问题，尤其是成为党的总书记以来，他以极大的精力抓反腐倡廉建设，提出了一系列重要思想和论断。党的十八大以来，习近平充分认识了反腐倡廉面临的严峻挑战，在关于党风廉政建设和反腐败工作的一系列重要论述中，提出了许多新思想、新观点、新论断、新要求，丰富和发展了马克思主义党的建设理论。

（一）思想理论渊源和实践基础

1. 中国优秀传统文化宝库中的廉政思想是习近平廉政观的重要理论来源

我国优秀传统文化资源博大精深，涵盖各个领域各个方面，古代廉政思想是其重要的组成部分。先秦儒家创立了以伦理为核心的廉政思想，墨家提出了以俭政和节用为命题的廉政思想，法家提出了法制为核心的廉政思想。习近平注重在反腐倡廉、群众路线等方面向古人借鉴智慧，新一届中央政治局专门就学习借鉴我国历史上的反腐倡廉问题进行第五次集体学习，强调要积极借鉴我国历史上反腐倡廉的宝贵遗产。他告诫全党“物必先腐，而后虫生”“蠹众而木折，隙大而墙坏”的道理，要求党员干部要“见善如不及，见不善如探汤”，以猛药去疴、重典治乱的斗志，以刮骨疗毒、壮士断腕的勇气，以踏石留印、抓铁有痕的坚强决心坚决反对腐败，坚持老虎、苍蝇一起打。习近平同志批判地继承和发展了我国优秀传统文化宝库中的廉政思想，深刻汲取了治国理政的历史经验教训，并赋予廉政思想以全新的理论内涵。

2. 人民群众的期盼是习近平廉政文化观形成的思想根源

习近平同志具有浓厚的群众情结，从农村插队起，就与老百姓同生活共劳动，与老百姓为师为友，把自己置身于老百姓中，在老百姓的培养下加入党组织，在老百姓的支持下一步一步成长进步。习近平始终相信办法就在群众中，坚持深入基层，深入群众，拜群众为师，深入调查研究，在

与群众的广泛深入接触中，习近平逐步形成了朴素的群众廉政观。他倡导紧紧依靠群众力量，解决群众身边的不正之风和腐败问题，坚持从群众中来到群众中去，一切相信群众，一切依靠群众，一切为了群众的工作方法和路子，始终与广大人民群众同呼吸、共命运、心连心，不断将党风廉政建设和反腐败斗争引向深入；坚定不移地走群众路线，进行以为民务实清廉为主要内容的党的群众路线教育实践活动，着力解决人民群众反映强烈的突出问题，始终保持党同人民群众的血肉联系；强调真抓实干，进一步转变工作作风，告诫全党牢记并恪守全心全意为人民服务的根本宗旨，以优良作风紧紧凝聚党心民心，扎实推进作风建设，有力促进党风政风好转，带动民风社风转变；始终尊重广大人民群众的主体地位和首创精神，在虚心请教中、广泛实践中汲取群众智慧，借力群众智慧扎实开展反腐工作，不断提高反腐倡廉建设的科学化水平。

3. 习近平丰富的人生阅历和从政实践是其廉政文化观形成的实践基础

习近平同志从农村插队当村党支部书记，到县委副书记、省委书记、中央书记处书记，最后成长为党的总书记，人生阅历十分丰富。从陕西到北京，从河北到福建，从浙江到上海，从西部贫困落后地区到国家政治文化中心，从西部欠发达地方到沿海发达地区，习近平从政经历遍及全国各地，积累了丰富的领导工作经验。在各地主政期间，习近平以极大的精力抓反腐倡廉建设。在河北正定，主持出台了《关于改进领导作风的几项规定》，强调领导干部要以身作则，严于律己，清正廉明，不以权谋私，不搞特殊化，对各种不正之风要坚持原则，敢问、敢顶、敢管，敢于碰硬。在福建宁德，他铁腕治吏，极力清除“摆在马路边的腐败”，敢于碰硬，敢攻难点，抓反面典型，拔钉子户。在浙江，他在浙江日报头版“之江新语”专栏发表多篇涉及廉洁和反腐的短评，如“对腐败多发领域要加强防范”“关口前移，惩防并举”“莫把制度当‘稻草人’摆设”、“要‘干事’，更要‘干净’”〔1〕，等等。在上海，他全力推进反腐倡廉建设，告诫领导干部要以“君子检身，常若有过”的态度，做到六个“始终不忘”，确保“大道”不偏离，“小节”不丧失，做到“心不动于微利之诱，目不眩于五色之

〔1〕 习近平：《之江新语》，浙江人民出版社2007年版。

惑”，切实过好思想关、权力关、社会关、亲属关和生活关，始终保持高尚的气节和情操。接任党的总书记以来，更是纲举目张、高调反腐，给民众树立了信心，让人民看到了党和国家的希望。[1]

习近平同志在几十年的身体力行和从政实践过程中，对廉政建设问题进行了长期有益的探索与思考，积累了相当丰富的廉政经验，为其廉政观的形成奠定了雄厚的实践基础。

（二）主要内容

1. 党风廉政建设关系党和国家的生死存亡

习近平总书记指出：“我们党把党风廉政建设和反腐败斗争提到关系党和国家生死存亡的高度来认识，是深刻总结了古今中外的历史教训的。核心的问题是党要始终紧紧依靠人民，始终保持同人民群众的血肉联系，一刻也不脱离群众。要做到这一点，就必须下最大气力解决好消极腐败问题，确保党始终同人民心连心、同呼吸、共命运。”[2]以史为鉴知兴替。历史是一面镜子，也是一本教科书。在中国历史上，失民心者失天下的例子很多。有的王朝骤兴迅亡，有的盛极而衰，结局都是人亡政息。在决定政权存亡、国家兴衰的诸多因素中，最重要的一条就是人心向背。许多毁朝亡国的教训就在于，统治阶级得天下之后骄横奢华，腐败泛滥无视民众疾苦，甚至欺压百姓，最终失掉民心，走向灭亡。

2. 抓好“八项规定”的贯彻落实

中共十八大闭幕不久，习近平总书记就主持召开中央政治局会议，作出了《关于改进工作作风、密切联系群众的八项规定》，他强调指出：“工作作风上的问题绝对不是小事，如果不坚决纠正不良风气，任其发展下去，就会像一座无形的墙把我们党和人民群众隔开，我们党就会失去根基、失去血脉、失去力量。”[3]党的作风是党的内在精神，整体素质，政治倾向

---

〔1〕 商植桐、王涛、张红建：“试析习近平的廉政观”，载《中共银川市委党校学报》2014年第4期。

〔2〕 习近平：“积极借鉴我国历史上优秀廉政文化，不断提高拒腐防变和抵御风险能力”，载《人民日报》2013年4月21日，第1版。

〔3〕 习近平：“在中共十八届中央纪律检查委员会第二次全体会议上的讲话”，载《人民日报》2013年1月23日，第1版。

和纪律规范的体现和反映。作风的状态，能够显示出党的路线、纲领、方针、政策实行的情况。人民群众往往据此对一个政党做出评价和鉴定，特别是在执政的条件下，党的作风状况如何关系极大，作风不正，就会失去人民的信任和支持，导致人亡政息。只有搞好党风，才能转变社会风气，巩固党的执政地位。因此，习近平总书记指出："中央提出抓作风建设，反对形式主义、官僚主义、享乐主义，反对奢靡之风，就是提出了一个抓反腐倡廉建设的着力点，提出了一个夯实党执政的群众基础的切入点。全党同志一定要从这样的政治高度来认识这个问题，从思想上警醒起来，牢记'两个务必'，坚定不移转变作风，坚定不移反对腐败。"〔1〕他还进一步指出："作风是否确实好转，要以人民满意为标准。要广泛听取群众意见和建议，自觉接受群众评议和社会监督。群众不满意的地方就要及时整改。要加大检查监督力度，执好纪、问好责、把好关。作风问题具有反复性和顽固性，不可能一蹴而就、毕其功于一役，更不能一阵风、刮一下就停，必须经常抓、长期抓，常抓不懈，在改进作风上立新规、动真格、求实效、防反弹，要以踏石留印、抓铁有痕的劲头抓好。八项规定的落实，善始善终、善作善成，防止虎头蛇尾，让全党全体人民来监督，让人民群众不断看到实实在在的成效和变化。"〔2〕

3. 坚持"老虎""苍蝇"一起打

习近平总书记指出："坚定不移惩治腐败，是我们党有力量的表现，也是全党同志和广大群众的共同愿望。我们党严肃查处一些党员干部包括高级干部严重违纪问题的坚强决心和鲜明态度，向全党全社会表明，我们所说的不论什么人，不论其职务多高，只要触犯了党纪国法，都要受到严肃追究和严厉惩处，决不是一句空话。从严治党，惩治这一手决不能放松，要坚持'老虎''苍蝇'一起打，既坚决查处领导干部违纪违法案件，又切实解决发生在群众身边的不正之风和腐败问题。要坚持党纪国法面前没有例

〔1〕 习近平："在中共十八届中央政治局第五次集体学习时的讲话"，载《人民日报》2013年4月21日，第1版。

〔2〕 习近平："在中共十八届中央纪律检查委员会第二次全体会议上的讲话"，载《人民日报》2013年1月23日，第1版。

外，不管涉及到谁，都要一查到底，决不姑息。"[1]必须坚持"老虎""苍蝇"一起打，因为发生在领导干部中的腐败大案、要案影响极其恶劣，造成巨大损失，必须严格查处，绝不放过，应当成为查处的重点；反过来说，发生在人民群众身边的腐败，一些普通干部中的腐败，一些小的案子，同样损害人民群众的利益，违背党纪国法。从这个意义上讲，"老虎""苍蝇"在性质上是完全一样的。

4. 加强对党员干部的理想教育

习近平总书记指出："坚定理想信念，坚守共产党人精神追求，始终是共产党人安身立命的根本。对马克思主义的信仰，对社会主义和共产主义的信念，是共产党人的政治灵魂，是共产党人经受住任何考验的精神支柱。形象地说，理想信念就是共产党人精神上的'钙'，没有理想信念，理想信念不坚定，精神上就会'缺钙'，就会得'软骨病'。现实生活中，一些党员干部出这样那样的问题，说到底是信仰迷茫、精神迷失，广大党员干部必须深入学习实践中国特色社会主义理论体系，讲党性、重品行、作表率，矢志不渝为实现中国特色社会主义共同理想而奋斗。"[2]这些话形象生动，针对性很强，一语中的。他还指出，共产党人要有革命理想高于天的精神，始终把思想防线筑得牢牢的，始终保持共产党人的蓬勃朝气、昂扬锐气、浩然正气。共产主义理想是工人阶级及其政党以实现共产主义为基本内容的奋斗目标，是共产党人的最高理想。科学信仰是共产党人精神家园的光辉旗帜，"行源于心，力源于志"理想信念是一个人的生存之本，是一个人的精神支柱，也是力量源泉。我们的革命前辈，在敌人酷刑面前不怕死，忍受着常人难以想象的痛苦，是什么在支撑着？就是为共产主义奋斗终生的信仰在支撑着他们。在长期的革命斗争中，他们克服了常人难以想象的艰难困苦，甚至是生死考验，靠的就是信仰。这就是他们力量的源泉。

5. 反对特权思想

习近平总书记指出："反腐倡廉建设，必须反对特权思想、特权现象。

---

[1] 习近平："在中共十八届中央纪律检查委员会第二次全体会议上的讲话"，载《人民日报》2013年1月23日，第1版。

[2] 习近平："在中共十八届中央政治局第一次集体学习时的讲话"，载《人民日报》2012年11月19日，第1版。

共产党员永远是劳动人民的普通一员，除了法律和政策规定范围内的个人利益和工作职权以外，所有共产党员都不得谋求任何私利和特权。这个问题不仅是党风廉政建设的重要内容，而且是涉及党和国家能不能永葆生机活力的大问题。要采取得力措施，坚决反对和克服特权思想、特权现象。反腐倡廉建设，必须反对特权思想、特权现象。”[1]我国是一个封建社会历史很长的国家，封建等级观念和特权思想具有深厚的历史根源和社会土壤，已经渗透于人们观念意识的深处。虽然社会主义制度的建立，清除了封建腐朽思想的政治根源和制度基础，但是封建腐朽的意识形态不可能随着社会制度的更替而自然而然地退出历史舞台，依然会在一段时间里遗留在人们的思想观念意识之中，反映在经济、政治、文化和社会生活之中，影响着人们的言论行动。习近平总书记对封建特权思想、特权现象在现实生活中的种种表现和严重危害性作了鞭辟入里的深刻剖析。他把这一问题不仅仅是当作党风廉政建设的重要内容来看待，而且把它上升到关系党和国家能不能永葆生机活力的大问题来认识。

6. 严格执行党的纪律

习近平总书记指出：“我们党是靠革命理想和铁的纪律组织起来的马克思主义政党，纪律严明是党的光荣传统和独特优势。党面临的形势越复杂，肩负的任务越艰巨，就越要加强纪律建设，越要维护党的团结统一，确保全党统一意志、统一行动、步调一致前进。”[2]“遵守党的纪律是无条件的，要说到做到，有纪必执，有违必查，不能把纪律作为一个软约束或是束之高阁的一纸空文。”[3]严格遵守党的纪律，首先是必须严格遵守党的政治纪律。政治纪律是维护党的政治方向。政治原则的纪律，是党的纪律中最重要、最核心的纪律。我们每一名党员干部始终要保持高度的政治警觉性、自觉性和坚定性，做到在重大政治斗争中立场坚定，在重大原则问

〔1〕 习近平：“在中共十八届中央纪律检查委员会第二次全体会议上的讲话”，载《人民日报》2013年1月23日，第1版。

〔2〕 习近平：“在中共十八届中央纪律检查委员会第二次全体会议上的讲话”，载《人民日报》2013年1月23日，第1版。

〔3〕 习近平：“在中共十八届中央纪律检查委员会第三次全体会议上的讲话”，载《人民日报》2014年1月15日，第1版。

题上旗帜鲜明，在贯彻党的路线方针政策时坚定不移，同党中央保持高度一致，自觉维护党中央权威和集中统一。其次是必须严格遵守党的组织纪律。全党同志要强化组织意识，时刻想到自己是党的人，是组织的一员，时刻不忘自己应尽的义务和责任，相信组织、依靠组织、服从组织，自觉接受组织安排和纪律约束，自觉维护党的团结统一领导。另外，还必须严格遵守党的经济工作纪律，严格遵守党的群众工作纪律。党员干部只有自觉地严格遵守纪律，接受党组织和群众的监督，才能够共同推动形成心齐气顺、风正劲足的良好的政治局面，不断夺取中国特色社会主义事业的新胜利。

7. 把权力关进制度的笼子里

习近平总书记指出："制度问题更带有根本性、全局性、稳定性、长期性，关键是要健全权力运行制约和监督体系，让人民监督权力，让权力在阳光下运行，把权力关进制度的笼子里。要更加科学有效地防治腐败，全面推进惩治和预防腐败体系建设，提高反腐败法律制度执行力，让法律制度刚性运行。要加强对典型案例的剖析，深化腐败问题多发领域和环节的改革，最大限度减少体制缺陷和制度漏洞，通过深化改革不断铲除腐败现象滋生蔓延的土壤。"〔1〕不断依靠完善制度来反腐败，是切实解决当前腐败现象和不正之风的最佳选择。腐败现象的实质是权力腐败，权力腐败的根源是权力过于集中而又缺乏有效制约和监督，从而导致权力滥用引发腐败现象。只有加强制度建设，完善惩戒机制、防范机制和保障机制，通过制度反腐，才能更好地把权力关进制度的笼子里。

8. 用好批评与自我批评这一锐利武器

习近平总书记指出："批评与自我批评是一剂良药，是对同志对自己的真正爱护。开展批评与自我批评需要勇气和党性，不能把我们防身治病的武器给丢掉了，忠言逆耳，良药苦口。作为共产党人，有话要放到桌面上来讲，批评要出以公心、态度诚恳、讲究方法，要实事求是、分清是非、辨别真假，切忌从个人恩怨、得失、利害、亲疏出发看事待人。"〔2〕积极

〔1〕"积极借鉴我国历史上优秀廉政文化，不断提高拒腐防变和抵御风险能力"，载《人民日报》2013年4月21日，第1版。

〔2〕习近平："在河北参加省委常委班子党的群众路线教育实践活动专题民主生活会时的讲话"，载《人民日报》2013年9月26日，第1版。

开展批评与自我批评是无产阶级政党所特有的革命风格，是其阶级性质和宗旨所决定的。我们党集中代表着无产阶级的根本利益和阶级意志，为中国和世界绝大多数人谋利益，肩负着解放全人类，最终实现共产主义的伟大历史使命。除此之外，没有任何个人的私利，这就决定了我们党必须而且能够立党为公，不隐瞒自己的观点，不掩盖自己的错误，不惧怕别人的批评，为人民的利益勇于坚持对的，为人民的利益敢于改正错的。

9. 发挥领导干部在党风廉政建设中的表率作用

习近平总书记指出："近年来我们党内发生的严重违纪违法案件，性质非常恶劣，政治影响极坏，令人触目惊心。各级党委要旗帜鲜明地反对腐败，更加科学有效地防治腐败，做到干部清正、政府清廉、政治清明，永葆共产党人清正廉洁的政治本色。各级领导干部特别是高级干部要自觉遵守廉政准则，既严于律己，又加强对亲属和身边工作人员的教育和约束，决不允许以权谋私，决不允许搞特权。对一切违反党纪国法的行为，都必须严惩不贷，决不能手软。"〔1〕各级领导干部在党风廉政建设中必须充分发挥模范带头作用，因为，办好中国的事，关键在党，关键在人。〔2〕

新中国成立以来，党的历代领导集体在不同的历史发展阶段，根据当时的社会形势与需要，对反腐廉政建设进行了积极探索，每一代领导集体的探索都不乏创新思想与实践，积累了宝贵的经验，为未来我国反腐廉政建设提供了坚实的智力支持与制度基础。到目前为止，我国反腐廉政建设的总体发展方向已经基本明确，惩防体系的框架也逐渐清晰并已经付诸实施，成效显著。

阅读书目

1. 《马克思恩格斯选集》，人民出版社 1995 年版。
2. 《列宁选集》，人民出版社 1995 年版。
3. 《毛泽东选集》，人民出版社 1977 年版。

〔1〕 习近平："在中共十八届中央政治局第一次集体学习时的讲话"，载《人民日报》2012 年 11 月 19 日，第 1 版。

〔2〕 戴安林："论习近平的党风廉政建设思想"，载《中共四川省委党校学报》2015 年第 1 期。

4.《邓小平文选》，人民出版社 1994 年版。
5.《江泽民文选》，人民出版社 2006 年版。
6. 江泽民：《论党的建设》，中央文献出版社 2001 年版。
7.《十六大以来重要文献选编》，中央文献出版社 2006 年版。

思考题

1. 马克思、恩格斯的廉政思想有什么特点？
2. 列宁的廉政思想与马克思、恩格斯相比有哪些显著变化？原因何在？
3. 十八大以后我国在廉政建设方面有哪些新提法、新主张？
4. 新中国成立以来我国历代领导集体的廉政观有哪些共同特点？

第四章 西方廉政文化

腐败是人类社会共同面对的问题，它已经成为制约社会发展和进步的毒瘤。学习和借鉴人类社会一切先进文明成果，加强反腐败的国际合作，是目前各国政府采取的有效措施。西方国家的政治伦理文化源远流长，从古希腊时期的政治伦理，到近代西方的文官制度，再到当代西方发达国家的廉政机制，都有许多值得我们借鉴和学习的地方。所以，研究西方廉政文化，对于加强我国廉政文化建设具有一定的现实意义。

第一节　西方廉政理念

理念决定战略。对西方廉政理念的研究，能够从更深层次上认识反腐倡廉的规律，把握反腐倡廉建设的发展趋势，这对于深入开展我们国家党风廉政建设具有深远的意义。

一、西方廉政文化的社会背景

与有着漫长的封建社会的中国传统文化背景相比较，西方廉政文化的形成有着完全不同的思想基础、理论基础和经济基础。

1. 基督教

宗教是西方政治伦理的思想道德基础，对西方文化的影响至深。基督教公元一世纪产生于古罗马帝国统治下的巴勒斯坦地区，公元四世纪末成为古罗马帝国的国教，并随后盛行于欧洲各国。基督教的教义尤其是原罪说等被欧洲社会普遍认同，并成为架构世俗国家政治制度的基本价值观念。

2. 社会契约论

近代英国的霍布斯首先提出了社会契约论思想，经过洛克的改造，以及法国启蒙思想家卢梭的深化和宣传，成为西方立国的根基。其核心思想是：人生而平等自由，国家只能是自由人民自由协议的产物。国家的主权在人民，而最好的政权应该是民主共和国。所以，西方廉政文化中一个重要的理念就是：公权力部门和执掌公共权力的人，都应该是自由人民自由协议的产物，公共权力必须受到严格的制约，时时刻刻接受人民的监督。社会契约论构成西方政治伦理的理论基础。

3. 市场经济

市场经济既是诚信经济，又是法治经济。市场经济的发展离不开法律法规的逐步完备，它使西方的政治伦理更多地关注公平公正、诚实守信。所以，长达数百年的市场经济构成了西方政治伦理的经济基础。

二、西方廉政理念

1. 法治理念

西方的法治理念源远流长，对后世的治国理政影响深远。古希腊是西方文明的发源地，亚里士多德的“法治”主张、雅典的宪法蜚声古今，照亮了人类法治的行程，成为现代法治精神的摇篮。古希腊关于人治与法治的争论主要表现为尊重法律与尊重智慧、法律统治与智慧统治的优劣良莠问题。古希腊虽也不时发生诸如雅典三十僭主统治现象，但自梭伦变法之后，法治趋势已不可逆转。被后人尊称为“七贤”之一的毕达库斯是西方历史上第一个崇尚法治的学者。以普罗泰戈拉为代表的智者学派为法律思想的传播以及雅典公民法律意识的提高做出了独特的贡献。柏拉图虽然在早期提倡“哲学王”思想，但在其晚期的《法律篇》中已注意到法律治国的重要性。古希腊百科全书式的学者亚里士多德，享有西方政治学创始人之美誉，他在《政治学》一书中比较系统地论述了不同政治制度模式的优劣，最早提出政体的分类和优劣比较的理论，把是否有防止和纠正权力腐败的功能作为判断政体优良的标准。

而古罗马在共和国时代受到梭伦法治的影响，于公元前 450 年创立了

《十二铜表法》，标志着罗马进入法治社会。但那时还只是形式上的法治，无论是《十二铜表法》还是西塞罗等政治家所作的努力，都没有防止罗马共和国的瓦解。直到帝国时代结束，罗马才恢复了一些法治气息。到了中世纪，人治与法治的争论被神权和君权的面纱所掩盖，尽管如此，一些著名的主教和学者如安布罗斯、奥古斯丁等都不同程度地强调尊重法律。而且在中世纪教会所办的大学里，虽然自然科学的研究被遏制，但却专门设有法学院。

欧洲到了近代法治与人治的争论核心是支持封建专制还是主张民主共和。斯宾诺沙主张最高掌权者应受法律约束，在其未完成的《政治论》一书中指出："对于执政的最高掌权者来说，不可能一方面酗酒狎妓，赤身裸体，粉墨登场，公然破坏和蔑视自己颁布的法令；一方面还保持统治者的威严，这就像是与存在同时又不存在一样不可能。"哈林顿认为，人民的恶是由统治者造成的，统治者的恶是由法律造成的；法律的恶是由立法者造成的；有完备的法则才有善良的人。17 世纪的哲学家和政治思想家洛克非常重视公民权利的保护，他认为生命、自由、财产是人的天赋权利，要保障这些权利，就必须实行法治。18 世纪，法国的思想家卢梭、孟德斯鸠等都坚持法治主张。英国自由党人阿克顿曾留下一句名言：权力易于腐败，绝对的权力导致绝对的腐败。这些法治思想直接影响到法、德、美、意等国的资产阶级革命，并最终确立了资本主义法治，使法治思想进入一个新阶段。

2. 民主理念

民主是西方国家很早就提出的政治理念，并运用到治国理政的实践中。2500 年前的古希腊，民主制已发展到了很高的水平，公元前五世纪，出现了伯里克利当政的民主制黄金时代。随着近代启蒙思想的大力传播，自由、民主精神深入人心，最有代表性的观点是卢梭的人民主权论，他认为："行政权力的受任者决不是人民的主人，而只是人民的官吏——在承担国家赋予他们的职务时，他们只不过是在履行自己的公民义务，而并没有以任何方式争论条件的权利。"〔1〕

民主与法治是孪生姐妹。民主是法治的前提与基础，法治是对民主的确认与保障。民主的具体实现路径很多，但最主要的是要有程序公正和运

〔1〕［法］卢梭：《社会契约论》，何兆武译，商务印书馆 1985 年版，第 132 页。

作规范的选举渠道。以选举为要旨的民主监督机制是所有监督举措的保证，是整个权力运行制约监督体系的精髓。

3. 制度理念

关于人性善恶问题，中西方的主流认识是不同的。中国传统观点偏重于人性本善，所以肯定道德教化的作用。而西方尤其是受基督教原罪说的影响，认为人性是恶的，必须通过法律、制度等来约束，所以，依靠制度的规范和保障作用防治腐败现象，是一个政治规律。早在亚里士多德时期就认识到了这一点，“为政最重要的一个规律是，一切政体都应订立法制并安排它的经济体系，使执政和属官不能假借公职，谋求私利。”〔1〕富有创见和启迪意义的是，亚里士多德在两千多年前的论述中就提出了任期制、特权论和制度防腐的初步思想主张。20 世纪 70 年代美国政治学家博伦特和施曼特，在其合著的《美国政治腐败——权力、金钱、美女》一书里，对腐败的根源和如何防治腐败等问题信做过精辟论述，认为政府腐败的根源是社会制度的不完善，必须改革竞选制度，公开公职人员收入财产状况，限制立法议员和政府高级人员从商活动，扩大公民参与监督渠道。西方学者普遍认为，腐败不仅仅是人品问题，更重要的是制度问题。只要制度上有漏洞，腐败必然出现。因此，必须在制度上防止腐败发生。

首先，西方的制度建设开端于分权理论和实践。17 世纪英国思想家洛克是近代分权理论的开山之祖，他主张把政府权力分为立法权、行政权和对外权，其实质是二权分立。18 世纪法国的孟德斯鸠在《论法的精神》中系统阐述了政治和法律制度建设的原则，完成了分权制衡理论，奠定了在近代西方政治学说史上的地位。他的分权理论的依据是：“一切有权力的人都容易滥用权力，这是万古不变的一条经验，从事物的性质来说，要防止滥用权力，就必须以权力约束权力。”〔2〕他把国家的权力分为立法权、行政权和司法权，三权相互独立、相互制约。分权制衡理论不仅成为资产阶级革命政治纲领的重要内容，也是西方资产阶级国家政权实践的基本原则。美国政治思想家潘恩也认为权力过度集中必然导致腐败，在其《人权论》中

〔1〕［古希腊］亚里士多德：《政治学》，吴寿彭译，商务印书馆 1965 年版，第 269 页。

〔2〕［法］孟德斯鸠：《论法的精神（上卷）》，张雁深译，商务印书馆 1961 年版，第 154 页。

提出："一旦将特殊的权力和特殊的报酬给了政府中的一个人，他就会变成各种腐败现象在其周围发生和形成的中心。"[1]美国宪法的起草者之一汉密尔顿在分权原则的基础上，还提出了民选官吏任期制，以及对包括总统在内的行政人员的弹劾权。在以上分权理论的指导下，西方国家普遍采用三权分立或类似的制度体系，试图从权力配置的宏观架构上有效地防止腐败的发生。

其次，西方国家注重通过建立文官制度遏制腐败的发生。英国有1885年的《文官法》，1889年的《公共机构贿赂法》，1906年的《防止腐败法》等。美国有1883年的《国家公务员法》，1971年的《涉外反行贿法》，1978年的《文官制度改革法》《政府道德法》。日本有1893年的《文官考试规则》《文官任用令》，1947年的《国家公务员法》，1950年的《地方公务员法》等。瑞典于1919年制定了《反行贿受贿法》。芬兰在20世纪20年代制定了《公务刑法》。有了一套行为规范比较明晰的廉洁从政制度，就可以大大减少腐败发生的概率。

再次，西方国家对财政制度不完善可能带来的腐败问题保持高度警戒，较早地开始了财政制度的改革。19世纪的美国，黑金政治无处不在，原因之一是财政制度上存在漏洞。针对这一问题，美国在1880年至1920年掀起了财政改革运动。例如在收入方面引入了个人所得税和公司所得税，在支出方面引入现代预算制度。通过改革财政制度，有效地堵塞了可能存在的腐败漏洞与缝隙，达到了从源头上预防腐败的目的。

最后，从制度上赋予反腐败机构相当大的监督权力。在西方国家，反腐败专门机构大多直属议会。比如，英国领导反腐败的总检察长直接对议会负责；美国总检察署直接向国会汇报案情和提供弹劾案情；澳大利亚的廉政公署独立于现政府，自成体系，只对活动审查委员会和议会联合委员会负责；瑞典的议会监察专员制度是世界上最早的由议会专职监督行政和司法机构的制度。这样，就从体制上摆脱了其他机关的牵制和干扰，有效地打击了腐败行为。

4. 公开理念

权力运行有赖于制度安排，但这种制度必须是公开、透明的。瑞典是

---

[1] [美] 潘恩：《潘恩选集》，马清槐等译，商务印书馆1981年版，第269页。

政府信息公开制度的发源地，于1766年制定了《出版自由法》，提出官方文件应向人民公开，赋予报刊以转载公文的自由。这被认为是西方“公开原则”的最早表述。瑞典在1949年通过了现行的《出版自由法》后，1991年又制定了《表达自由法》作为补充。这两部法律，再加上《保密法》，共同构成了瑞典出版自由与信息公开制度的宪法和法律基础。目前，瑞典是信息社会化程度最高的国家，除了内容涉及国家机密、国防安全和个人隐私的内容外，其他信息一律公开。例如，任何一位瑞典公民想了解公共管理局长的收入情况，直接向税务局打电话，税务局就可提供相关资料。美国宪法规定，国会必须就其每次会议的内容、辩论、表决、开支等情况向公众定期发布。政府官员必须公布收入来源和竞选捐款名单，以确保公民的知情权。法国在18世纪末资产阶级革命期间建立起法律公布制度，1978年的《信息与自由法》规定任何人都有权了解并质疑相关信息处理过程中采用的数据和推理。法国政府还规定，政府有义务为公民获取简明易懂的法制信息创造条件。

欧美国家都实行了官员财产信息公开制度，所有公职人员必须申报所有的财产状况和收入来源，既包括个人现有财产、收入、债务等情况，也包括与自己生活密切、有经济往来的配偶、子女的相关情况。瑞典规定公民有权查阅官员直到首相的财产与纳税状况，是名副其实的阳光政府和透明官员。北欧其他国家的社会透明程度也很高，它们都把政务公开和透明当作一种防止滥用权力的重要机制，为公众参与监督奠定了基础。

5. 问责理念

在西方特别是发达国家，问责制是一种追究公职官员责任的最基本、最常用的制度，是现代政府强化和明确责任、改善政府管理的一种有效的办法。有咎必辞、有责必究、有过必罚，是西方政治生活中的普遍原则。作为政府官员，无论是个人行为还是工作绩效，必须自己负责任，同时接受上级的监督和选民的质询，甚至被罢免和起诉。如果官员中出现失职、渎职并造成不良后果或损失，或者出现个人行为不端、出现生活丑闻并造成不良社会影响等问题，该官员必须立即出来公开道歉甚至辞职，情节严重的，还将导致其上司公开道歉或辞职；若官员是中央政府的内阁要员，在情节特别严重的情况下，还有可能导致内阁官员全体辞职。可以说，西方国家的问责制，是一种对政府及其官员很有杀伤力的铁面无情的制度。

瑞典把政府部门及其高官需受问责的责任划分为法律责任、政治责任和道德责任三类，并对何种情况应负何种责任作了明确规定。英国的《部长级官员准则》规定了部长级以上官员需要承担的集体责任和个人责任。在德国，对政府官员的定罪主要分为三种：一是完全不具备官员犯罪特征，任何人都可能会犯的罪行；二是其他人也可能会犯的罪行，但官员的罪行会比较严重，如执法人员造成的人身伤害；三是只有官员才会犯下的罪行，如受贿。据载，1998 年至 2000 年间，英国共有 33 名政府高官因问责而辞职或被革职。在日本，2003 年受到免职、停职、减薪、警告等处分的国家公务员有 2846 人，比上年增加 7%以上。英国管理移民事务的内政国务大臣休斯，因明知某东欧国家的人持有假证件而仍然给其签证许可，被舆论曝光后，“出于良心的不安”而含泪辞职。据《明镜》周刊披露，2001 年底，德国央行行长韦尔特克带家人参加“欧元面世庆祝活动”，住在德累斯顿银行免费提供的豪华旅馆，迫于舆论的压力而丢官。2002 年，时任德国国防部长的沙尔平乘国防部的飞机转道马约卡岛会情人，后来媒体又披露他利用职务之便开公共咨询公司，捞取 7 万欧元的黑金丑闻，他只好黯然下台。2001 年葡萄牙一座年久失修的桥梁因暴雨而倒塌，导致 70 人死亡，公共事务部部长只好辞职。美国 20 世纪 70 年代导致尼克松下台的“水门事件”，使尼克松的一些助理和官员等 25 人丢官免职，受到司法部门的起诉。1998 年，美国克林顿总统因与白宫实习生莱温斯基的性丑闻而被曝光，众议院批准了对克林顿总统进行弹劾调查。2003 年 10 月，美国加州州长戴维斯因对经济不景气负责而被公民投票罢免。〔1〕确立问责理念，能够有效填补政府机构及政府官员承担责任与不负责任之间的空白，打造法治政府、透明政府、服务政府和效能政府。

6. 舆论监督理念

舆论作为一种社会意识现象和无形的社会力量，渗透在社会生活的各个方面。它不仅影响着人们的思想、观念、情绪和行为，而且对公共权力形成某种制衡。美国“民主之父”杰弗逊把自由报刊视为继行政、立法、司法之后的“第四种权力”，其有责任对政府提供一种其他机构无法替代的

---

〔1〕 张利生：《廉政文化建设要论》，中国方正出版社 2014 年版，第 87~88 页。

制衡作用。法国大革命时期的思想家伯克曾指出，如果没有被统治者的普遍舆论，任何立法机关都无法发挥作用；普遍舆论是立法的媒介和喉舌。英国思想家边沁曾对公共舆论的监督功能做过深刻的论述，认为全体公众构成了一个法庭，比其他所有法庭累加起来还重要——这个法庭虽然会犯错误，却不会受到腐蚀；它一直努力使自己更加开明，它囊括了一个民族所有的智慧和正义，它始终决定着全体公民的命运，它所做出的处罚无可逃避。当代法兰克福学派的思想家哈贝马斯指出，公众舆论是社会秩序基础上共同公开反思的结果，是对社会秩序的自然规律的概括，它没有统治力量，但开明的统治者必定会遵循其中的真知灼见。

新闻之所以有监督的作用，是因为其独立原则和自由原则。在西方国家，新闻出版部门是独立的实体，具有经营管理的自主权，自我发展，自负盈亏。记者的采访权、报道权、批评权受到法律保护，从而使其能够不受政治干扰和政府制约，敢于揭露社会矛盾，抨击腐败现象。瑞典是世界上最早确立新闻出版自由的国家，其新闻出版自由有着十分坚实而独到的法律保障和社会基础。前些年瑞典反经济犯罪局根据公民举报，查实有几个建筑公司之间存在商业贿赂行为，媒体对此追踪报道后，受贿的公司负责人慑于社会舆论的压力，惧怕可能面临的法律制裁，最后跳楼自杀。前副首相用公务信用卡购买个人衣物，被发现曝光后，受到了处理。芬兰中央银行行长在一次公务接待中点了一道鹅肝菜，传媒公布菜单后被指责“超标”，结果只能引咎辞职以谢国人。2002 年芬兰有媒体披露文化部长利用职务之便批准向自己及配偶所在的高尔夫俱乐部提供政府资助，文化部长批准向文体设施提供资助本是权限内的事，但部长本应根据利害冲突原则要求回避，最后无奈宣布辞职。通过媒体的追踪报道，全方位、全天候式地监督，可以迫使腐败者缩手或避免更大腐败发生。

7. 利益冲突理念

所谓利益冲突（Conflict of Interest），指政府官员公职上代表的公共利益与其自身具有的私人利益之间的冲突。这里的利益，不仅是经济利益，还包括专业利益、个人声誉，等等。从根本上说，主权在民，政府和官吏只不过是受人民的委托管理政务工作。但从实际操作层面看，政府存在具有无限扩张职能的冲动，时有损害人民权利之举，一些官吏总是不遵守权力运行规则，常有滥用权力谋取私利的欲望。这就客观上造成官员与人民利益的冲突。

西方在政治领域引进利益冲突理念，肯定利益冲突的不可避免，然后通过制定行政伦理规范加以制约，以便消除冲突于萌芽，这是西方国家廉政文化建设的一条重要经验。行政伦理法规体系大体包括三个层次：一是公务员服务的规定；二是行政伦理法；三是反腐败法。其核心层次是行政伦理法。发达国家通过制定行政伦理，明确全国统一执行标准，上自总统、下至普通官员都有法可依。以收礼为例，表面看是件小事，背后存在着影响官员公正行使权力的利益冲突。因此，发达国家对此规定严格。美国对礼品的范畴作了明确界定，包括馈赠、好处、折扣、娱乐、宴请、贷款等任何有价值的东西以及培训、旅行、住宿等变相“礼品”，允许接受 20 美元以下的礼品，但一年内接受礼品不得超过 50 美元；政府工作人员收受外国赠送的礼品价值不得超过 305 美元，超过数额应在 60 天内交给政府部门。下级不得向上级送礼品，违者开除。如果收受礼品总价值超过 7000 美元，将对其处以 3 倍罚款，并可判处 15 年以下监禁。德国政府规定，官员收受礼品不得超过 50 欧元。意大利规定除亲朋所赠价值微薄的礼品外，不准接受任何赠品和赠款。英国政府规定官员收受礼品价值不得超过 140 英镑，超过部分可以自己花钱购买，否则，将可能丧失领取退休金的资格。法国政府规定官员接受礼品最高 35 欧元。在北欧的一些国家，公务员接受金钱、珠宝、家用电器、低利息贷款、免费旅行等礼品或变相礼品都可被视为接受贿赂，甚至接受荣誉头衔和有关部门的推荐也可能被视为受贿。

8. 开放合作理念

伴随经济全球化，腐败日益成为跨国界的犯罪行为，反腐败的国际合作成为趋势和潮流。开放合作理念不仅是应对腐败国际化的客观要求，也是展示一个国家和地区开明、廉洁和现代化的重要标志。反腐败无国界，合作成为必然。在此理念引领下，反腐败国际合作的参与主体多元化，范围不断扩大，领域不断延伸，法律层次更高，营造出国际性的反腐败氛围，给予腐败国际化以沉重打击。

国际组织在加强和指导反腐败方面功不可没。联合国在 1990 年通过了《反腐败实际措施手册》，提出要推进各国政府建立防止贪污腐败和滥用权力的行政机制，以及制定惩处腐败行为的法律，向联合国的成员国提供反腐败的技术援助。1996 年，联合国制定了《公共官员国际行为准则》，联合国大会通过了关于在国际商务活动中反对贪污贿赂的宣言。1997 年，联合国在阿根廷首都召开反腐败专家会议，提出 50 条建议。1999 年，联合国决定修改《打击跨国有组织犯罪公约》，增添惩治腐败的内容。2003 年，联合国第 58 届大会通过了《联合国反腐败公约》，这是联合国历史上第一部指导国际反腐败斗争的法律文件，也是迄今为止关于治理腐败犯罪的最为完整、全面而又具有广泛性、创新性的国际法律文书，它将进一步加强各国国内的反腐行动，提高反腐成效，减小发达国家和发展中国家的差距，将全世界推向廉洁、高效、公正的新局面。1997 年底，国际经济合作与发展组织（经合组织）签署了《经合组织反对国际商务交易中贿赂外国公共官员公约》，要求各签字国取消贿金不纳税的规定，规范公共采购制度。世界银行积极介入反腐败，将贷款与腐败挂钩，宣布一个国家反腐败程度是提供贷款的先决条件之一，起到了其他组织所没有的作用。非政府性民间机构国际透明组织由关注国际商务活动中的贿赂行为转向研究政府腐败问题，开展一年一度的各国腐败状况评估排名。

国际性会议在推动全球的反腐倡廉方面发挥了积极的作用。国际反贪污大会是国际性的反贪污研究交流会，从 1983 年起每两年举办一次。联合国第一届国际反腐败大会于 2006 年在约旦召开，125 个国家和地区的 700 多名代表出席会议。国际反贪局联合会第一次年会于 2006 年 10 月在北京召开，来自 137 个国家和地区、12 个国际组织和机构的近千名代表出席了会议。召开国际廉政道德会议，研究讨论政府官员的道德价值标准、从政道德立法、廉政制度建设、道德教育与培训、利益冲突、财产申报制度、公务员行为准则、公务员奖惩等，对各国反腐倡廉有很大的推动作用。〔1〕

第二节　西方主要廉政思想

西方廉政文化建设，其深厚的思想基础，总是与一系列伟大的思想家的名字联系在一起。这些伟大的思想家为各自的时代政治生态变得相对洁

〔1〕 张利生：《廉政文化建设要论》，中国方正出版社 2014 年版，第 98 页。

净、清明，作出了自己的贡献。

一、亚里士多德的“良民守良法”

古代希腊重视规则和崇尚理性的特点，在亚里士多德（前384年~前322年）的政治学说中得到了非常好的体现。亚里士多德的政治思想的基本前提是：人既是理性动物，又是政治动物。人都趋向于过集体生活，所以法律规则的建立就尤其重要。

1. 崇尚法律

亚里士多德在《政治学》中指出，国家并不仅仅是一个为了进行交换而防止罪恶的社会，“国家的目的是善良的生活。……国家就是家庭与乡结合成为一种完美自足的生活，所谓完美自足的生活就是说幸福与荣誉的生活。”“政治社会的存在是为了高贵的行为，而不仅仅是为了单纯的共同相处。”〔1〕公正是为政的准绳，而这就是一个政治共同体秩序的基础。人一旦趋于完善就是最优良的动物，而一旦脱离了法律和公正就会堕落成最恶劣的动物。给法律赋予权威就是仅仅给上帝和理性赋予权威；而给人赋予权威就等于引进一个野兽。因为欲望是某种具有兽性的东西，即使是最优秀的人物一旦大权在握总是倾向于被欲望的激情所侵蚀。因此我们可以得出这样的结论：法律是摒弃了激情的理性，它比任何人更可取。〔2〕

在西方历史上，像亚里士多德这样如此崇尚法律地位的史无前例。但是，他并不是单纯强调法律，不是为法律而法律，而有其更为高尚的动机或目的：①亚里士多德认为，人天生就是政治动物，人不可能以单独的个人而存在，不能脱离国家而生活。人要保有其本质，就不能离开法律，因为一旦脱离法律，国家也就不存在了，人也就不成其为人了，原因在于，全体优先于部分，犹如整个身体被毁伤，脚或手就不是真正意义上的手了。②社会与国家的目的在于培养人使之成为良好的公民，即成为有美德的人，使公民能过上有德性的和幸福的生活。法律以国家的至善为目的，以追求人的有德性的、合于智慧的生活为依归。人若游离于法律之外，就会堕落成最

〔1〕［英］罗素：《西方哲学史》（上卷），马元德译，商务印书馆2001年版，第241页。

〔2〕［美］考文：《美国宪法的“高级法”背景》，强世功译，三联书店1996年版，第3页。

恶劣的动物。③法律与公正息息相关。所谓的公正，也就是要确保公平合理地处理各种利益关系。古典公正内涵有两种对称：一是行为结果的对称。即善有善报，恶有恶报。另一是人际对称。即你如何对别人，别人就如何对你。而没有法律武器作为坚强有力的后盾，公正就得不到实现，坏人不能被绳之以法，好人好事得不到鼓励。

2. 良民守良法

亚里士多德清楚仅仅在观念上推崇法律，并不能建立良好的法制社会。良好的法制社会的建立，应具备三方面条件：①良好素质的公民；②优良的法律，即人们遵守的法律应该是值得遵守、有价值的；③法律得到很好执行，否则就是一纸空文而已。

在《政治学》中亚里士多德指出，如果说一个不是由最优秀之人而是由穷困潦倒之人当政的城邦不可能建立起优良的法制，那么同样就应承认由最优秀之人当政的城邦不可能不实施优良的法制。不过即使制定了优良的法律，却得不到人们心甘情愿的遵守，也不能说是建立了优良的法制。因此优良的法制一层含义是公民恪守业已颁订的法律，另一层含义是公民们所遵从的法律是制定得优良得体的法律，因为人们也可能遵从坏的法律。

需要指出的是，公民恪守法律，即意味着任何人不能随心所欲、为所欲为，即在行为处事中要有所顾忌，其行为会受到约束、牵制。在这里，亚里士多德注意到了：①人性是有弱点的，而优良的法律显然可以起到指引人积极向善的社会作用；②社会由称职的人统治，并且忠实地履行自己的行政职责，即是在维护社会正义、捍卫公正原则；③民众不会有微末、渺小的感觉，继而能够真正有尊严地活着。

二、马基雅弗利的“目的与手段”

罗素认为，文艺复兴虽然没产生重要的理论哲学家，却在政治哲学中造就了卓越无比的一人——马基雅弗利（1469 年~1527 年）。他的政治哲学力求说明为达到既定目的所需要的手段，而不讲那目的该看成是善是恶这个问题。所以，他的政治哲学可谓毁誉参半，但是他的政治哲学中所表现出来的坦率，可谓道出了有史以来政治现实的真相，也基本预言了后来的有所作为的政治家们所可能有的实际表现。

1. 权力的制约与均衡

马基雅弗利在其《罗马史论》中指出，君主、贵族和平民应该在宪法中各占一份，“那么这三个势力就会彼此交互约制住。”莱库格斯确立的斯巴达宪法最佳，因为它体现了完全的均衡；梭伦的宪法过分民主，结果造成僭主政治。罗马的共和政体是好政体，这由于元老院和平民的制衡。

马基雅弗利的“约制与均衡”说强调三个势力相互制约、牵制，显然可以避免权力过于集中，从而避免独裁，继而能够有力扼制元首和官员的腐化。社会的政治势力或社会力量之间的矛盾、冲突并不可怕，因为正是在于各个政治力量之间的监督、牵制，反而可以限制某一方面势力的随心所欲和无止境的堕落。

马基雅弗利注意到“过分民主的结果造成僭主政治”。民主并不总是令人称道的，如果多数人都自私自利、眼界狭隘、头脑发热或发昏，那么，所谓的民主极有可能造成多数人对真理的蔑视，演变成多数人的暴政，甚至酿成集体性腐败。历史上富有智慧、以追求真理为己任的大哲学家苏格拉底，就是通过民主表决的方式，以莫须有的罪名被判处极刑。

2. 目的与手段

马基雅弗利敏锐地注意到，在政治上还有手段问题。用注定失败的方法追求某个政治目标，徒劳无益。即便认为目的是好的，也必须选取可以实现的相当手段。问题归根结底是力量的问题。为达到某个政治目的，这类或那类的力量总不可缺少。这件简单明白的事实被“正义必将获胜”或“罪恶的胜利不长久”等口号掩盖住了。即便你所认为正义一方真的取得了胜利，那也因为该方拥有优势力量的缘故。力量常常依靠舆论，舆论又靠宣传。当然，表面显得比你的敌对者有道德在宣传上是有利的，而显得有道德的一个方法就是真有道德。因为这个理由，胜利说不定往往落在具备公众所认为的道德最充分的一方。

概括他的观点：①尽管也许有着极为高尚的政治目的，例如打黑除恶、铲除腐败、实行民主改革，但如果没有采取切实可行的手段，在“技术”层面缺乏严密设计，最终有可能难如所愿，甚至事与愿违；②崇高的政治目标，例如实现清廉政治，其本质往往牵涉相关人员的切身利益，如果代表清廉一方的力量强于腐败分子的力量，那么，旗帜鲜明、大刀阔斧地倡廉肃贪，清廉政治的目标就容易实现。如果腐败分子握有的力量强于清廉一方，廉洁肃贪也只能是一句空话。甚至邪恶的力量非但得不到扼制，正义的力量反而有可能被严重削弱。③正义与邪恶的较量，是力量的角力，是谋略的角力，是民心向背的角力。

三、洛克的“契约政府”

英国哲学家约翰·洛克（1632年~1704年）虽然不是第一个提出社会契约论的人，但公认为是第一个全面阐述宪政民主思想的人，其《政府论》一书系统阐述了他的社会政治学说。

1. 政府受契约约束

洛克接受了当时流行的自然法理论，假定在国家产生之前，有一个他所谓的“自然状态”。在自然状态下，“众人遵循理性一起生活，在人世间无有共同的长上秉威权在他们之间裁决”[1]，人有完全自由处理自己的财物和人身，不依从任何旁人的意志。不过自然状态有个重大缺陷，即发生争执时，人人是自己的裁判者。对这个弊害，政治正是救助手段，为此，人们宁愿脱离自然状态，把裁决权交给第三方——政府，所以政治权力乃是契约的产物。政府作为契约的一方，如果不履行契约中的义务，民众可以推翻它。政府的责任在于维护公益，如果掌权者滥用权力、以权谋私，那就失去了政治管理的合法性。

2. 权力制约与均衡说

洛克指出，既然人们参加社会的重大目的是和平和安全地享受他们的各自财产，而达到这个目的的主要工具和手段是那个社会所制定的法律，因此所有国家的最初的和基本的明文法是关于立法权的建立。这个立法权是国家的最高权力，而且当共同体一旦把它交给某些人时，它便是神圣的和不可变更的。立法权虽是国家的最高权力，但这种权力也不是无限的，否则必将导致独裁、专制、权力滥用和腐败。按照洛克的设计，立法者在一定时期制定了法律，然后又分散开去，自己有可能又重新成为一介平民，这样就可以促使立法者在制定法律时尽量多考虑民众的福利，也因此自己

---

[1]［英］罗素：《西方哲学史》（下卷），马元德译，商务印书馆2001年版，第155~157页。

的利益才能得到很好的维护。

由于立法者在一定时期制定了法律，又分散开去，而法律具有长期、持续的效力，这就需要有经常存在的权力来负责执行，随之而来便衍生出另外两种权力：执行权和对外权。这两种权力虽然本身确有区别，但二者几乎总是联合在一起的，外交不过是内政的延伸。而且它们都要服从法律、执行法律、捍卫公益和公共意志。洛克强调，在一切情况和条件下，对于滥用职权的强力的真正纠正办法，就是用强力对付强力。越权使用权力，常使使用权力的人处于战争状态而成为侵略者，因而必须把他当作侵略者来对待。

尽管洛克的权力制衡理论并未把司法权独立出来，但是他分权制约的创新思路影响了以后的政治理论和实践，奠定了西方政治制度的基础。

四、孟德斯鸠的“权力制衡”

十八世纪法国的孟德斯鸠（1689 年~1755 年）全面继承了洛克的分权主义思想，比较清晰地提出了立法权、行政权和司法权分立的理论，而这种理论又是建立在其法的精神的思考之上。

孟德斯鸠认为，从最广泛的意义上，法是由事物的性质产生出来的必然关系。从这个意义上，一切存在物都有它们的法。一般来说，法律，在它支配着地球上所有人民的场合，就是人类的理性，所以：①法律的实质是人类的理性；②人世间不存在抽象的法律。任何国家都应该考察和根据该国政体的性质、自然地理环境、历史文化传统、宗教信仰和人民的素质等方面实际情况，来选择、设计、创制合适的法律；③法律的精神是自由、正义和平等。孟德斯鸠所说的自由，是做法律所许可的一切事情的权利。如果一个公民能够做法律所禁止的事情，他就不再有自由了，因为其他的人也同样会有这个权力。平等是共和政体的原则，但真正的平等并不是极端的平等。孟德斯鸠眼中的正义问题体现在源于自然法则而人为法中又极力倡明的某种社会秩序、人的自由和平等、财产权等的维护和捍卫。

法的精神是要维护和捍卫自由、正义和平等。但是，如何去维护呢？为了解决这个问题，孟德斯鸠较为清晰、全面地提出了法治框架下的权力分立的理论思路。

孟德斯鸠深悉人性的复杂性及其弱点，“一切有权力的人都容易滥用权力，这是万古不移的一条经验：有权力的人们使用权力一直到遇有界限的地方才休止。”为了防止滥用权力，在考察了英国的政治制度后，孟德斯鸠提出了“三权分立说”，目的在于以权力约束权力，使各种权力相互牵制，保持平衡，而不至于使其中某一权力过于集中、膨胀，继而导致独裁和腐败。

孟德斯鸠强调，立法权、行政权、司法权必须相互分开，如果同一个人或是由重要人物、贵族或平民组成的同一个机关行使这三种权力，则会出现以下结果：①掌权者享受无限的权力，而可以几乎不尽任何义务；普通百姓则与此相反。②权力过于集中，则导致政治、经济、文化等资源被垄断，于是，平等没有了。③政治独裁、专制，导致政治自由荡然无存，于是掌权者的贪欲可以无止境地得到满足，贪污腐化则只能弥漫于整个社会。④权利与义务极端不对称，贫富分化严重，形式与实质的平等以及政治自由消逝，社会也就毫无正义可言。

所以，孟德斯鸠认为，在一个自由的国度里，立法权应该由人民集体享受，应属于人民代议机关；国王则是行政权的执行者；法院是司法机关。国家的三种权力既彼此独立，又相互牵制，人们的自由就有了保障，滥用权力的暴政就可以避免。

五、托克维尔的“民主与腐败”

法国19世纪最著名的政治思想家托克维尔（1805年至1859年），通过对美国社会政治生活的深入考察，于1840年出版《论美国的民主》，重点论述了民主政治与腐败问题。在贵族政体与民主政体的比较中，他认为官员的腐败是不同的，“贵族政体和民主政体互相指责对方容易贪污腐化，对此要做辨析。在贵族政府，政务工作人员都是富人，他们只贪图权势。在民主政府，国家工作人员都是穷人，他们希望发迹高升。结果，在贵族国家，统治者很少贪污，对金钱的欲望不大；而在民主国家，情况与此相反。”[1]“如果说贵族政体的主政者偶尔试图学坏，那么民主政府的首长则自

〔1〕［法］托克维尔：《论美国的民主》，董果良译，商务印书馆1997年版，第250页。

动变坏。在前一种情况下，学坏的官吏使人民的道德受到直接打击；在后一种情况下，变坏的官员对人民的思想意识发生的影响必将更为可怕。”[1]

托克维尔认为，搞阴谋和腐化是民选政府的自然弊端，当国家首脑可以连选连任时，这种弊端将危及国家本身的生存。他还以为，在民主制度下，政府官员不是相互遮丑勾结，而是相互揭丑攻击。并且，在民主国家，物质生活的享乐决不会像贵族制国家那样把国家推向腐化堕落的极点。在民主社会，公众的享受欲望，是以一种有节制的热而不狂的形式表现出来的，要想离开共同的准则去做坏事，跟想离开共同的准则去做好事同样困难。

六、海登海默的“三色腐败”

美国反腐败专家海登海默依据人们主观上对于各种腐败行为容忍程度的大小，把腐败行为划分为黑色、白色和灰色。黑色是指那些受到人们普遍谴责的腐败行为，大家都希望基于一定的原则或法律予以重罚；白色是指那些社会上大多数人都认为不属于或不应当受到惩罚的腐败行为；而那些界于黑色和白色之间的、人们具有广泛争议的腐败行为就是灰色腐败。

西方普遍认同腐败的定义出自海登海默，即腐败就是运用公共权力来谋取私人利益的行为。从广义上说，只要滥用公共权力，不问是否存在谋取私利的目的，即是腐败行为。《联合国反腐败公约》中明确规定：凡与国家公职人员手中权力有关并由此带来个人法定利益以外的利益，均属腐败。而所谓的个人利益，是指在一定经济基础和社会关系中人的需要的满足，包括物质利益和精神利益。因此，不存在谋取物质财富的行为，并不等同于否认腐败的存在，腐败的核心要点在于对公共权力的滥用。

第三节　西方廉政制度

西方廉政制度建设的历史，虽然有经千年黑暗中世纪教会专权而导致权力腐败的曲折，但是，从总体上看，从古希腊时期到现在，其所历经的

---

〔1〕［法］托克维尔：《论美国的民主》，董果良译，商务印书馆1997年版，第250页。

是一条从萌芽、发展到不断完善的逐渐向前推进的路程。

一、古代希腊罗马廉政制度

古希腊和古罗马的文明遗产是整个西方文明的精神源泉。公元前8~前6世纪，希腊走上复兴之路，城邦逐渐发展起来。公元前6世纪，特别是希波战争后，创造了光辉灿烂的希腊文化。公元前6~前4世纪，是古希腊"民主时代"，是古希腊的全盛时期，工商业发达的雅典建立了奴隶主民主制。

（一）雅典的民主制

雅典的民主制是人类历史的首创，是古代希腊乃至整个古代世界的典范，直接影响了后世西方的政治制度。现代西方主要国家的语言，如英、法、德、西班牙、俄等国语言中的"民主"一词，都是从古希腊语的"demokratia"演变而来。"demokratia"由"demos"和"kratos"两部分构成，前者是人民、地区，后者是统治、管理，因此所谓"民主"是指"人民的统治"或者"人民的管理"。

在希腊众多的城邦中，最著名的有两个，一个是雅典，一个是斯巴达，两个城邦的政治制度并不完全相同。

1. 雅典的改革

大约在公元前7世纪，巴赛勒斯这一由氏族成员选举产生的军事领袖，终于被贵族推举的国家官吏——执政官所取代。执政官起初是一名，任期是终身，后来又改为十年选一次。以后，执政官又由一人逐渐增加到九人，一人为首席执政官，掌握很大的权力，其次是掌握祭祀的执政官，第三是统帅军队的执政官，其余六名是掌握司法的执政官，被称为法律维护者。执政官不领取国家报酬，当选为执政官被本氏族引以为莫大的荣幸。执政官的任期亦由十年改为一年。原先的氏族长老会议由贵族的代表机关元老院所取代，任职期满后的执政官都进入元老院。[1]

从西方廉政文化建设的历史来看，国家统帅由军事性质的巴赛勒斯转变成由贵族推举执政官是一种进步；而后来，执政官由任期终身演变成十

---

[1] 马啸原：《西方政治制度史》，高等教育出版社2000年版，第6页。

年选一次，由一人逐渐增加到九人，并且有了明确分工，权力之间有了制约，能够有效地防止擅权专断，这显然又是更大的进步。

公元前594年，具有平民倾向的梭伦担任执政官，并进行了重大的政治改革。从廉政文化建设的角度看，梭伦改革的主要贡献在于：①按财产的拥有量将公民分为四个等级，其政治权力按照财产来决定；②恢复公民大会作为国家最高权力机关，前三等级公民享有被选举权；③在贵族会议之外设立400人会议管理国家，议员无财产资格限制；④设立公民陪审法庭，无财产要求。

政治权力按财产决定，从现代角度看，是对无产者的歧视。然而从历史角度看，却大大削弱世袭贵族的权力，从而在相当程度上降低“世袭”的、代代相续的腐败。

2. 雅典的直接民主制

雅典的直接民主制度，就是城邦的政治主权属于公民，公民直接参与城邦的治理，而不是通过选代表，组成议会或代表大会来治理国家（代议制度）的那种制度。

（1）公民大会。公民大会作为国家的最高权力机关是直接民主制的最集中表现。它拥有对国家一切大事的讨论和决策权。500人议事会是公民大会的常设机构，也是最高行政机关。可见，雅典从体制上保证了公民群体的主人翁地位。正如伯利克里（前495年～429年）所说的，任何一个公民，只要有所作为，就会被推选担任公职，这不是一种特权，而是对功绩的补偿。贫穷不是障碍，一个人不论出身多么寒微，都能为他的国家造福。

（2）监督制度。官员从始至终要受到公民的严格监督。官员在任职前，其资格须经审查，任职期满后，由专人对其任职期间的活动和账目进行审查。特别指出的是，陶片和贝壳放逐法，这一制度针对那些滥用权力、危害国家利益、侵犯公民权利的官员而实施。在公民大会上，每个人用陶片或贝壳写上他认为应该被放逐的人的名字，如果某人得票数超过6000，就会被放逐到国外，十年后才准返回，从而使政治野心家无机可乘。但是如果陪审法庭对该法令作出否定性的裁决，该项法令便被撤销。

尽管雅典的直接民主制存在一些不足，如缺乏自我纠错机制，可能导致以多暴寡，但是至少能够较为有效地防止少数人滥用职权。

（二）斯巴达城邦的权力限制

古代西方人对于权力的限制就是来自理性的考虑和设计，最为典型的城邦是斯巴达。斯巴达城邦的政治构架和设计耐人寻味，其对于权力的较为有效的限制，表现在以下两个方面：

1. 有限的王权

斯巴达的政体或宪法规定有两个王，来自两个不同的家族，并且是世袭的。两个王之中有一个在战时指挥军队，平时他们的权力是有限制的。在公共宴会上，他们所得食品比其他人多一倍，当王去世时，大家哀悼他。他们是长者会议的成员，长者会议由 30 人组成，其余 28 人必须年龄在 60 岁以上，并由全体公民选举出来终生任职，但是只能从贵族家庭中选出。长者会议审判罪案，并为公民大会准备议程。公民大会包括全体公民，它不能主动提出任何动议，但有权对向它提出的任何建议表决通过或否决。

斯巴达的王权是有限的，因为：①任何法律不经由长者会议同意都是无效的，这就意味着国王的言论并不代表法律；②两个王来自不同的家族，可以形成二者之间权力的相互牵制，而难以实行独裁统治；③王权还要受到由全体公民选举出来的监察官的监督。

2. 监察官制度

斯巴达的政权组成，除了两个王、长者会议、公民大会之外，还有第四个组成部分：五个监察官，这一部分是斯巴达所特有的。他们是从全体公民中选举出来，选举的方法在亚里士多德看来很幼稚，实际上就是抽签。监察官在宪法里是一个“民主的”成分，显然是为了平衡王权。王每个月都须宣誓拥护宪法，然后监察官就宣誓，只要王信守誓言，他们就拥护王。任何一个王出征时，都有两个监察官跟随，监视他的行动。监察官是最高的民事法庭，但对于王他们却可以进行刑事审判，这表明，公民权利受到极大尊重，国王触犯了法律同样受到制裁。

从历史角度看，斯巴达约束权力的政治实践深刻影响了后来的政治思想家，如马基雅弗利、洛克等的分权政治学说。

（三）罗马法

罗马法，一般泛指罗马奴隶制国家法律的总称，存在于罗马奴隶制国家的整个历史时期。罗马法大约起源于公元前 7 世纪前后的古代罗马王政时代，当时，罗马的法律有人民大会的法律和平民大会的法律，共和时代的末期，元老院的决议逐渐取代了王政时代的人民大会和平民大会的法律。

在共和国时期，罗马法的主要代表是被称为“一切公法和私法的渊源”的《十二铜表法》，它是罗马法发展史上的一个重要里程碑。此前由于使用习惯法，司法解释权又操纵于贵族，进行司法专横，引起平民不满。结果元老院被迫于公元前454年成立了十人立法委员会，并派人到希腊考察法制，于公元前451年制定法律十表公布于罗马广场。次年，又制定法律二表，作为补充，构成了所谓的《十二表法》，由于这些表法都是由青铜铸成的，所以又称《十二铜表法》，这是古代罗马的第一部成文法典。

罗马法的体系在当时看来非常全面，既有包括宗教祭祀活动和国家机关组织与活动的公法内容，也有包括所有权、债权、婚姻家庭与继承等方面的私法内容；既有包括议会通过的法律、元老院的决议、皇帝的敕令、裁判官的告示等成文法，也有统治阶级所认可的习惯法；既有仅适用于罗马市民的市民法，也有调整外来人之间以及外来人与罗马市民之间关系的万民法。

从廉政文化建设的角度看，罗马法的影响是巨大的：第一，罗马法对简单商品生产的一切重要关系如买卖、借贷等契约以及财产关系都有非常详细和明确的规定，这显然可以大大减少政府官吏在“混乱”中谋取不法私利的可能性；第二，罗马法的内容和立法技术所确定的概念和原则措词严谨、表述清晰，在相当大程度上减少法官在判案过程中的随意性，从而有效规范“自由裁量权”，继而减少司法腐败；第三，罗马法中体现的理性原则、衡平观念等，为西方廉政文化建设提供了一个范本。〔1〕

二、近现代西方国家文官制度

文官制度是资本主义国家关于各级文官的考试、任用、管理、权利和义务以及退休等一整套的制度，其目的在于选贤任能、提高行政效率。西方文官制度是近代资本主义政治、经济发展的结果。它首先产生于英国，至今已有150年历史，之后加拿大、美国及其他西方发达国家也先后建立了

〔1〕 罗任权：《新时期廉政文化建设研究》，中国社会科学出版社2010年版，第222~223页。

各自的文官制度。西方文官制度是西方国家政党制度的直接产物。政党轮流执政造成政府所有工作人员“与政党共进退”，使政府工作经常处于不稳定状态，因此，有必要建立一支独立于党派之争的稳定的业务类公务员队伍。

西方文官制度是西方国家在行政管理领域长期探索与实践的成果。它的建立实现了全体公民进入政府工作和担任官职的权利，它的成功运作开辟了行政管理法制化的新时代，成为人类文明宝库中的共同财富。西方国家有着相似的经济、政治、文化背景，并且相互吸收和效仿，因此，各国公务员制度尽管有细微差别，但都具有以下共同特点。

1. 实行分类管理

西方国家普遍实行“两官分途”，即将公务员分为政务类与业务类两类。政务类公务员实行任期制，由民选产生或由政府首脑任命，负责政党政策在政府工作中执行；业务类公务员实行常任制，多数通过考试录用，主要负责执行政府的日常业务。两者不得相互转任。两者的产生和管理办法均不同，各自独立适用不同法律，或者在同一部法律中分别独立规定。

2. 保持政治中立

西方国家既要坚持政党轮流执政，又要避免政党分赃的腐败现象，因而特别强调业务类公务员必须保持政治中立，必须忠于政府，不得带有党派倾向和其他政治倾向，不得参与党派活动，同时其管理也不受政党干预。英国在公务员内部纪律中规定，公务员“不得参加政党和担任政党机构的官员，或为政党从事政治活动，不得发表政治言论，表明自己的政治观点，不得发表批评政府的政策和措施的意见”等。美国在1883年施行的《文官制度法》（《彭德尔顿法》）中规定：“文官在政治上必须采取中立态度，禁止参加竞选等政治活动，禁止进行金钱授受”“文官须忠实于政府，对现行政体和政治组织，不得产生怀疑”。日本《公务员法》规定：“公务员不得为政党和政治目的谋求接受捐款及其他利益，或者不得以任何方式参与这些行为”“公务员不得做政党或政治团体的负责人、政治顾问或有同等作用的成员”。

3. 贯彻公开、平等、竞争原则

这几项原则源于近代西方国家民主宪政的思想文化基础，它们体现在公务员制度的各个环节上。"平等"主要表现在不能有与生俱来的差别歧视，如出身、性别、种族、政治信仰等，但对一定职位所需的技能、资历、学识等资格条件，得普遍做出一定的要求，从而保证平等与竞争的有机结合。美国1979年施行的《文官制度改革法》规定："保证人人机会均等，经过公开的竞争性考试，只根据能力、知识、技能来决定录用和提升。"日本《公务员法》规定："一切官职都对考试成绩优秀者敞开大门"。

4. 实行功绩制

功绩制强调的是工作成绩，而不是年资高低等其他因素。功绩制体现了"任人唯能"和"奖优罚劣"的思想。德国公务员资历条例规定："公务员的录用、任用、授职、提职、晋升，只能依据公务员的资格、胜任工作的能力和工作成绩来决定""工作成绩就是按照工作要求对公务员的劳动成果所作的评定"。美国的文官制度改革法和日本的公务员法也都有相类似的规定。[1]

三、当代西方国家廉政机制

（一）法制约束

法制约束通常有三个层面：一是廉政立法，以法治腐；二是制定国家公职人员的廉政行为准则，预防腐败；三是制定行政监察法规，实行有效监督。法制约束，在西方发达国家更为突出。西方国家崇尚依法治国，因而在防范和惩治腐败行为方面，也注重发挥立法约束的作用。经过上百年立法的修改和完善，西方国家的廉政法规形成了较为完备的体系。

1. 廉政立法

廉政立法也有三个层面：基本法律中的惩腐法规；廉政建设中的反腐败法；单项廉政法规。

（1）基本法律中的惩腐法规。包括在宪法、商法、经济法、刑法、行政法等法律中设置反贪污犯罪的条款。英国、芬兰、澳大利亚等国家的地方政府组织法中，均有关于惩治贪污贿赂的条款。各国刑法典中，一般都把惩治公职人员的职业违法行为，放在非常重要的位置。对行贿一方的处

---

〔1〕 麻承照：《廉政文化概论》，中国方正出版社2014年版，第244~245页。

罚，也毫无宽容的余地。

（2）廉政建设中的反腐败法。是专门针对腐败问题所立的法规，如英国和新加坡的《防止贪污法》、德国的《德国联邦政府关于联邦管理部门反腐败的行政条例》、芬兰的《公务刑法》等。这类法律立足于比较系统地运用法律手段，对可能发生的腐败行为进行防范和惩治。

（3）单项廉政法规。针对常见问题的单一法规。如美国《国外贿赂行为法案》、德国《联邦差旅费用法》、日本《政治资金法》。这类法规，既有各国大致相同的，如防止官员收礼等不廉行为的法规，也有补救本国特有的政治活动弊端的，如美国有关院外游说方面的法规等。它们对区分某一类政务活动中合法与非法的界限，消除易生的腐败问题，有独到的作用。

2. 廉政行为准则

廉政行为准则旨在全面规范公职人员的职责和行为，通过约束公职人员的行为，来预防和惩治腐败。如瑞典的《公职法》、法国的《公务员总法》、德国的《联邦官员法》、瑞士的《公务员章程联邦法》、英国的《文部官条例》、美国的《联邦政府组织与雇员法》等法律，对公务人员的职责、任免、升降、待遇以及奖惩等一系列问题，都作出了详尽的规定。英国《荣誉法典》规定，公务员应当尽可能少地接受任何团体或个人即使是善意的或非正式的礼品；美国规定，公务员接受300美元以上的礼品就须作出说明，并将礼品上交；瑞典《公职法》、法国《公务员总法》、瑞士《公务员章程联邦法》、德国《联邦官员法》、《联邦行政程序法》、《政府公务规则》等法律，对公务人员职责、任免、升降、待遇、奖惩等一系列问题，作出了详尽规定，是公务人员和公务活动的基本法律依据。

3. 行政监察法

行政监察法是行政监察工作法制化的程序法，是针对国家公共机构及其行政人员，制定相应的行政监察法规，对公共机构的行为进行有效的监察。美国《监察长法案》、英国《议会行政监察专员法》、澳大利亚《政府官员违纪调查官法》等，都是将国家行政监察机关的设立、工作程序、工作职责、工作权限、工作保障等上升到法律的高度，监察机关依法行使职权，不受其他行政部门、社会团体和个人的干涉，大大增强了行政监察的权威性和规范性。

（二）设立专职机构

英国哲学家、政治学家洛克曾指出，在一般情况和条件下，对于滥用职权的强力纠正办法，就是用强力对付强力。所以，要开展廉政建设，就离不开对腐败行为进行强有力的惩处和打击。为保证惩治腐败的有效性，建立得力的专职监察机构和专职反腐败机构，是西方国家普遍采取的对策。

1. 专职反腐机构

西方国家在进行廉政建设时设立的专门反腐机构，可以分为两类。一类是综合性的、跨系统的专门反腐机构。如新加坡的贪污调查局，英国的反重大欺诈局、诺兰委员会等。另一类是在单个的部门内设立的专门反腐机构。如美国在参议院有廉政委员会，众议院有行为标准委员会，行政系统有政府道德署，司法系统有全国司法会议等。

新加坡的做法最为典型。新加坡于1952年成立了贪污调查局，是专事侦办官员贪污案件、开展肃贪行动的最高机构，对新加坡的廉政建设起到了十分重要的作用。特点如下：①职权独立，不受干扰和掣肘。贪污调查局直属内阁总理，享有独立开展工作的职权，虽然只有几十名调查员，工作量很大，但工作效率极高。②有充分的法律依据和保障。新加坡1960年制定了《防止贪污法》，1985年修订。1988年又颁布了《没收贪污所得利益法案》。③具有广泛的权力，为有效开展工作提供了可靠保证。如享有与警方同等的逮捕权、搜查权，查账权等。

2. 行政监督机构

许多发达国家都建立了行政监察制度，在行政监察方面比较有名的有：瑞典的行政监察专员制度、英国的行政监察专员制度和行政裁判所、法国的行政法院和行政审判制度、法国的行政调解员制度、德国的行政法院和惩戒法院、美国的监察长制度等。这其中，有的行政监察机构隶属于议会，有的设置在政府内部。

独立、有权威、体系完备的行政监察机构是反腐倡廉中不可或缺的组成部分。独立的行政监察机构，在反腐败的两个最重要方面展开工作：一是被动补救。通过审理行政诉讼案件，发现和惩处贪污贿赂等不法行为。已在几十个国家设立的监察专员和行政法院，都担负着这一职能。二是主动监督。通过有计划、系统地检查政府工作，以查找并消除行政环节的漏洞，防范可能出现的腐败问题。

（三）完善监督体系

监督是反腐败的重要措施，大多数国家建立了较为完备的监督网络，包括立法监督、司法监督、行政监督、新闻舆论监督、公众监督等。

1. 代议机关的监督

所谓代议机关，是指议会、国会。在立法、行政、司法这三个政治权力环节里，行政权无疑是最容易发生腐败的环节。因而发达国家和地区普遍重视代议机关对政府权力的制约。这种制约着眼于防止和制止政府对行政权力的滥用，故而反对腐败就成为代议监督的应有之义。在发达国家，严密监督政府的每项工作，是代议机关的天职。其监督可分为人事任免监督、财政预算监督和政务活动监督。

人事监督：体现在对人事任免的监督和对官员行为的监督两个方面。在实行总统制的国家，国会对总统提名的高级官员有审查权，可以否决。在实行内阁制的国家，议会对政府首脑有直接选举权。同时，政府免去重要官员的职务，也须征得议会同意。议会、国会通常关注政府高级官员任职期间的行为表现，可以动用各种手段将职业道德和从政水平有瑕疵的政府官员拉下马。

财政预决算监督：政府使用的财政经费是广大纳税人的钱财。作为“政府钱袋监督人”的议会，通过对政府的各项财政预算及执行情况进行审议、监督，以确保纳税人的钱得到合理使用，防止浪费和贪污等问题的发生。

政务活动监督：包括内政外交的各种高层次事务的监督。这保证了监督的有效性，议会享有一系列针对政府的独有权力。如议会议员拥有对政府及各部主管的质询权；议会设立专门委员会，对政府的不法嫌疑的事件或政府官员的不法行为有调查权；在总统制国家，众议院有权对政府高级官员提出弹劾，参议院有审判和制裁的权力；在内阁制国家，当政府发生重大失误、失职行为，议会有举行不信任投票以决定政府去留的权力。

2. 舆论监督

新闻监督在整个监督体系中居于重要地位。新闻监督具有广泛性、及时性、群众性、经常性等特点，其监督作用是其他机构无法替代的，许多腐败丑闻往往首先是新闻机构曝光的。如日本《朝日新闻》对里库路特案的揭露，美国新闻记者对“水门事件”的曝光，韩国报界对全斗焕家庭舞弊行为的诘难等。1987年1月，美国宾夕法尼亚州长杜耶尔收取回扣行为被报刊捅了出来，在记者招待会上他无颜面对媒体的责难，当场自杀身亡。

新闻机构之所以能发挥巨大的作用，主要原因是法律赋予了新闻自由的权利。瑞典的《新闻出版自由法》规定，禁止对出版物进行任何事先审查，出版者有权拒绝回答对作者身份和消息来源的任何质问。所有报刊均可报道议会和政府的内幕情况，电视台、电台还可以对议会讨论、辩论进行实况转播，公职人员被允许向新闻界透露有关政界的丑闻，只要消息属实，任何人无权追究。瑞典官方即使今天知道某报明天要攻击总理，也无法制止，只有等报纸出来后再想办法。其他国家情况也大同小异。在奥地利新闻舆论圈中，一批报刊、电视记者专事跟踪政治家和高级官员的活动，许多政界的重大腐败丑闻都是由他们的笔和舌公之于众的。新闻机构的监督作用不仅在于揭露腐败案件，还阻止了一些行为不端者掌握更重要的权力。英国前首相撒切尔夫人一手提拔的两位保守党领袖帕金森和阿切尔，都因被新闻记者揭出桃色丑闻，被迫告别政坛。美国大选时此类事件也常有发生。

3. 财产申报制度

综观世界各地，大凡腐败案件都与权钱交易有关，因而，对公职人员的财产和收入情况进行监督，是西方国家的普遍做法。如韩国的《关于实名金融交易及秘密保护的紧急总统命令》，要求金融实行实名制，防止官员洗钱。北欧国家都实行了官员财产信息公开制度，立法者或政府官员必须申报所有的财产状况和收入来源，包括个人现有财产、收入、债务的情况及配偶、子女的财产收入情况。财产包括现金、存款、股息、银行利息、租金、商贸收益、一定价值的礼品等；债务包括借款、贷款、银行透支等。同时还要申报他们所代表的利益团体，以避免立法者在制定法律时发生利益冲突。瑞典规定公民有权查阅官员直到首相的财产与纳税状况，是名副其实的阳光政府和透明官员。北欧其他国家的社会透明程度也很高，税收当局有权了解全国所有账户的情况，每个公民和团体的收入及财产每年都要在纳税表上加以公布，任何人都可以到税务局询问和查实某人或某团体的收入及财产状况。法国制定了《政治家生活透明度法》，要求官员对财产状况进行申报。各级官员都必须按指定时间，在就任前和卸职前，将财产状况造表申报，《政府公报》予以公布。美国的《政府道德法》规定了官员申报财产的主体范围、申报时间、财产范围等。澳大利亚曾先后三次制定、修改其申报财产的规定，每个议员除了要将本人、配偶、子女的主要财产及收益，定期向有关部门申报以外，其接受礼品、应邀旅行、接受款待、担任其他组织成员等情况，也都必须随时作出说明。规定不免琐碎，但付诸实施以后确有其效。据说有的议员就因从国外带回儿女送的礼物未作申报而受到质询，还有议员因带回彩色电视机却以黑白电视机报关而被扣留。1974 年，日本首相田中角荣因金钱来源不清而迫于舆论下野后，继任首相三木武夫吸取了教训，率先向国民公布自己的资产状况，后任者也都效法。1984 年，中曾根内阁又将全体内阁成员的财产情况公布于众，将日本的财产公开和申报制度向前推进了一步。

财产申报制度大大增加了公务人员财产收益情况中的透明度，便于公众和舆论的监督，对防止官员贪腐有明显的掣肘。

（四）政务公开

阳光是最好的消毒剂。让公开性的阳光照耀在政治生活的土壤上，可以消除滋生腐败的病菌，开创清正廉洁的政治空气。政务公开主要体现在对规范性文件、具体公务行为实施程序和结果、公务人员的咨询公开三个方面。

瑞典是最早试行政务公开化的国家。1766 年瑞典制定了让公众了解政府活动的《出版自由法》，1949 年通过了现行的《出版自由法》。1991 年瑞典又制定了《表达自由法》作为对《出版自由法》的补充。1980 年瑞典制定了《保密法》，出发点是保护公众获得政府信息的权利，详尽规定保密信息的范围，严格限制行政机关在保密问题上的自由裁量权。今天的瑞典，国家事务和政治活动的公开化程度，已经达到了相当高的水平，除极少数涉及外交、国防机密的文件以外，有关政府活动的文件全部向社会开放，任何公民都有权查阅 1966 年以来的任何官方文件，讨论重大国事的瑞典议政厅会议，记者和市民可以随意去旁听。北欧五国也都有透明国际组织的分支机构。

法国在1789年建立起法律公布制度，1870年建立起政令公布制度，1884年的《市镇法》初步建立起财政透明制度，1978年的《行政与公共关系法》规定所有行政文件都可依申请获得（仅在例外情况下实行保密），1978年的《信息与自由法》规定任何人都有权了解并质疑在与己相关的信息处理过程中采用的数据和推理，2000年的《行政关系中的公民权利法》规定任何人都有权按照1978年法律确定的文件查阅行政当局有关预算和会计账目的文件，2002年《行政与公共关系法》进行修订。法国政府还规定，政府有义务为公民获取简明易懂的法制信息创造条件，目前所有《官方公报》上刊载的内容都可以在"法国法律信息网"上免费查询和下载，1947年以来的所有《官方公报》（法律、法令卷）也都已经有了旧刊图像版。

（五）高薪养廉

高薪养廉是西方发达国家惯用的做法。公职人员的薪酬，包括了工资、津贴、福利、退休后的待遇。从工资制度来看，许多国家对公职人员实行高工资制度，并且通过定期提薪、随物价调整薪金、工资受法律保护等办法来保证公职人员的薪酬水平。从津贴来看，各国不大一致，大体上包括工作津贴、特殊生活津贴、累积贡献津贴、职务技能津贴、社会保障津贴等。福利包括医疗待遇、伤残待遇、失业救济、丧葬待遇、遗属补助、休假补助等。公职人员在退休后，可以领取一定数额退休金。高薪养廉作为一项廉政措施，其意义至少包括以下三个方面：

第一，高薪是一种荣誉感。对公职人员的薪金报酬，是对其工作的重要程度、工作的绩效、在社会中所处地位等方面的一个综合的衡量尺度。从这一角度考虑，在机构合理配置、用人得当的前提下，要付给公职人员较高的薪金。如在奥地利，低级公务员的薪水高于同级经济界人员，中级公务员相当于同级经济界人员，高级公务员略低于同级经济界人员。同时每年根据物价上涨指数进行适当的加薪，幅度略高于物价上涨的水平。再如1978年美国通过的九条文官改革法的基本内容之一就是强调利用报酬来鼓励政府雇员的工作积极性，美国联邦政府对文职人员薪金的支付，一般较为优厚。行政一等至十二等人员的工资高于私营企业相应级别人员的工资。

第二，高薪提高了公职人员腐败的机会成本。政府官员的贪污受贿行为的产生，虽然原因众多，但是，公职人员的低薪收入，肯定是诱发腐败的重要原因。因而，从消极方面考虑，与其让官员们在低薪情况下通过各种不法途径去谋取钱财，不如给予优厚待遇，再辅之以对不法行为的重惩，来制止腐败的发生。如新加坡就将高薪养廉作为廉政文化建设的重要内容。新加坡的总理、部长、议员等高级官员的月薪为几千至几万新元不等，远高于普通工人的收入。又如英国，各部常务次长官的工资待遇，一般较部长为多，甚至接近首相。如果公职人员以权谋私、贪污受贿，将失去公职，失去各种待遇。高薪使公职人员在腐败面前更为慎重。

第三，高薪有利于吸引人才。公职人员的就业保障相对来说比较好，不少发达国家也就有意识地强化这一优势。如芬兰的政府工作人员，一旦受聘，如无重大过失可一直干到退休。芬兰一向被认为是世界上最廉洁的国家之一，这和它公职人员的高薪有紧密联系。瑞士的公务人员在住房、搬迁、婚配、抚养子女等方面享有一定补贴。西方发达国家，在实行高薪养廉的同时，坚决地取消了公职人员公开的或不公开的各种形式的特权，用合理的工资来代替，以塑造良好的公职人员队伍形象。

（六）提高公职人员队伍的素质

职业道德自觉性和法制观念是公职人员抵制贪污腐败的基础因素。若脱离了公职人员的职业道德自觉性，脱离了法制观念，任何严密的防范措施，任何严厉的惩罚手段，都不能制止腐败行为的滋生。因此，西方发达国家一直以来都非常重视公职人员队伍的整体素质的提高。

第一，通过公开竞争，择优录用来选拔公职人员。选择合格的公职人员，是建立高质量的公职人员队伍的第一步。瑞士的公务员制度实行公开化，每个公民都可以平等地参与考试竞争，在考核的基础上，由专门委员会进行资格审查，选择德能俱佳者录用。奥地利对初选合格者分别进行一到四年的试用。英国的公务员录用程序相当系统，初级文官由政府各部门自行招考，中级文官由文官委员会的录选局负责综合考核和评定。严密的招聘考核，为建立一支品质优良、能力出众的文官队伍打下了基础。

第二，科学化管理。奥地利对公务员队伍实行公开管理，凡对公务员的业务鉴定、成绩考评、使用意见等都要同本人见面，上级除了加强对下级工作的检查、监督外，也要经常通报情况，沟通信息；下级对自己的工作情况、使用、待遇等，也可提出意见，甚至请求有关部门进行调查和审议。这样既提高了工作透明度，也便于上下级双向监督。

第三，进行职业道德教育。控制政府官员越轨的最有效手段，是提高政府官员的认识，使其守法观念与个人利益保持统一。西方发达国家的公众公务员法，对公务人员应恪守的职业道德和规范，都作了详尽的规定。凡从事公职者，均要通晓这些规定。芬兰政府很注意维护公务人员在公民中的信任感。凡进入政府机关就职的官员，必须举行仪式，宣誓遵守法纪和公务道德。新加坡政府近年来大力提倡继承和发扬中华文化中的优秀传统，特别是儒家文化中的积极因素，借此提高政府官员的道德感，养成遵守纪律和克己奉公的职业习惯。良好的法治意识和一定的法律知识是其录用公职人员的一个重要前提条件。

（七）反腐败的国际合作

贪污腐败是官场的痼疾、社会的痼疾，所以反腐败无国界。20 世纪 60 年代，新加坡率先掀起“反贪风暴”，90 年代意大利开展“清廉运动”，20 世纪末保加利亚发动“清洁的手”运动，反腐败成为全球性的行动。

20 世纪 90 年代以来，世界各国都将反腐列为国策，力图建设开明、廉洁的政府。反腐败国际合作成为一种趋势，国家和地区间的交流活动频繁，众多国际和区域性政治、经济、金融及专业组织都加入到反腐败的行列。

1. 国际反腐败组织

（1）联合国。联合国预防犯罪和罪犯待遇大会每届会议都将贪污罪、贿赂罪、舞弊罪等列为重点议题之一，1990 年 8 月举行的第八届会议，重点讨论了政府中的腐败问题，会议建议各成员国建立防止贪污腐败和滥用权力的行政机制，提请各成员国制定惩处腐败行为的法律，要求联合国有关部门向成员国提供技术援助。会议通过了《反腐败实际措施手册》。该手册总结了各国反腐败的经验和做法，为各国决策者和专职机构提供一个处理腐败问题的蓝本。

20 世纪 90 年代以来，联合国对惩治腐败给予更大关注。1996 年制定了《公共官员国际行为准则》，大会通过了关于在国际商务活动中反对贪污贿赂的宣言。1997 年联合国在阿根廷首都召开反腐败专家会议，提出 50 条建议，作为各国反腐败的决策和行动指南。1999 年联合国修改《打击跨国有组织犯罪公约》，增添惩治腐败内容。联合国内部肃贪工作也在大张旗鼓地进行，专门设立监察办公室，由副秘书长亲自主抓，还制定了《联合国雇员行为守则》。2003 年 10 月，第 58 届联合国大会通过了《联合国反腐败公约》，2005 年 12 月 9 日到 11 日在墨西哥召开高级别政治签署会议后，决定将每年 12 月 9 日定为“国际反腐败日”，并于当年 12 月 14 日正式生效。这是联合国历史上第一部指导国际反腐败斗争的法律文件，也是迄今为止关于治理腐败犯罪的最完整、全面而又具有广泛性的国际法律文书。

（2）世界经济合作与发展组织。简称经合组织（OECD），由 30 个最发达的市场经济国家组成的政府间国际经济组织，旨在共同应全球化带来的挑战。其总部高在巴黎。1997 年 30 国签署了《经合组织反对国际商务交易中贿赂外国公共官员公约》，被认为是消除国际行贿的一个重大举措。在国际商务中贿赂当地政府官员司空见惯，许多欧洲国家甚至规定贿金支出可以免于纳税。此公约规定，任何行贿外国公共官员的行为都是犯罪行为，要求各签字国制定明确的刑事处罚和经济处罚的法规，取消贿金不纳税的规定，规范公共采购制度。目前该公约的条款已成为各国有约束力的纪律。

（3）世界银行。世界银行（World Bank）是世界银行集体的俗称，指国际复兴开发银行（IBRD）和国际开发协会（IDA）。这些机构联合向发展中国家提供低息贷款、无息信贷和赠款。它一开始的使命是帮助在二战中被破坏的国家重建，今天的任务是资助贫困国家克服贫困，每年向遇到困难的国家贷款近 200 亿美元。自 1995 年起世界银行积极介入国际反腐败的共同努力中，将贷款与腐败问题挂钩，规定一个国家的反腐败程度是提供贷款的先决条件之一。1997 年世界银行以反腐败改革不力为由，停止了对肯尼亚的贷款以及数个国家的援助行动。世界银行对贷款的工程项目，加强监督检查，发现挪用或截留便立即中止资助。

（4）国际透明组织。又称“透明国际”。该组织成立于 1993 年，以推动国际与各国反腐败为活动宗旨，总部设在柏林。其主要工作是：主持或参与国际性或地区性反腐败会议，推动该组织各国成立支部；出版反腐败书籍，定期出版《透明国际通讯》等刊物；通过网站发布反腐败信息；每年发布一期“腐败排行榜”等。国际透明组织的主要工作不是针对单一特定贪腐事件进行查访，而是着眼于抑制贪污，推动反腐机制的建立。自

1995 年起，国际透明组织一年一次对各国腐败状况开展评议并排名，在全世界产生巨大影响。排名是以清廉指数排行榜形式公开发表的，最高为 10 分（后改为百分制），表示该国不存在腐败。

纵观多年排名情况，北欧、新西兰、加拿大、新加坡等国排名靠前，为较廉洁国家，美国、日本及多数欧洲国家居中游，拉美、非洲以及亚洲国家居后。如 2013 年的全球清廉排行榜上，调查 177 个国家，丹麦、新西兰以 91 分并列第 1 名，芬兰和瑞典并列第 3，第 5 名则是挪威和新加坡，前十名还有瑞士、荷兰、澳大利亚和加拿大，得分都在 80 分以上。亚洲国家和地区半数以上得分甚至不到 40 分。排名最后 10 位的国家则分别是索马里、朝鲜、阿富汗、苏丹、南苏丹、利比亚、伊拉克、乌兹别克斯坦、土库曼斯坦 ，以及叙利亚。中国 2013 年排名 80，2014 年则为 100 名，2015 年最新排名较前一年上升至 83 名。

此外，国际经贸组织、国际商会、国际货币基金组织、国际监察专员协会、国际检察官协会、国际最高国家审计机构协会、国际海关组织等都将反腐列入议事日程，纷纷制定廉政规则和肃贪措施。

2. 国际反腐会议

（1）国际反贪污大会。是国际性的反贪污研讨交流会，基本宗旨是研讨反贪污的理论和实践，探讨反贪污的战略与合作。从 1983 年起每两年举办一次，中国在 1995 年举办了第七届大会。每届大会都选择一个主题进行研讨，有力促进了国际反贪工作。

（2）联合国国际反腐败大会。第一届于 2006 年在约旦召开，125 个国家和地区的 700 多名代表出席会议，主题是反对、遏制腐败，倡导廉洁奉公。

（3）国际反贪局联合会。第一次年会于 2006 年在北京召开，来自 137 个国家和地区、12 个国际组织和机构的近千名代表出席了会议。会议通过了《国际反贪局联合会章程》，选举产生了国际反贪局联合会的领导机构。

（4）国际廉政道德会议。自 20 世纪 70 年代“水门事件”以来，从政道德受到国际范围内的重视，国家和地区间的从政道德会议也应运而生。1994 年，美国在华盛顿举办了国际廉政会议，1997 年法国在巴黎举办了题为“公营部门的道德问题”的国际会议，1998 年在土耳其的伊斯坦布尔举行了国际研讨会，专门研讨东欧等处于经济转轨过程中的国家的腐败问题，1999 年在巴黎召开了一次政府公开、透明问题国际会议，以色列每两年举办一次耶路撒冷国际廉政研讨会。

此类研讨会的主要内容有：政府官员的道德价值标准；从政道德立法；廉政制度建设；道德教育与培训；利益冲突；财产申报制度；公务员行为准则；公务员奖惩等。

（5）政府间廉政工作国际会议。1999 年美国副总统戈尔在华盛顿主持召开了首届政府间廉政工作磋商会议，这是第一次主要由各国政府代表团参加、层次较高的反腐倡廉国际会议，近 90 个国家派要员（副总统、总理、部长）参加了会议。会后发表了《华盛顿宣言》。

3. 国际反腐败公约

（1）《反腐败刑法公约》。1949 年，一些欧洲国家在伦敦签订《欧洲委员会法规》，宣布成立欧洲委员会（COE），其总部设在法国的斯特拉斯堡，其宗旨是保护欧洲人权和议会民主，在欧洲范围内达成协议以协调各国社会和法律行为，促进实现欧洲文化的统一性。1994 年，欧委会第 19 届司法部长会议决定成立一个综合性的腐败问题研究小组，研究制定反腐败行动计划和合作方式。1998 年 6 月，欧洲《反腐败刑法公约》出台。该公约确定了关于腐败罪的统一标准和定义，即“贿赂是在公营部门或私营部门担任职务的人员的任何违反职责，旨在为自己或他人获取任何不正当好处的行为”。公约还将行贿受贿、“影响交易”（施加影响来换取好处）、赃款转换（洗钱）、做假账以及协助腐败分子规定为刑事犯罪。它还提出了各国合作反腐败的基本原则和具体方式，包括调查协助、引渡、信息交流、设立专职机构等内容。现在，欧委会正在草拟《反腐败民事公约》和《公共官员行为准则》。

（2）《美洲反腐败公约》。美洲特别是南美洲诸国的腐败问题由来已久。在 1994 年召开的首届美洲国家首脑会议上，与会各国领导人就联合反腐败问题进行了磋商。会后，委内瑞拉向美洲国家组织常设理事会提交了一份《美洲反腐败公约》草案。经过两年谈判，该公约于 1996 年 3 月通过。1998 年 4 月美洲国家首脑第二届高峰会议审议了公约的进展情况，责成各成员国尽早出台相关规定，严厉惩处那些参与有组织犯罪和贩毒的政府官员。《美洲反腐败公约》的宗旨是推动美洲国家间的反腐败合作，建立一套预防、侦查、惩治乃至根除腐败的机制，提高对跨国腐败案的查办效率。各缔约国按照公约要求成立或明确负责反腐败的协调机构，携手推进反腐工作。[1]

阅读书目

1. ［古希腊］亚里士多德：《政治学》，吴寿彭译，商务印书馆 1965 年版。

2. ［法］卢梭：《社会契约论》，何兆武译，商务印书馆 1985 年版。

3. ［法］孟德斯鸠：《论法的精神》，张雁深译，商务印书馆 1961 年版。

4. ［美］潘恩：《潘恩选集》，马清槐等译，商务印书馆 1981 年版。

5. ［法］托克维尔：《论美国的民主》，董果良译，商务印书馆 1997 年版。

6. 马啸原：《西方政治制度史》，高等教育出版社 2000 年版。

7. 孙晓莉：《国外廉政文化概略》，中国方正出版社 2007 年版。

8. 宋振国、刘长敏：《各国廉政建设比较研究》，知识产权出版社 2013 年版。

思考题

1. 比较中西廉政理念的不同，说一说它们分别体现何种价值目标？

2. 评述托克维尔的民主政治与腐败的关系。

3. 查阅有关“国际透明组织”的资料，了解其主要职能。

[1] 麻承照：《廉政文化概论》，中国方正出版社 2014 年版。

第五章

廉政制度文化

如前所述，文化有广义和狭义之分，广义的文化是物质财富和精神财富的总和，狭义的文化仅指意识形态及其相关制度和组织机构。如果把文化分成三个层次，即把两层次划分中的狭义文化再分为制度文化和精神文化。本书研究的廉政文化主要是指狭义的制度和精神的层面。制度文化是人类在物质生产过程中所结成的各种社会关系的总和，包括政治制度、经济制度、法律制度以及人与人之间的各种关系准则等，是关于廉洁从政的政治规范、经济规范和法律规范的集合。

第一节　廉政文化与政治制度

政治是一种统治和管理的手段，它与人类社会的发展进步息息相关，因时代局限和世界观的不同，不同民族、不同阶级立场的人对于政治的认识也千差万别。马克思主义政治学说在政治任务、政治领导、政治文化、政治发展等方面，与西方政治制度相比有着本质的区别。全面把握有中国特色的政治制度，对于我们正确把握廉政文化与政治的内在联系，进一步加强廉政文化建设，深入开展反腐倡廉工作具有普遍的指导意义。

一、政治任务与反腐倡廉

政治总是与国家、阶级、政党、社会集团等联系在一起，其核心是国家政权问题。围绕着巩固国家政权，不同时期的政治任务是不尽相同的。

新中国成立后，特别是改革开放以来，党内不正之风和消极腐败现象，直接危及党的执政地位，加强党风廉政建设和深入开展反腐败斗争成为执政党始终面临的一项严肃政治课题。党的十五大提出“反腐败是关系党和国家生死存亡的严重政治斗争”；党的十六大把“反腐败斗争作为全党的一项重大的政治任务”；党的十七大强调“坚决惩治和有效预防腐败，关系人心向背和党的生死存亡，是党必须始终抓好的重大政治任务”。在党的十八大上，“建设廉洁政治”的提法被写入党的代表大会报告中，报告明确提出：“反对腐败、建设廉洁政治，是党一贯坚持的鲜明政治立场，是人民关注的重大政治问题。”反腐倡廉建设同思想建设、组织建设、作风建设、制度建设一起确定为党的建设的基本任务。把反腐倡廉上升为一项严肃的政治任务，这是我们党和国家对反腐倡廉性质的基本定位。

腐败问题绝不是一般性质的枝节问题，而是事关党和国家生死存亡的严重政治问题。1982 年，邓小平就打击经济领域中严重犯罪活动问题时指出：“现在对这个问题，我们的思想并没有完全统一。有一部分同志遇事手软，下不了手。为什么下不了手？思想上没有认识这个问题的严重性，只当作一般性质的问题来对待。”对这类问题的认识“应该提得更高一点，看得更深一点”。并尖锐地指出，如果不认真解决这个问题，“那末，我们的党和国家确实要发生会不会‘改变面貌’的问题。这不是危言耸听。”[1]

正确认识当前反腐败斗争的性质，关键在于如何看待党与腐败分子之间的矛盾。我们党内是绝对不容许存在腐败的。这是因为，腐败分子的腐败行为与党的性质和宗旨是根本对立的，他们对党的事业造成的危害是极其严重的。在战争年代，我党曾处决过革命队伍中的贪污腐化分子。建国初期，党中央发动了一场“反贪污、反浪费、反官僚主义”的“三反”运动，严惩了以刘青山、张子善为典型的腐败分子，对于遏制腐败现象的蔓延起到了积极的作用。当前的反腐败与战争年代和新中国成立初期相比情况更加严峻。极少数严重蜕化变质的腐败分子，不仅大肆侵吞和攫取国家财富，表现出疯狂的贪婪性和掠夺性，而且对社会主义制度强烈不满，表现出疯狂的反社会性。因此，全党同志要深刻认识反腐败斗争的长期性、

〔1〕《邓小平文选》第 2 卷，人民出版社 1994 年版，第 403 页。

复杂性、艰巨性，以猛药去疴、重典治乱的决心，以刮骨疗毒、壮士断腕的勇气，坚决把党风廉政建设和反腐败斗争进行到底。

总之，反腐败是一场严肃的政治斗争。我们必须清楚认识到当前反腐倡廉工作是提高党的建设科学化水平的现实需要，是新的历史条件下实现中华民族伟大复兴中国梦的有力保障，是全面建成小康社会和全面深化改革开放的必然要求。[1]

二、政治领导与反腐倡廉

政治领导是一种政治管理活动，是政府、政党、政治集团以及政治领袖等政治管理主体运用权力或权威，通过对政治管理客体施加政治影响力，确立社会政治生活的性质和目的，实现与政治统治相关的原则和方向。在政治领导形态中，马克思主义政党代表着最广大人民的根本利益，实现了代表先进生产力发展要求，代表先进文化前进方向和代表最广大人民根本利益的统一。

（一）中国特色的政治制度

中国的政党制度是中国共产党领导的多党合作和政治协商制度。首先，关于中国共产党的基本组织，中央组织有党的全国代表大会、中央委员会、中央纪律检查委员会，以及由中央委员会选举产生的政治局和政治局常务委员会、政治局的办事机构书记处，以及中央委员会的机构——中央军事委员会。其次，中国共产党是通过对口管理来领导政府和社会事务的，即在政府和社会中设置党的对口的领导部门。最后，在总体原则上，党的领导是通过政治、组织和思想上的领导来实现的。

中国共产党领导的多党合作和政治协商制度与一党专政不同，主要表现出以下几个特点。第一，允许合法政党的存在，允许它们参政、议政。在中国，除了执政党中国共产党以外，还有八个民主党派。第二，其他的合法政党以某种形式与共产党联合，在中国则为民主协商制度，这样就排除了政党之间的竞争。共产党领导下的多党合作制的核心是共产党拥有政治上的绝对领导地位，是执政党，其他党派是参政党。统一战线是中国共

〔1〕麻承照：《廉政文化概论》，中国方正出版社2014年版，第283~285页。

产党的一贯政策，是中国共产党领导人民夺取民主革命胜利的三大制胜法宝之一。

中国人民政治协商会议在中国的政治生活中有着独特的政治地位。它不是国家机关，不能行使任何政府权力，在宪法的“国家机构”部分没有任何关于政协的规定；它的章程也不且备法律性，对社会成员没有普遍性的约束力。但是宪法在“序言”部分规定了政协的法律地位。按照惯例，政协和人大每年同时召开，被并称为“两会”，显示了政协在中国政治生活中的地位。政协的主要工作是通过各种形式参与有关国家事务和地方事务重要问题的讨论，即参政议政；根据中国共产党或民主党派、人民团体的提议，举行由各党派、团体的负责人和各界爱国人士的代表参加的会议，进行协商。参政议政的形式包括召开政协的各种会议，并向有关的党和国家机构提出重要建议案和委员个人提案。协商的形式，包括由政协的各民主党派、全国工商联负责人、无党派人士与中共负责人参加的民主协商会、谈心会、座谈会等。政协的参政议政中，包含着各种形式的民主监督。

中国共产党作为全中国人民领导核心的地位是由宪法明文规定的。就领导范围而言，党的领导是全方位的，社会主义事业的一切组织、一切事业，工、农、商、学、兵、党、政这七个方面，都必须服从党的绝对领导。党的领导主要体现为政治、思想和组织的领导，即通过制定大政方针，提出立法建议，推荐重要干部，进行思想宣传，发挥党组织和党员的作用，坚持依法执政，实施党对国家和社会的领导。政治领导不能脱离思想领导、组织领导，三者是一个有机整体。其中，政治领导是核心、根本；思想领导是实现政治领导的基础、前提；组织领导是实现政治领导和思想领导的保证。

坚持党的领导，就领导体制而言，就是要建立和完善“一个核心”、“三个党组”的组织结构。“一个核心”就是党委在同级组织中处于核心地位。“三个党组”就是中国共产党在人大、政府、政协中分别建立健全的、与国家组织大致相应的三个党的组织，作为实现党委“核心”作用和执政目标的组织形式。这些机构中的党组受同级党委领导，对党委负责。党委在同级各种组织中发挥领导核心作用，集中精力抓大事，支持各方独立负责，步调一致地开展工作。按照党总揽全局、协调各方的原则，进一步改革和完善党的工作机构和工作机制，规范党委与人大、政府、政协以及人民团体的关系，支持人大依法履行国家权力机关的职能，并经过法定程序，使党的主张上升为国家意志，使党组织推荐的人选成为国家政权机关的领导人员，并对他们进行监督；支持政府履行法定职能，依法行政；支持政协围绕团结和民主两大主题履行职能。加强对工会、共青团和妇联等人民团体的领导，支持他们依照法律和各自章程展开工作，更好地发挥党联系广大人民群众的桥梁和纽带作用。[1]

（二）中国特色的反腐倡廉

中国特色的反腐倡廉就是必须在党的领导下进行。江泽民指出，坚持党的领导，“这是总结近代以来中国发展的历程得出的结论，也是分析许多国家发展的经验教训得出的结论”。胡锦涛强调，党风廉政建设和反腐败工作是一项系统工程，既涉及党的建设和政权建设，又涉及社会管理的方方面面，必须在党的统一领导下进行，把各种力量和资源有机整合起来，各方面的积极性和主动性充分发挥出来，营造齐心协力反腐败的良好局面。“坚持党的领导，是加强反腐倡廉建设事业的根本政治保证”。实践充分证明，反腐倡廉关系中国特色社会主义事业的兴衰成败、党的生死存亡和国家的长治久安，是全党全社会的大事。长期以来反腐倡廉建设之所以能够不断取得新进展新成效，关键在于有党坚强有力的领导。

反腐倡廉必须在党的领导下进行，这是由我们党在国家政治生活中的绝对领导地位所决定的。面对复杂多变的国际形势和艰巨繁重的改革发展稳定任务，实现“两个一百年”奋斗目标，实现中华民族伟大复兴的中国梦，必须坚持党要管党、从严治党，不断提高党的领导水平和执政水平、提高拒腐防变和抵御风险能力，确保党始终成为中国特色社会主义事业的坚强领导核心。反腐倡廉建设同党的思想建设、组织建设、作风建设和制度建设并列起来，作为党的建设的重要组成部分。这就表明反腐倡廉建设只有坚定不移地坚持党的领导，才能使党的建设与其他工作相协调，才能从根本上解决损害党肌体健康的腐败问题，才能更好地促进党的建设的深入开展。

---

〔1〕 麻承照：《廉政文化概论》，中国方正出版社2014年版，第294页。

反腐倡廉必须在党的领导下进行，这是始终保持正确的政治方向的根本保证。腐败是剥削阶级和私有制的产物，它与我们党的性质、宗旨和任务是根本不相容的。中国共产党是中国工人阶级的先锋队，同时是中国人民和中华民族的先锋队。党的性质和宗旨，决定了我们党要站在时代前列带领人民不断开创事业发展新局面，就必须以改革创新精神全面推进党的建设这项伟大的工程，进一步解决好提高党的领导水平和执政水平、提高拒腐防变和抵御风险能力这两大历史性课题。反腐倡廉建设只有坚持党的领导，才能确立正确的反腐败指导思想、基本原则和领导体制，作出符合中国国情的党风廉政建设和反腐败斗争战略决策以及工作部署；才能有效地动员和组织全党和全社会的力量反对腐败，既依纪依法严惩腐败分子，又维护政治和社会稳定，保证反腐败斗争在错综复杂的环境中，始终沿着正确的政治方向平稳健康地向前发展，不断取得新的成效。

反腐倡廉必须在党的领导下进行，这是充分发挥我们党政治优势的基本要求。经过 90 多年的发展，我们党已经成为一个执掌全国政权并长期执政和在改革开放、发展社会主义市场经济条件下领导国家建设的党；成为一个在思想、组织、作风等方面都已成熟的，具有强大政治优势的党。在反腐倡廉建设中只有坚持党的领导，才能够充分发挥好党的政治优势，充分调动全党全社会的反腐败力量，把反腐败各项任务落到实处。

三、政治发展与反腐倡廉

政治发展是政治学中一个重要的概念，它是由西方政治学界于 20 世纪 50 年代提出来的，主要是从宏观动态的角度去研究国家尤其是处于现代化进程中的发展中国家的政治变迁过程。20 世纪 80 年代，我国学者开始这方面的研究，他们以马克思主义理论为指导，摆脱西方政治标准和模式的影响，创立了具有中国特色的理论观点。

以政治发展的理论研究反腐倡廉，主要是两个方面：一是在政治发展的路径即政治革命和政治改革中，反腐败坚持标本兼治、综合治理、惩防并举、注重预防的方针，在不放松惩处的同时，必须通过深化改革和创新制度，不断加大治本抓源头力度；同时要充分运用科技进步，特别是运用互联网使信息公众共享，提高公众的反腐参与能力。二是在政治发展的目标即民主政治中，反腐败要依靠群众，但绝不能采取群众运动。

（一）政治发展路径与反腐倡廉

反腐倡廉工作必须通过深化改革和创新制度来推动。高度重视、坚决反对腐败是我们党和政府工作的一贯主张。在具体策略上，不同时期工作的侧重点有所不同。

改革开放初期，面对腐败现象滋生蔓延的势头，重点放在遏制上，集中力量打击腐败分子，保证了改革开放和现代化建设的顺利进行。实践证明，这样做是非常必要的。但从长远看，在坚决惩治腐败的同时，必须加大预防的力度，才能掌握反腐败工作的主动权。党的十五大提出“坚持标本兼治，教育是基础，法制是保证，监督是关键”的主张，强调通过深化改革，不断铲除腐败现象滋生蔓延的土壤，将反腐败重心由侧重遏制转移到标本兼治、逐步加大治本力度的轨道上来。十六大再次强调，“坚持标本兼治、综合治理的方针，逐步加大治本的力度，从源头上预防和解决腐败问题”。十七大进一步明确要求“坚持标本兼治、综合治理、惩防并举、注重预防的方针，扎实推进惩治和预防腐败体系建设，在坚决惩治腐败的同时，更加注重治本，更加注重预防，更加注重制度建设，拓展从源头上防治腐败工作领域”。十八大提出，“要坚持中国特色反腐倡廉道路，坚持标本兼治、综合治理、惩防并举、注重预防方针，全面推进惩治和预防腐败体系建设，做到干部清正、政府清廉、政治清明。”这“三清”对党风廉政建设和反腐败斗争提出了更高的要求。

从当前反腐败形势看，反腐败高压态势必须继续保持，惩治这一手一刻也不能放松。要对腐败实行零容忍，坚持有腐必反、有贪必肃。在反腐败中，要正确处理好治标与治本的关系问题。这是一个涉及正确分析当前反腐败斗争形势，确定党风廉政建设和反腐败工作指导思想、主要任务、斗争策略、工作方法的重大问题，从一定意义上决定着反腐倡廉建设的成效。反腐倡廉既要治标，更要治本，这是新时期加强党风廉政建设和反腐败斗争的基本战略思路。中共中央政治局常委、中央纪委书记王岐山在十八届中央纪委委员学习贯彻党的十八大精神研讨班上，明确指出，要深刻认识党风廉政建设和反腐败斗争的长期性、复杂性和艰巨性。坚持标本兼治，当前要以治标为主，为治本赢得时间。这是对当前复杂的党风廉政建设和反腐败形式提出的战略性、阶段性目标，对于反腐倡廉建设向纵深发展具有重要意义。

从未来长远的角度来看，反腐倡廉工作必须借助科技进步特别是互联网技术来推广。马克思曾说，科学是最高意义上的革命力量。迄今为止，世界范围内已经发生了三次科技革命，每一次科技革命都对政治发展产生了许多重大影响。第一次科技革命以经验理性替代神性，重铸政治合法性基础；以技术弥补道德，重铸政治运作体系；以科学的社会结构替代神意安排的等级结构，重铸认知政治的方法；以发展观代替永恒观，重铸政治变迁的动力机制。科技进步促进了全球性的经济、政治、文化的交往，逐渐形成了以西方为主导的殖民体系。第二次科技革命促使资本主义由自由竞争向垄断过渡，世界科技中心由英国、法国转移到德国，受帝国主义政治经济发展的不平衡的支配，新兴的帝国主义国家与老牌的帝国主义国家为重新划分势力范围而大动干戈，引发第二次世界大战。战后伴随着民族民主解放运动的兴起，世界范围内的殖民体系土崩瓦解，第三世界国家和人民的政治发展问题凸显出来。第三次科技革命开始于 20 世纪 70～80 年代，它推动了知识经济的兴起，加快了信息社会的到来，揭开了网络时代的序幕，对世界经济、政治、军事、文化诸方面产生极为深远的影响。信息化带来的现代信息系统，既为人们获取信息提供了方便，也为人们表达政治意愿提供了可能。网络对政治的影响不容低估。原本被人们认为主要用于“计算”的电脑，在搭上了互联网的高速公路以后，竟然把许多并不相干的功能连接在一起，以不可想象的高速度把信息传遍世界的每个角落。新闻在互联网上的快速传播，充分显露出互联网的巨大能量。数以千万计世界各地的网民们正是从互联网上看到这些新闻和照片后，才对其所涉及的人物和事件有了自己的看法，并进一步在网络或其他媒体上自由发表意见，形成了全球性的对某一事件的集中反馈。政治事件纷纷上网，是互联网发展的一大趋势，以至国外有人预言互联网将成为在司法、立法和行政以外，继报纸、广播、电视等大众传播媒介之后的“第五权力”。

（二）政治发展目标与反腐败

1. 政治发展目标——民主政治

政治发展说到底是国家治理模式问题，每个国家在不同的历史时期有着不同的政治发展目标。民主政治是当代世界各国普遍追求的最基本的政治实现途径和政治发展目标。这是因为，民主作为目的，是政治价值的最高体现；民主作为手段，是社会资源尤其是政治资源公平分配的有效机制，是政治权威最可靠的合法性基础，也是有效调动人民群众积极性，保持政治效率持续有效的重要方式。在经济全球化和一体化程度日益加深的当代社会，人们越来越深刻地认识到政治民主化对于整个世界经济社会发展的重要性。有鉴于此，正确理解政治发展的基本目标——民主政治，并把它运用到反腐败实践中，最主要的是执政党如何处理好反腐败与依靠人民群众的关系。

2. 民主政治与反腐倡廉

唯物史观认为，人民群众是历史的创造者，是历史前进的动力，是决定国家前途和命运的根本力量。人民群众是我党力量的源泉，群众路线和群众观点是我们的传家宝，如果哪个组织严重脱离群众而不能坚决改正，那就丧失了力量的源泉，就一定要失败。反腐倡廉必须紧紧依靠群众，把群众反对腐败的积极性引导好、保护好、发挥好，没有群众的支持和参与，反腐败就成了无源之水、无本之木。我党多年来的历史经验反复证明，广大人民群众的理解、支持和参与，是革命、建设和改革事业成功的法宝。反腐倡廉作为关系党的生死存亡的严重政治斗争，必须紧紧依靠人民群众。这不仅是我党坚持反腐倡廉群众路线的具体体现，也是反腐败领导体制和工作机制的生命力所在。

反腐败要紧紧依靠群众。反腐败斗争，不能仅仅依靠反腐败专门机关的职能作用，必须坚持在党的领导下，紧紧依靠广大干部群众积极参与，把反腐败的各方面力量调动起来，充分发挥整体效应，形成全党全社会抓党风廉政建设和反腐败斗争的良好局面。江泽民曾指出，要依靠群众加强廉政建设，和群众一起同党内和社会上各种不正之风、腐败现象进行坚决的斗争。反腐败斗争有一条重要经验，就是坚决相信和依靠群众，把发动群众举报和专门机关依法查处结合起来。有了人民群众的支持，我们就赢得了反腐败斗争的主动权。胡锦涛进一步提出：党风廉政建设和反腐败工作要坚持相信和依靠人民群众，扩大公民有序的政治参与，保证人民群众依法行使民主权利、管理基层公共事务和公益事业、对干部实行民主监督。

要把发动群众举报和专门机关依法查处结合起来，鼓励和支持群众举报。这些都是对我们党多年来开展党风廉政建设和反腐败斗争的科学总结，必须在实践中长期坚持。

有学者提出，毛泽东对中国廉政文化的继承与发展主要体现在三个方面：一是“教育为主”的举措，如“正确路线教育”的教育方略、“为人民服务”的教育宗旨、“两个务必”的廉政警言；二是“民主反腐”的新路子，如“三大民主”的民主主义新尝试，“三三制”的民主政治新模式，“民主集中制”的制度创新，“走出周期率”的民主新路；三是“运动反腐”的新方略，如“延安整风”的反腐创举，“三反”“五反”的反腐模式，“自下而上”的群众反腐运动。并进一步说，“回顾我党在毛泽东为代表的第一代中央领导集体时期反腐倡廉的理论与实践，有着一条‘教育防腐，民主治腐，运动反腐’的基本思路。在思想教育、人民民主的基础上，毛泽东主张放手发动群众，开展‘运动反腐’，以清除党内的腐败分子，巩固反腐倡廉的成果。从延安整风始，到新中国成立初期的‘三反’‘五反’，再到后来多次‘自下而上的群众运动’，形成了一套独具特色的‘运动反腐’的理论与实践模式，为党风清正、政风廉洁、民风纯洁作出了艰难的探索，为现今的党风廉政建设和廉洁文化建设开辟了新的视野，同时也提供了重要的历史借鉴”。〔1〕

如何正确地看待以毛泽东为首的党的第一代领导人所采取的各种反腐措施，在中共中央《关于建国以来党的若干历史问题的决议》中早已作出定论。由于历史发展具有阶段性，在不同历史时期采用不同的反腐败措施，是符合辩证唯物主义的，毛泽东的一系列反腐措施，基本上是符合中国历史发展规律的。但也有不少缺失。30 多年前，邓小平同志在深刻总结我国社会主义建设正反两方面历史经验特别是十年“文化大革命”教训时，郑重指出，反腐败要紧紧依靠人民群众，但不能再搞群众运动。又说，用大搞群众运动的办法，而不是扎扎实实、稳步前进的办法，去解决现行制度的改革和新制度的建立问题，从来是不成功的。反腐败，一方面要紧紧依

---

〔1〕 沈其新主编：《中华廉洁文化与中国共产党先进性建设》，湖南大学出版社 2008 年版，第 154 页。

靠群众，另一方面又绝对不能采取搞群众运动的方式。这是因为：

第一，搞群众运动的方式不利于健康有序地开展党风廉政建设和反腐败斗争。从党的历史看，从新中国成立到党的十一届三中全会以前，我们党主要是通过搞群众性的政治运动来开展经济建设和反腐败斗争的。在社会主义改造任务未完成之前通过这种方式开展反腐败是必要的，也符合当时社会的实际状况。如“三反”“五反”运动就对当时党内和社会上的腐败现象起到了强有力的震慑和遏制作用，为维护党的肌体健康和国家政权的稳固起到了一定的积极作用。但是随着生产资料的社会主义改造完成，党的工作重心转移到以经济建设为中心后，再采取搞群众运动的形式来开展反腐败，就日显其局限性和巨大的后遗症。如“文化大革命”中采取的以“四大”为主要手段，夸大矛盾，无限上纲，以势压人，进行围攻批斗，甚至实行人人过关。事实证明，通过这种大规模群众运动的方式不仅无益于准确惩治腐败分子和有效解决腐败问题，而且往往会出现过火行为和斗争扩大化，使一些无辜者受到伤害，遭受诬陷打击。正如邓小平曾经沉痛地指出的那样，我们过去在社会主义改造完成以后，仍然搞这个运动那个运动，一次运动耽误多少事，伤害多少人。因此，今后无论纠正左的倾向或右的倾向，都不要搞运动。

第二，搞群众运动的方式不符合党风廉政建设和反腐败斗争的基本规律。腐败从本质上说是剥削阶级思想和意识的产物，它的产生有着十分复杂的社会历史和政治、经济、文化根源。同时，腐败行为当中反映出来的一些问题主要还是人民内部矛盾问题。因此，试图用搞政治运动的办法去解决人民群众的思想问题，这不符合人们思想认识的发展规律和党风廉政建设和反腐败斗争的规律，不仅不能取得成功，而且还可能把问题搞得更加复杂化。

第三，反腐败斗争是一个长期而又艰巨的过程，将贯穿改革开放的全过程，不可能指望靠几次运动就能解决。对此，邓小平提醒全党，既然是长期的事，不可能搞运动，只能靠经常性的说服教育，必要时采取一些行政手段和法律手段。只有这样，才能逐步把腐败问题等消极因素限制在最低程度，取得反腐败斗争的胜利。〔1〕

〔1〕 麻承照：《廉政文化概论》，中国方正出版社2014年版，第306页。

第二节　廉政文化与经济制度

马克思主义认为，经济基础决定上层建筑，上层建筑对经济基础又具有反作用。一个社会的上层建筑即建立在一定经济基础之上的社会意识形态以及相应的政治法律制度、组织和设施的总和，归根结底是由与之相应的经济基础即同该社会物质生产力一定发展阶段相适应的占统治地位的生产关系各方面的总和所决定的，并为维护该经济基础服务的。从廉政文化的视角去观察和分析经济活动，加强廉政文化建设和繁荣经济的目标是一致的。建设廉政文化，必须改进经济制度中与廉政文化不相适应的成分，构建能保障并促进经济建设的廉政文化体系。

一、中国传统文化中的经济思想

中国是世界上最先进入封建社会的国家，比欧洲整整早了近 1000 年。以唐朝“贞观之治”为代表的中华文明为世界所竞相效仿，“唐人”从那时起成了海外中国人的代名词。北宋时，以“四大发明”为代表的中国科学文化达到一个高潮，遥遥领先于世界各国。封建经济繁荣，人口激增，国家富足，“走卒类士服，农夫蹑丝履”。有西方汉学者研究说，当时一位欧洲君主的生活水平还比不上东京汴梁一个守城门的士兵。至鸦片战争前的 1820 年，中国的经济总量更是达到占世界总量的 32.9%。中华文明曾经空前繁荣，除了与传统的经济思想、经济制度有着紧密的联系外，又与中国传统文化的廉政思想中济世图强、节俭戒奢等元素交互作用有关，其具体表现为：

1. 富国思想

中国传统上重农抑商，但并不等于排斥经济的发展。经济是国家存在和发展的基础，要国泰民安，首先必须发展经济。国家经济不发达，财力就不足，财力不足，一切事业都无法兴办。古时，子贡问孔子如何治理国家，孔子说：“足食，足兵，民信之矣。”〔1〕意思是说治国要做到三点：一是使人民丰衣足食，二是使国家兵力强盛，三是使老百姓对政府有信心。

〔1〕《论语·颜渊》。

这是儒家早期的富国思想。商鞅在秦国变法，提出富国强兵和“重本抑末”政策，他是法家富国理论最早的提出者和实践者。商鞅和韩非，认为农业是衣食之本，又是战士之源，发展农业生产是国家富强的唯一途径，因此，富国必须“重本”。同时，他们认为工商业是末业，易于牟利，如不加限制，就会使人人避农，危害农业生产，因而主张“禁末”。管子的富国思想，在“重本”一点上和商鞅、韩非相同，但对“末”有不同理解，认为要限制的只是“刻镂”“文章”的工事，它把商、工与农、士同列为四民，四民同列，重点是在分工。管子还主张富国必须富民，认为“民必得其所欲，然后听上”。荀况在儒学的基础上吸收各家的富国思想，著有《富国》专篇，提出了较为完整的富国理论。他“重本”，但也肯定工商各业在社会经济中起作用，只是对商贾的数量要有所限制；并明确提出富国必须以富民为基础，主张“上下俱富”。富国之策，受到汉代以后历代思想家的重视。到宋代，李觏著有《富国策》十篇。富国思想在中国的政治经济思想史上具有独特地位，始终贯穿着整个封建社会。

2. 富民思想

发展经济的目的是富国，富国的前提是富民，富国、富民是有机的统一。只有老百姓富了，国家才能真正地富起来，这是封建社会历代政治家的共同见解。春秋时代杰出的政治家管仲曾反复强调，“凡治国之道，必先富民，民富则易治也，民贫则难治也”。他认为，“民富则安乡重家，安乡重家则敬上畏罪，敬上畏罪则易治也”。反之，“民贫则危乡轻家，危乡轻家则敢凌上犯禁，凌上犯禁则难治也。故治国常富，而乱国必贫，是以善为国者，必先富民，然后治之”〔1〕。他还特别强调，“仓廪实则知礼节，衣食足则知荣辱”。要使政权巩固，必须做到“四顺”，即“民恶忧劳，我佚乐之；民恶贫贱，我富贵之；民恶危坠，我存安之；民恶灭绝，我生育之”〔2〕。“四顺”之中，富民是基础。孔子也认为，“政之急者，莫大乎使民富且寿也”。〔3〕又说：“百姓足，君孰与不足？百姓不足，君孰与

〔1〕《管子·治国》。

〔2〕《管子·牧民》。

〔3〕《孔子家语·贤君》。

足?”[1]

怎样富民?我国古代的思想家和政治家有许多主张和做法，其中孟子提出了一个根本性的措施，就是“制民之产”，也就是要让老百姓有一定的固定资产。他认为，“民无恒产，因无恒心。苟无恒心，放辟邪侈，无不为己”。他还提出了一个“制产”的基本标准：“故明君制民之产，必使仰足以事父母，俯足以畜妻子，乐岁终身饱，凶年免于死亡。”同时，孟子又根据当时的具体情况，提出了具体做法。他说：“五亩之宅，树之以桑，五十者可以衣帛矣。鸡豚狗彘之畜，无失其时，七十者可以食肉矣。百亩之田，勿夺其时，八口之家可以无饥矣。”[2]他是把这个作为“驱民之善而王天下”的基本条件的。孟子之后，不少政治家都提出了“制民之产”的具体方案。汉代著名政治家晁错曾经提出，“圣王”能使“民不饥饿”，并非要自己亲自去种田、织布来满足人民衣食需求，而是能够为他们“开其资财之道”。而人民的资财之道，就是安心地在自己的土地上生产和生活。他说：“民贫则不地着，不地着则离乡轻家，民如鸟兽。虽有高城深池，严法重刑，犹不能禁也。”[3]北魏高祖元宏曾颁布均田令，“遣使者循行州郡，与牧守均给天下之田”，并且“劝课农桑，兴富之本”[4]。这是“制民之产”的具体措施。后世的改革家，政治家，从王安石的方田均税，到孙中山的“平均地权”，不管动机和效果如何，都在一定程度上受到了这种经济思想的影响。

3. 轻徭薄赋思想

对土地课征赋税是中国封建社会农产品的主要分配形式，是中国古代政治思想家经常论述的主要问题之一。西周“井田制”消亡后，对农业生产改为按所有田亩课征赋税。因此，中国古代的经书、史籍如《尚书》《周礼》《国语》等，常有关于田地分级和贡赋分等的论述。最早明确提出这一主张的是管仲，他说：“凡有地牧民者，务在四时，守在仓廪”，“不务天时

[1]《论语·颜渊》。

[2]《孟子·梁惠王上》。

[3]《论贵粟疏》。

[4]《魏书·高祖纪》。

则财不生，不务地利则仓廪不盈”。[1]不违农时，让老百姓按春耕、夏耘、秋收、冬藏“四时”的农务来进行生产，是牧民的要点。孔子继承了管仲的思想，他倡导“节用而爱人，使民以时”[2]。孟子也特别重视“省刑罚，薄税敛”，“不夺民时”。他认为“夺其民时，使不得耕耨以养其父母”，这是“陷溺其民”。孔孟的这些观点对后世优秀经济思想传统的形成产生了很大影响。南朝刘勰比较深刻地阐述了这一思想，他说：“夫足寒伤心，民劳伤国；足温而心平，人佚而国宁。是故善为理者，必以仁爱为本，不以苛酷为先。宽宥刑罚，以全人命；省彻徭役，以体民力；轻约赋敛，不匮人财；不夺农时，以足民用。则家给国富，而太平可致也。”[3]他从“仁政”的高度来论述轻徭薄赋与不夺农时，并把这看成是致太平的根本措施。北宋著名思想家李觏，十分重视发展农业生产，主张“平土”与“限田”，做到“人无遗力，地无遗利”。他赞同孟子的思想，认为“百亩之田，不夺其时，而民不饥矣。五亩之宅，树之以桑，而民不寒矣”。[4]这是“温厚而广爱”的“仁之道”。

受以上思想的影响，历代统治集团中不乏身体力行者。东晋元帝司马睿曾颁布诏令，实行“宽政息役，惠益百姓”，甚至为了减轻百姓负担，他在册立皇太子时，下令禁止百官送礼。唐太宗李世民认为，“民者国之先，国者君之本”。他把君主分为“苦民之君”和“乐民之君”。两者的根本区别在于对待人民的态度的不同。凡“苦民之君”往往“多营池观，远求异宝，民不得耕耘，女不得蚕织，田荒业废，兆庶凋残，见其饥寒禾为哀，睹其劳苦不为之感”。相反，“乐民之君”能够做到“薄赋轻徭，百姓家给，上无暴令之征，下有讴歌之咏，屈一身之欲，乐四海之民”[5]。正因为李世民在思想上有这样的认识，因而在行动上也就有坚决的措施。由于他采用“均田”、薄赋等思想以发展生产，终于实现了历史上有名的“贞观之治”而成为一代明君。

---

〔1〕《管子·牧民》。

〔2〕《论语·学而》。

〔3〕《刘子·爱民》。

〔4〕《李觏集·论礼第三》。

〔5〕《旧唐书·太宗记》。

4. 戒奢节俭思想

统治者的奢侈或节俭，关系财用的匮乏或富足，税敛的苛繁和薄简。古代中国的传统经济思想提倡黜奢崇俭。先秦儒家，把“礼”作为区别奢与俭的标准，反对各个等级的人有超礼制标准的消费行为，超过即被指责为奢，其目的是维护消费方面的等级制。墨家和道家也都主张黜奢崇俭，只是区别奢俭的标准有别于儒家。墨家主张不分等级，以维持生命健康需要为消费标准；道家则以原始时代简陋的生活条件作为理想。秦汉以后，黜奢崇俭成为统治者在对待消费问题的封建正统教条。

在中国漫长的封建社会里，也出现过一些相反的观点。如，管仲在《管子·侈靡篇》中就论述过富有者在衣食、宫室、墓葬等方面的侈靡性开支问题，说它可以使女工、木工、瓦工、农夫有工作可做，既有利于贫民得到就业和生活的门路，也可使商业活跃起来。这在当时确是一个颇不寻常的观点。它从经济活动各方面的相互联系来考察消费问题，提出了消费对生产的反作用的卓越见解。对这一思想，北宋范仲淹和明代陆楫都有所阐发。陆楫明确反对禁奢，认为扩大消费是增加贫民生计的重要途径；俭只能使一人一家免于贫，而奢则能“均天下而富之”。这种学说是封建社会中商品经济已有相当发展的反映，但终没能成为中国传统社会的主流价值观。

5. 平价思想

平价是指稳定物价。中国古代思想家很早就有这方面的论述。如《周礼》一书中已经注意到对市场、物价进行管理的问题，书中提到当时有司市、贾师等官员掌握“平市”“均市”“成价”“恒价”等事。战国时代，李悝、范蠡鉴于谷价的大起大落对农民和工商业者造成的伤害，提出由国家在丰年购进粮食，在歉岁出售粮食的“平籴”“平粜”政策，使粮价的涨落控制在一定范围之内。《管子·轻重篇》从货币流通量影响物价的角度，提出了由国家利用收缩或投放货币的政策来平抑物价和积蓄重要物资，或者用来作为打击富商大贾囤积居奇操纵物价活动为手段的主张。汉武帝时，桑弘羊实行的平准、均输政策，主要目的也在于平抑谷价。这一平价思想以后被广泛应用于国家储备粮食的常平仓制度和救济贫民的义仓制度。

6. 义利思想

“利”主要指物质利益，“义”则是指人们行动应遵循的道德规范，义利即关于人们求利活动与道德规范之间相互关系的理论。义利关系是中国古代思想史上长期争辩的一个问题。儒家承认求利之心，人人皆有，因而不反对求利，但是他们把义放在首位，认为求利活动应受义的制约，主张重义轻利，先义后利。这就是说，要把合乎封建等级利益的规范，作为求利的前提。尽管当时（如法家）和以后也有重利轻义或义利结合的主张，但是儒家贵义贱利的理论，却占统治地位，成为中国封建社会长期束缚人们思想的僵化教条，妨碍人们对求利、求富问题的探讨和论证，也在一定程度上影响了商品经济在中国的发展。

除了上述几种主要经济思想外，中国古代思想家还有其他方面的经济观点，如功利思想、理财思想、田制思想以及人口思想等。中国古代的经济思想，虽然是为维护中央集权的封建专制统治而服务，但大多是为了扩大商品生产与交换、发展社会生产力开辟道路而提出来，有其合理性的一面，在当时起到了积极的作用，甚至到现在还值得借鉴和弘扬。〔1〕

二、建立完善的廉洁经济制度

从廉政的角度去研究经济，就是要推动建立与廉政文化相适应的现代经济制度。从我国当前的国情出发，就是要革除一些经济制度中与廉政文化格格不入的部分，构建可持续发展的现代经济制度，从而促进经济的发展和繁荣。具体地说，就是要不断地完善财政制度、经济制度、金融制度，规范商务活动。

（一）完善财政制度

1. 改革公共财政的投入机制

公共财政指的是在市场经济条件下，主要为满足社会公共需要而进行的政府收支活动模式或财政运行机制模式；是国家以社会和经济管理者的身份从市场上取得收入，并将这些收入用于政府的公共活动支出，为社会提供公共产品和公共服务，以充分保证国家机器正常运作，保障国家安全，

〔1〕 麻承照：《廉政文化概论》，中国方正出版社 2014 年版，第 307~313 页。

维护社会秩序，实现经济社会的协调发展。公共财政的核心是满足社会公共需要，其涵盖的范围主要有：行政管理、国防、外交、治安、立法、司法、监察等国家安全事项和政权建设；教育、科技、农业、文化、体育、公共卫生、社会保障、赈灾救济、扶贫等公共事业发展；水利、交通、能源、市政建设、环保、生态等公益性基础设施建设；对经济运行进行必要的宏观调控等。改革开放以来，我国的沿海地区充分利用特有的地理位置和人才资源，先富起来了，有的区域甚至赶超了中等发达国家。当财政解决了地方的一般性预算支出后，余下的钱就有一个资金投向的问题。按廉政建设的要求，将钱投向民生项目，用于发展经济，改善民生，惠民利民，而绝不允许用纳税人的钱来提高行政支出，盖建楼堂馆舍，增加职务消费。

2. 实行“收支两条线”制度

“收支两条线”是指政府对行政事业性收费、罚没款收入等财政非税收入的一种管理方式，即对具有收费和罚款没收职能的部门和单位，根据国家法律、法规和规章应收取的行政事业性收费和罚没收入，按规定委托指定代收银行代收代缴或由执收执罚单位直接收取并全额上缴国库或预算外资金财政专户；部门和单位的人员经费、公用经费和办公所需的特殊经费等，由财政部门根据实际情况纳入本级综合财政预算统筹安排。“收支两条线”是针对预算外资金管理的一项改革，其核心内容是将财政性收支（预算外收支属于财政性收支）纳入预算管理范围，形成完整统一的封闭式的各级预算，提高法制化和监督水平。

从我国的实际情况看，很多腐败的根源就在于收支混乱，缺乏监督。一些单位私设“小金库”，以“小金库”的钱去搞职工福利，造成同城同地收入差异很大的现象；有的则以“小金库”的钱去搞腐败，如行贿跑官要官，打通关节走后门，搞职务高消费，吃喝玩乐，公费旅游；有的甚至是用公款赌博、嫖娼、吸毒。完善“收支两条线”，就是要堵住腐败的财源。

3. 推行政府采购制度

政府采购，是指各级政府机构为开展日常政务活动或为社会提供公共服务的需要而采购货物、工程和服务的行为。在财政监督下，以法定方式、方法和程序对政府机构采购行为进行管理的制度，称为政府采购制度。它的主要组成部分是《政府采购法》。这部法律对政府采购的程序进行了严格的规定，其核心是强制性的公开招标制。强制性的政府采购招标是指一定数额以上的采购一定要通过公开招标进行，不能由官员个人自行决定。政府采购的宗旨和功能，是以法律方式强制地为国家机关和公共机构的采购行为引入市场竞争。市场竞争是政府采购制度的灵魂和内在精神。竞争的有效、竞争的成本、竞争的效果、竞争的平等和竞争的保障，是进行当代政府采购制度设计的基本依据。政府采购制度作为政府支出管理的重要制度，在西方国家已经有200多年的历史。

根据廉政的要求，政府采购支出所遵循的原则是公开、公正、公平。政府采购所达到的规模效益，它的影响已超过单纯的财政支出管理，涉及对国民经济的宏观调控以及国内国际经济合作领域。我国政府采购行为历来有之，但一直缺乏相应的法律规范或制度约束。财政管理的重点是资金分配，至于资金从国库划拨出去后，各单位是否按预算用途采购以及如何采购，没有相应的制度规定和监控措施，完全由预算单位自行决定。由此产生诸多弊端，如随意采购、暗箱操作、截留挪用资金、贪污腐败等现象，降低了财政资金使用效率。有鉴于此，我国在建立社会主义市场经济体制过程中，有必要研究和探索建立既具有中国特色又能与国际惯例接轨的政府采购制度。

我国从1996年1月开始在部分地区逐步实行政府采购制度，2002年6月通过《中华人民共和国政府采购法》。据有关方面测算，近年我国政府采购日均量超过20亿元，年政府采购总额将近10 000亿元。政府采购资金的庞大规模，形成了一个以政府为消费者的政府采购市场。国际资料表明，政府采购通常占一个国家年度GDP的10%~15%，或者占财政支出的30%~40%。对于如此大规模的政府购买性支出，如果缺乏法律的刚性约束，不仅会滋生政府采购中的各种腐败，还影响政府声誉，进而导致政府执政能力的下降。在政府采购过程中，依靠道德自律或互相监督是不能杜绝供应商与政府部门采购官员之间的合谋与腐败现象的，而引入公开竞争机制则大大降低了其双方合谋的概率。从国际经验看，规范化的政府采购制度有助于降低采购成本，提高采购过程的透明化，对腐败行为具有防范作用，对政府机关的官僚作风和官员腐败有着遏制作用。

4. 推行会计委派制度

会计委派制度是指政府机关或企业的上级主管部门对其下属的分支机构或公司委派会计人员，并授权委派会计人员监督所派单位会计行为和其他经营活动的一种制度。委派会计制度是通过派出单位对受派人的完全控制而实现对受派单位的约束和监督的。会计委派制度是公司治理结构中所有者约束和监督经营者行为的一种制度。在西方国家公司的内部管理中普遍应用，是资本所有者保护自身利益的一种有效方式。我国政府机关和国有企业于1998年开始引入这一制度。

一个有效的会计委派制度必须很好地解决三个问题：委派会计素质的专业化、委派会计职责的明确化和委派会计利益的独立化（即不能与所派单位有利益上的关系）。由于这一制度在加强和完善政府机构和企事业单位内部管理及反腐倡廉中的积极作用，先由中央纪委发文在政府部门和国有企事业单位试行，后由财政部向全国推广实行。会计委派制是一项有利于发挥会计监督职能、促进党风廉政建设、加强国有资产管理的举措。由于其是一项新的改革和尝试，因此需要在实践中不断加以总结与完善。

（二）完善经济制度

1. 减少政府寻租

所谓寻租活动是指人类社会中非生产性地追求经济利益活动，或者说是指那种维护既得的经济利益或是对既得利益进行再分配的非生产性活动。狭义的寻租活动，亦即现代社会中最多见的非生产性追求利益行为，是利用行政法律的手段来阻碍生产要素在不同产业之间自由流动、自由竞争的办法来维护或攫取既得利益。

寻租理论诞生于20世纪中期，它从一个全新的角度对传统的经济学理论提出了挑战。首先，它把经济学研究的视角从生产性的寻利活动扩展到了非生产的寻租活动，把人们追求新增经济利益的行为和追求既得经济利益的行为区分开来。其次，它把政府作为市场经济的参与者来看待，把政府干预行为本身“市场化”了，从而把钱与权交易的问题纳入了经济学研究的范围。再次，由于寻租理论区分了寻利和寻租两种活动，它也区分了有利于社会的创利竞争和有害于社会的寻租竞争。这对于传统经济学一味赞美自由竞争的思维方式是一种批判。寻租活动的发现，为建立更为有效的市场经济秩序指出了方向。

政府创租活动可以分为三类，即政府无意创租、政府被动创租和政府主动创租。在当前，尤其需要关注政府被动创租和主动创租活动。

政府无意创租是指政府为了良好的目标而干预社会经济，但结果是创设了租金，给寻租活动创造了机会。其主要原因是政府知识不足，不知道自己的活动会设置租金，导致寻租结果。比如，新中国成立初期，中国政府为了赶超英美，实行重工业优先发展战略，不得不扭曲产品和要素的价格，这时任何部门和企业只要获得了低价格的资金、外汇、物资，就意味着在生产开始前就获得了利润。随着知识的积累，政府的无意创租行为会逐渐减少，但只要政府不取消对经济的干预或者管制，政府创租的行为是难以避免的。

政府被动创租是指政府创租往往会给某些寻租者带来寻租的良机，而一旦寻租者拥有了政府所创设的租金，就组成了政府创租政策的利益集团。这些利益集团为了保护自己的既得利益，竭力反对进行政策变更，减少或者取消租金。政府被动设租，是因为政府能力不足，分利集团势力太大。比如，城乡二元结构给城市人口创造了巨大的租金，即城市人口相比农村人口拥有巨大的相对优势。改革开放以后，政府为建设统一的劳动力市场，需要取消导致城乡二元结构的户口制度，但是由于城市人口的压力，政府即使有心改革也难以有所作为，只能在边际意义上着力，如实行身份证制度、暂住证制度等。城市户口存在着相对优势导致户口问题上的腐败现象(如卖户口)。长期以来，公共住房成为寻租的对象，这是实物分房政策无意设置的租金。货币分房就是为了改革这种不利于住房发展的制度。

政府主动设租是因为政府官员本身动机不纯，自身已经成为分利集团。在转型期，政府的活动往往被某些居心不良的政府官员用来设置租金，并以此吸引寻租者，为自己捞取好处。如水、电、煤气等部门，设置各种各样的障碍，向需要水、电、煤气的部门要房子，否则就不给水、电和煤气。水霸，电霸和气霸就是这样形成的。

2. 控制公务消费

公务消费主要是指用于公款接待、公款考察、公车使用和公用电话等公务活动所发生的费用。“公务消费”与“职务消费”含义并不相同。公务消费首先肯定了消费的公务性质，完成公务的人与职务没有绝对关系。职务消费强调的是职务，职务消费虽然也可能是公务消费，但这种消费是基于职务之上的。实践中二者是很难完全区分开来的。据报道，目前我国每年的公务消费支出估计为9000亿元，公车、吃喝、旅游各约为3000亿元。公务消费越来越成为吞噬国家财富的一个巨大黑洞。吃、住、行、玩等诸多名目，均成为一些有职位者的“合法”消费。公务消费黑洞的实质是一种隐蔽性腐败，导致有些官员纸醉金迷，纵情于声色犬马，使人民群众对党和政府缺乏信心，离心离德。

公务消费腐败主要体现在以下四个方面：

第一，公务用车。公务用车是领导干部职务消费的一部分，需要按照规定配置。少数领导干部在用车上出问题，既有超出范围不能配置而配置，也有超出标准不该配置而配置。有的用公车迎亲、送葬、钓鱼、接送老婆孩子、外出旅游。有的部门和单位连年亏损，职工工资都发不出，领导干部仍然坐高档车显富斗阔。更多时候自己驾驶着公车办私事，过路费、过桥费、汽油费由公家报销。公务用车假公济私，严重损害了党和政府在群众中的形象，老百姓斥之为“车轮下的腐败”。

第二，公款吃喝。在接待重要来宾和客人，特别是在业务活动中，由领导出面宴请和陪同吃工作餐已成为惯例。在变了味的请吃中，一些领导干部把它扩大化了，在吃喝上极尽渲染。节日请，典礼请，来访请，业务请，工作请，交谊请……请吃的礼节之繁，名目之多很有讲究，往往客人一两个，陪吃七八人。在请吃中，有的热衷于铺张浪费，以什么“黄金席”“豪门宴”来炫耀高贵和富有。用公款花天酒地，大吃大喝，不仅要吃山珍海味，还要喝个酩酊大醉，被群众斥之为餐桌上的腐败。

第三，公款送礼。在一些公务和商务活动中，赠送当地有特色和品牌的物品，已经习以为常。一些领导干部为了跑项目、跑投资，要贷款、揽业务，提拔调动、职称评定、评奖评先、发表文章，子女入升学、就业、提干，疏通关系、讨好领导，都送礼开路。礼品从土特产到金银珠宝；从古文物、字画到人民币、外币；从购物券到存折、股票，无所不有。有的人打着各种旗号，用大笔公款到处送礼。

第四，公款旅游。对于到部门和单位来访的重要客人，领导陪同到当地的旅游点参观游玩，变成约定俗成。有的领导干部学习培训要到名山大川，非旅游点不去。学术交流、专业培训、领导干部踊跃参加，交上一大笔培训费、资料费，报个到后游山玩水，费用公家报销。不但自己玩，还要带着老婆孩子玩。国内名山大川不足以过瘾，就到国外旅游逍遥。

减少公务消费，不仅仅是省几个钱的问题，更是关系我们是否坚持走群众路线，能否真正做到干部清正、政府清廉、政治清明的大事。减少公务消费的根本办法，就是要建章立制，从制度上制约超标现象。

（三）完善金融制度

1. 实施金融实名制

金融实名制是指每一个公民在任何一家金融机构开设任何账户时都必须使用实名，所有的金融交易也必须使用真实姓名并记录在案。也即一个人一生中任何有关金钱的交往都必须通过类似身份证一样的账号进行。金融实名制的好处有很多，如防止偷漏税收、杜绝公款私存、建立个人信用体系等，而最大的好处，则莫过于有效防治腐败。目前，全世界有 90 多个国家和地区已实施金融实名制。在亚洲，日本、韩国、印度的一些邦以及中国的香港、澳门、台湾地区也都已施行金融实名制。

我国从 2001 年开始实行金融实名制，但还只是储蓄实名制，离真正意义上的金融实名制还很遥远，其在运行中也存在一些明显的漏洞：①不需要通过银行的现金交易太多，使得银行无法确切掌握一个人的真实收入和资产以及消费、交易情况。②实际生活中的证件管理混乱，使得银行无法确切掌握一个人的实际存款流向。很多贪官通过借用亲友的身份户口证件，以亲友的名字储蓄，给检察机关追赃增加了一定困难。③银行信用卡发得太多太滥。增加了犯罪查处成本。因一个人可以在不同地区、不同银行持有多张银行卡，各银行之间信息共享存在缺失，使得犯罪嫌疑人有机可乘，即使用的是实名，查起来也很费周折。④一些高档商场、酒楼、俱乐部等使用无记名的消费卡、贵宾卡，虽不能提现，但消费没有限额，还可以不断充值，使用起来比银行卡还要方便，对行贿受贿双方来说都是既隐蔽又实惠。

完善储蓄实名制，必须完善与之相关的财产申报制度，把财产申报情况作为证据使用，就是要求官员如实申报自己财产及家庭财产，否则，一旦案发，超出申报的部分就作为赃款处理。同时，限制现金交易。实行现金限额消费，这样可以限制一些非法交易。一人一卡制度。可以借鉴国外的成功经验，一个人一个身份证号，个人信息都在其中，所有交易、消费都会在卡上留下记录。

实行金融实名制，是有无数成功先例可循的，尤其以韩国的例子最为明显。1993 年 8 月 12 日，第一任民选的韩国总统金泳三以总统紧急命令的方式，突然宣布实行金融实名制。韩国的金融实名制一经实施，成效显著。先是清缴了大批偷漏税款，接着，反腐败取得重大战果：包括韩国大法院院长在内的三名最高法院大法官和一大批高官先后辞职接受调查，前总统卢泰愚涉案金额高达 4600 亿韩元的腐败案也被查出，卢泰愚则因犯受贿罪被判处有期徒刑十七年。加之配套的“官员财产申报制”，韩国政坛从此为之一新。

2. 反洗钱

洗钱，是近年来出现的一种新的腐败。“洗钱”一词的原意就是把脏污的硬币清洗干净，它是由英文“money laundering（money-washing）”直译而来，以其形象的语言表述记载着洗钱一词的发端。现代意义上的洗钱是指将毒品犯罪、黑社会性质的组织犯罪、恐怖活动犯罪、走私犯罪或者其他犯罪的违法所得及其产生的收益，通过金融机构以各种手段掩饰、隐瞒资金的来源和性质，使其在形式上合法化的行为。

公职人员洗钱在世界范围内日益频繁，他们通过各种途径给自己贪污、受贿的黑钱披上合法收入的外衣。据国际货币基金组织统计，全球每年洗钱的数额约占世界国内生产总值的 2%至 5%，介于 6000 亿至 1.8 万亿美元之间，且每年以 1000 亿美元的数额不断增加。

洗钱通常以隐藏资产来源为目的。典型的交易分三个过程：一是入账，即通过存款、电汇或其他途径把不法钱财放入一个金融机构；二是分账，也就是通过多层次复杂的转账交易，使犯罪活动得来的钱财脱离其来源；三是融合，以一项显示合法的转账交易为掩护，隐瞒不法钱财。通过这些过程，罪犯就可把非法所得转移并融合到有合法来源的资金中。洗钱造成了极其严重的经济、安全和社会后果，它为贩毒者、恐怖主义分子、非法武器交易商、腐败的政府官员以及其他罪犯的运作和发展提供了动力。洗钱已经变得越来越国际化，而与犯罪活动有关的金融问题也由于科技的日新月异以及金融服务业的全球化而变得日益复杂化。特别是在当前经济全球化、资本流动国际化的情况下，洗钱活动对国际金融体系的安全、对国际政治经济秩序的危害极大。

中国的洗钱犯罪呈现出其独特的方式：①先捞钱后洗钱。即公职人员大量贪污、受贿后，辞职下海办公司或炒股，用新身份来解释他不正常的暴富。②边捞钱边洗钱。即搞“一家两制”，自己在台上利用权力捞钱，亲属则利用“下海”身份掩盖黑钱来源。③连捞钱带洗钱。即官员或国企老总创办私人企业、代理人企业，既可通过经济往来把黑钱转移到这些企业的账户上，又可通过正常的纳税经营赚一笔。④跨国洗钱。即利用国内外市场日益密切的联系，设法把黑钱转移出去，或者在境外收取赃款并洗白。虽然国内腐败分子的国际洗钱活动还未形成规模，但在国际洗钱中已占有越来越大的比重。某些领导干部已开始在国外打基础，把子女、资金都弄出去。现在的国外中国留学生中出现了一种“留学贵族”。他们大多不是国内“大款”的子弟，但刚到海外，银行存款户头上就有大笔进项。当发达国家的中产阶级还要分期付款买房时，这些留学生已在当地富人区购买住宅，而且几十万甚至上百万美元一次付清。

2006 年 10 月 31 日，十届全国人大常委会第二十四次会议通过了《中华人民共和国反洗钱法》，并于 2007 年 1 月 1 日起施行。这是我国第一部关于反洗钱的专门性行政法律。与此同时，中国人民银行制定了《金融机构反洗钱规定》。总之，我国的反洗法还必须加大贯彻落实的力度，这样才能真正打击此类腐败现象的蔓延。

三、规范商务活动

商务活动，是指市场经济主体主要基于经济目的而从事的各类有关资源、知识、信息交易等活动的总称，包括各种形式的商品、劳务和资本的转移。从事商务活动的主体可以是企业，也可以是国家政府。企业商务活动往往是为了获取利润，而政府的卷入除了利润，还有其他政治、经济等目的。进行商务活动跟从事其他工作一样，都必须遵守社会良俗和一定的道德戒律，遵守普遍的商业行为准则，遵守国家的相关的法律和制度，并按照市场经济的规律和要求办事。规范商务活动，着重要把握以下几个环节：

（一）反垄断

所谓垄断，是指市场竞争主体或者有关行政部门为了获取超额利润，以及为了本地区或本部门的利益而滥用行政权力，采取单独或联合的方式，排挤其他竞争对手，阻碍、限制或支配他人的生产经营活动，妨碍正常的市场竞争，损害他人或社会利益的行为。垄断是市场经济发展到一定阶段的产物。在市场经济中，市场主体为了求得自身的生存和发展，不得不利用各种方式和手段跟自己的竞争对手展开激烈的竞争。其中一部分企业为了达到自己的目的，使自己在激烈的竞争中立于不败之地，于是利用自己的经济优势，限制或阻碍其他企业的生产经营活动，或者某几个大的企业为了避免在竞争中弄得两败俱伤，于是联合起来，共同分割市场，或共同操纵这些产品的销售价格以及某些生产资料的购买价格，以谋取不合理的高额利润，这样便形成了垄断。由于垄断妨碍了公平竞争，从而阻碍了经济的正常运行和发展，因此世界各国纷纷立法，对垄断行为进行限制。

1980 年 10 月 17 日，国务院颁布《关于开展和保护社会主义竞争的暂行规定》，第一次提出了反对干扰和妨碍公平竞争的不正当竞争和垄断问题。其中规定“在经济活动中，除国家指定由有关部门和单位专门经营的产品以外，其余的不得进行垄断，搞独家经营”。在以后颁布的有关法规中也有反对和禁止在不同方面和不同领域的垄断的规定，但都非常简单、零散、原则和笼统。其中没有一处对垄断下一个明确的定义。1993 年 9 月通过的《中华人民共和国反不正当竞争法》，对某些限制和排挤竞争以及地区封锁的行为作了禁止性规定。

垄断可以分为商业垄断和行政垄断。商业垄断是市场经济主体为获取超额利润而采取的一种排斥其他竞争者的行为；而行政垄断则是指通过行政手段保护本部门或本地方经济利益的行为。行政垄断构成了目前中国最严重的腐败形式，其造成的损失已经远远超过官员贪污受贿造成的经济损失。其危害的一个表现是：总是以某一地区或某一部门的利益为出发点，将该地区或该部门与其他地区或其他部门隔绝开来，形成地区经济封锁和部门经济封锁，从而直接阻碍和破坏全国性的统一、开放市场的形成。最为严重的是，行政垄断导致政府主管部门行为企业化，产生大量收费和审批项目，加重企业及个人负担。这种腐败，其实是制度上的腐败，它比个人腐败更为隐秘，危害性更大，其最终受害者是国家。据统计，从 1998 年到 2001 年，中国部分垄断行业违法收取的各种费用高达 530 亿元人民币。因此，从加强廉政文化建设、反对腐败，提高党的执政能力的考虑，反垄断始终是政府规范商务活动中一项重要的长期性的工作。

（二）反对商业贿赂

商业贿赂行为是不正当竞争行为的一种，国家工商局《关于禁止商业贿赂行为的暂行规定》第二条规定：“本规定所称商业贿赂，是指经营者为销售或购买商品而采用财物或者其他手段贿赂对方单位或者个人的行为。”商业贿赂是指经营者以排斥竞争对手为目的，为使自己在销售或购买商品或提供服务等业务活动中获得利益，而采取的向交易相对人及其职员或其代理人提供或许诺提供某种利益，从而实现交易的不正当竞争行为。

商业贿赂已成为生长在经济社会肌体上的一个毒瘤。它对公平竞争的市场规则和市场秩序是致命的摧毁，严重破坏了党和国家廉政制度建设，加剧了社会矛盾，妨害了社会主义和谐社会的构建，甚至影响到政治的稳定，已成为经济社会生活中的一大公害。为此，必须在反商业贿赂中加强综合治理，动员社会各方面的力量，综合采取经济、行政、法律等各种手段，坚决加以治理。

坚持打防并举，是加强商业贿赂综合治理和遏制商业贿赂的基本举措：①强化惩治功能，确保打击商业贿赂的威慑力。②不断完善治理商业贿赂的立法工作。借鉴美国、德国、日本、韩国等市场经济发达国家治理商业贿赂的成功经验，制定专门的《反商业贿赂法》，或者在拟议制定的《反贪污贿赂法》中作出专章规定，治理商业贿赂。完善现有《刑法》，结合《联合国反腐败公约》等有关国际公约规定，通过相关规定的分析评价，以修正案的形式，扩大商业贿赂适用的犯罪主体和犯罪对象。③针对商业贿赂行为隐蔽性强、查处难度大的特点，加大对商业贿赂的经济处罚力度，以增加商业贿赂的违法成本。④从源头上防治商业贿赂。要进一步推进行政审批、备案注册、执法稽查、检验检测、认证评审、政府采购等多项制度改革，加强对权力运行的制约和监督。⑤健全财会信用制度，完善金融监管体系。必须加快建立和完善适合我国国情的法人和个人信用管理法律制度，构建社会信用体系。⑥强化新闻舆论监督机制，形成强有力的惩治商业贿赂犯罪的氛围。

加强对商业性贿赂进行专项治理，着力构建治理商业贿赂的长效机制显得尤为必要。在实践工作中要正确、认真地处理好专项治理与长效机制建立的关系。从源头上筑起遏制商业贿赂的大堤，推进社会主义市场经济健康地向前发展。〔1〕

第三节　廉政文化与法律制度

廉政制度文化中最重要的就是廉政法律制度，因为政治制度和经济制度要发挥作用，最终还是要上升为法律、法规。所以加强廉政制度文化建设，就必须依靠廉政法律制度的健全。没有廉政法制，法治就无从谈起，依法治国也只能流于口号。

一、中国法律制度的建立

（一）法制与法治

“法制”与“法治”是一对非常复杂的概念，在不同国家、不同时代、不同学派中，有着不同的内涵和外延。我们在研究建设廉政法制、实行法治问题之前，必须搞清楚两者之间的关系。

“法制”在我国春秋战国时期就出现了。如法家商鞅主张：“法制明，则民畏刑；法制不明，而求民之行令也，不可得也。”〔2〕韩非主张：“施法制而妄怒，虽杀戮而奸人不恐。”〔3〕据考，在西方“法治”一词最早是由古希腊人毕达斯提出来的。雅典城邦，在梭伦改革后，进行了“法律”统治。亚里士多德在对古希腊158个城邦的政治法律状态进行了全面、翔实的了解后，在以希腊各城邦国家政治实践为基础撰写的《政治学》中指出：

〔1〕麻承照：《廉政文化概论》，中国方正出版社2014年版，第332页。

〔2〕《商君书·君臣》。

〔3〕《韩非子·用人》。

“法治应包括两重意义：已成立的法律获得普遍的服从，而大家所服从的法律又应该本身是制定得良好的法律。”〔1〕

经过两千多年的传承和演变，我们今天所说的法制，不同于商鞅所主张的“法制”；法治，也有别于古希腊罗马时期的法治。法制是一个静态的概念，是“法律制度”的简称。法制的内容比较宽泛，包括立法、执法、司法和法律监督，法制最终目的是建立符合统治阶级的法律秩序。法治是法律运行的状态、方式、程度和过程。包括法律的至高权威，法律的公正性、稳定性、普遍性、公开性和平等性，法治以及对公共权力的制约与对人权的保障等一系列原理和基本要求。法治的核心内容是依法治国，以法制约和合理运用公共权力。法治是随着17至18世纪欧美资产阶级革命，反对封建独裁统治，为了适应发展资本主义经济的需要而产生的，资产阶级革命家提出民主、自由、人权、平等的口号，进而通过立宪，将这些法治原则固定下来，并以此要求国家机关和公民活动都符合法律规定。法治的政治即是民主政治。民主的意义在于促进社会运用国家权力，法治的意义在于制约国家权力。资产阶级创立法治，并在一定范围内采取一定形式将法治与民主加以结合，这是对人类制度文明的一大贡献。因为它找到了克服国家与社会之间的矛盾，防止权力任意膨胀，并将权力限制在法律制度范围内合理操作运行的钥匙。

法治的显著特征是对国家权力的限制和制约。在对国家权力作出限制和制约之前的国家，如奴隶社会、封建社会的国家，虽然在其漫长的岁月里有法或法制，封建专制暴君乃至纳粹德国法西斯独裁统治为了建立有利于他们的统治秩序，在一定时期也可能建立法制，但它们不能被称为法治。因为权力没有受到限制和制约的国家，只能称其为专制、独裁的国家。显然，只有公共权力受到法律的制约和限制时，才有了法治。法治的含义，比之法制的含义更为深刻。重视并维护法律秩序，可以说是法制的重要表征，但它不一定就是法治。法制一般不必具有法治的内涵，只要有法律和制度存在，就有法制存在。但有了法制不一定就能实行法治。

总之，法治与法制既有区别，又是紧密相连的。它们共同属于一定社

〔1〕［古希腊］亚里士多德：《政治学》，吴寿彭译，商务印书馆1965年版，第199页。

会经济基础的上层建筑，并为其赖以存在的经济基础服务。“法制”和“法治”的关系是相辅相成的，不是互相排斥、相互隔离的。它们之间的联系主要表现在：法制是法治的基础和前提条件；坚持实行依法治国的基本方略，必然要求法制完备、健全，要求加强法制建设。而法治的实行，又必然促使法制日趋完善和健全。

（二）中国法律制度的形成

全面地把握和了解中国的法制结构，是进一步完善廉政法制建设的基础。我国现行的法制源头是混合的，主要来自于中国传统法制思想、苏联法制和西方法制三个方面。

中国传统法制是在几千年的封建社会中形成和实践的，可谓根深蒂固。刑民不分，以刑为主，刑不上大夫，这是中国传统法制的特点。在这种制度下，法律只是权力的工具而已。“徒法不足以自行”，法律完全成为权力的附庸。因此，在传统中国法的统治下，用法律来治理腐败几无可能。到了晚清，中国传统法制几乎是告一段落。清末以沈家本为代表的中国法学工作者迎接西方的挑战，学习、借鉴西方法学思想的合理成分，对中国的传统法律进行了改造，尤其是 20 世纪前期的立法努力，最终促成了国民党政府的《六法全书》。这一运动的结果是以一种新的形式摧毁了旧有中国法制形式，至此中国传统法制只剩下了文化层面的意义，即法律观念。

中华人民共和国成立后，国民党《六法全书》被废除，开始全面移植苏联的法制。苏联对法的定义是：法是国家制定或认可的，体现统治阶级意志的，由国家强制力予以保证，以巩固和发展有利于并适合于统治阶级的社会关系和秩序而保障其适用的行为原则（规范）的总和。此概念实质要素是统治阶级意志及相应的经济基础。这一法制的特点是：权法一体，法附于权。苏联法制与中国传统法制思想在权法关系上是一致的，相契合的，又因在革命文化上的一致，更有国家的大力推行，苏联法制及思想在中国被广为认同，影响深远。苏联法制中权法不分、权大于法的先天缺陷，使得腐败行为得不到有效制约。因此，为了有效遏制腐败，就需要克服中国传统法制思想和苏联法制的这种缺陷。

西方法制思想在清末至民国被大量地移植到中国，1949 年至改革开放前则完全被拒之门外，改革开放后又被大量移植。这是由中西方意识形态和经济制度的冲突所造成的。在西方法的法制观念中，权法的关系是两面的，既有权力为法之基础的一面，又有法律制约权力的一面，这尤其表现在英美的行政法中。行政法是一个规范行政权力的法律。在英美行政法的理论中，控制行政权力的思想，即所谓控权理论，能够从法律上制约腐败。

社会主义法制是社会主义政治、经济制度的客观要求，是社会主义民主政治的法律化，它与写着人民权力的保证书的宪法是不可分割的。不仅如此，法制还要求国家机关及其公务员依法行使权力，不准任何人有凌驾于法律之上的特权。但是，也不应忽视，在社会主义国家中，如果不重视克服和解决历史遗留下来的某些沉渣问题，即政治经济体制上的某些缺陷和指导思想上的某些偏差，脱离法制或者背离宪法的情况也是存在的。要在健全社会主义法制的前提下，建立合理的权力结构形式、制约机制和法制原则，以限制和正确运用公共权力，保障公民权利，使人民真正成为国家和社会的主人。

二、完善廉政法制建设

我国反腐倡廉工作在法制化轨道上作了不懈的努力。改革开放30多年来，全国人大及常委会已通过有关惩治腐败方面的法律、决议、决定数百种，国务院也制定了大量行政法规，党内还制定了一系列专门的规定。无疑，这些都为遏制腐败势头起了极为重要的作用。但是，应该清醒地认识到，腐败的势头仍然在蔓延，犯罪的层次越来越高，贪污受贿的数额越来越大。追根穷源，其原因是多方面的，而从法律制度层面看，则显示了法律的软弱，必须进一步完善相关法律制度。

（一）加强廉政立法

当前的廉政法规，无论是党内文件，还是国务院的廉政法规，对党内廉政建设和反腐败斗争的确起到了重大作用。但是也有一些法规制度与市场经济的法制化、规范化的要求还有距离，主要是刚性不足。在处理实际问题时，往往是依据传统的约定俗成的廉洁规定、领导人反腐倡廉的某些讲话和各个时期下发的文件办理。而文件、讲话对腐败现象和腐败分子缺乏硬性约束，各地在处理上宽严尺度差别很大，这就为腐败分子提供了可乘之机。所以说，当前的主要任务是完善廉政立法。立法机关在制定法律时必须考虑：首先，法律要以明确的规范确认各项权力主体行使权力的范围和界限，即应当坚持权力法定的原则。法律所规定和确认的各权力主体行使权力的范围和界限是各权力主体行使权力的法定依据。在法治社会中，任何权力的行使和运用，都应有法律上的依据，否则便为无效或违法行为。对权力范围和界限的确定，是对权力进行制约的前提，也是判定其权力行为合法的标准。其次，法律要以明确的语言对权力行使规定一些限制性条款，仅有授权而没有限制性条款，权力主体就会任意扩大权力的自由裁量范围，从而可能导致滥用权力和越权行为的发生。再其次，立法要严密，应尽量减少权力真空、权力漏洞。因为权力真空、权力漏洞的存在，会给权力滥用、扩权、越权造成可乘之机，并使之缺乏受制裁的依据。最后，在法律责任的承担和制裁上，立法必须适当从严从重，以增大腐败行为的成本。

加强反腐倡廉立法工作的意义，在于它有利于公职人员明辨是非曲直，懂得哪些行为是合法的、可为的，哪些行为是非法的、不可为的。如果行为偏离法律明示的轨道又该当何罪，从而使公职人员应该履行的义务变为明确的必须遵守的法律责任。这就能促进公职人员走正道，不生贪婪之心。加强廉政立法还能强化惩治腐败的力度。把一些腐败行为的定性、量刑作出明确、严厉的规定，有利于杜绝惩治腐败中的以罚代刑、以言代法、以权代法等人治现象，真正为反腐机构和司法部门的反腐倡廉提供尚方宝剑。

（二）完善惩腐刑罚体系

现行中国刑法体系在遏制腐败犯罪问题上已有不少立法，例如，现行刑法典及其有关刑法修正案中，直接或间接涉及反腐败的刑事犯罪，包括贪污罪，受贿罪，挪用公款罪，单位受贿罪，行贿罪，对单位行贿罪，介绍贿赂罪，单位行贿罪，巨额财产来源不明罪，隐瞒境外存款罪，私分国有资产罪，私分罚没财物罪，非法经营同类营业罪，为亲友非法牟利罪，徇私舞弊低价折股、出售国有资产罪，逃汇罪，洗钱罪，滥用职权罪，徇私枉法罪，徇私舞弊减刑、假释、暂予监外执行罪，徇私舞弊不移交刑事案件罪，滥用管理公司、证券职权罪，徇私舞弊不征、少征税款罪，徇私舞弊发售发票、抵扣税款、出口退税罪，商检徇私舞弊罪，动植物检疫舞弊罪，放纵制售伪劣商品犯罪行为罪，赌博罪，等等。此外，我国刑法分则还针对诸种经济类犯罪设置了不少刑罚加重事由规定或情节加重犯规定。显然，上述刑事立法规定对打击腐败犯罪起到了威慑作用，但与当前政治经济现实相比，仍不免有滞后之处，特别是受贿罪、财产来源不明罪亟须进一步完善。为了从根本上遏制腐败的蔓延势头，需要不断完善惩治腐败的刑法体系。

首先，要充实、完善受贿罪的内容。根据腐化形式愈来愈多样化、隐蔽化特点，刑法对于贿赂犯罪的“标的”等形式要件的设置，也要与时俱进，要从纯粹的“财物”范围扩大到财物以外的其他经济利益或实惠型贿赂。财物以外的经济利益贿赂，包括：①安排受贿者本人或其利益关系人免费出国旅游；②在有限责任公司或者股份有限公司为受贿者本人或其利益关系人提供干股；③为受贿者本人或其利益关系人提供无偿使用有关服务（包括性服务）的免费消费卡等。同时还应扩大此类犯罪的主体范围，目前我国对贪污贿赂、挪用公款罪、侵占罪等犯罪主体的设定，多为本国人。对腐败的主体定义为：“代表国家或者任何行政层级和任何立法、执法、行政、司法的公共管理部门的人员，包括国家或者地方政府的雇员、国家和地方立法机关的成员、法官、检察官以及政府控制的实体和企业的雇员。”鉴于此，有必要将刑法中此类犯罪主体的规定扩大到持有我国国家或集体资产股份、并由其控股的跨国公司雇员、合资公司雇员等，从而，腐败行为的主体可能扩大到外籍人或无国籍人等。

其次，必须完善“巨额财产来源不明罪”。巨额财产来源不明罪是在1988年通过的《关于惩治贪污贿赂罪的补充规定》中加以规定的，这个罪名设立的初衷是好的，但是该罪自设立以来，似乎就成了贪污贿赂分子的附带罪名，从来没有一个腐败分子单纯因为被查出巨额财产来源不明而依此罪定刑。由于该罪的最高法定刑只有五年，实际上，一些腐败分子正在享受着巨额财产来源不明罪的轻缓刑罚的“好处”：无论贪污受贿多少，只要手段高明，而且拒不承认，最终即使巨额财产被发现，也只是轻松受罚。这使该罪在一定程度上成了腐败分子的“保护伞”，甚至成为个别地方腐败势力自保的“最后一张王牌”。需要在司法实践中不断加以完善巨额财产来源不明罪，使之更切合实际，真正起到惩治腐败的作用。

（三）增大违法当事人的腐败成本。

这种成本有三个种类：一是事先成本。在掌权者权力扩张的动机产生时，法律必须以相当明确的规范示意划定权力行为的界限及行为越界的非法性，为越权动机的外化设立层层障碍，加重越权者的心理或精神压力。二是过程成本。严格的法律规定使得主体在其权力异化过程中的每一个环节上都需要支付较高的成本，才有可能限制其权力行为的扩张，使他及他人难以支付过高的成本，或因其核算结果为得不偿失，或因根本无法实施而不得不放弃扩张该权力的尝试或减缓其扩张的速度。三是事后成本。法律惩治具有较强的示范意义，法律责任是权力腐败者所必须支付的成本。它的明确和严厉对掌权者具有规劝、警示作用。因此，必须以立法的方式对权力行使行为规定法律责任条款，尤其是对滥用权力、越权、扩权等行为，要有明确的责任承担规定，使权力行使者预先可以明确自己行为的后果。

（四）接轨反腐国际公约

2005年10月，中国正式成为《联合国反腐败公约》（以下简称《公约》）的缔约国。《公约》是目前国际上双边、多边反腐败条约中内容最全面的公约。在具体制度的设计上，《公约》确立了反腐败的五个机制：

预防机制。《公约》认为预防是有效遏制腐败的基础，并提出了若干措施。一是规定专门的预防腐败机构，制定和执行协调有效的反腐败政策，定期对反腐败的相关法律、措施进行评估以确定是否有效；二是建立以透明、竞争、客观为标准的公共采购制度，维持公共财政管理制度的公开、透明；三是简化行政程序，建立公众与国家机关的联系管道；四是防止私营部门的腐败，制定私营机构廉洁的标准和程序，防止利益冲突，形成良好的商业惯例；五是促进社会参与，开展反腐败的公共宣传活动，在大中小学开展廉洁教育；六是打击洗钱活动，监控可疑账户，查明账户所有人的身份等。

刑事定罪和执法机制。包括几个方面，一是刑事定罪，《公约》将贿赂外国公职人员及国际公共组织官员，贪污、挪用、占用受托财产，利用影响力交易等行为确定为犯罪；二是对腐败的制裁，除刑事定罪外，还包括取消任职资格、没收非法所得等，反腐败专门机关还有权采取特殊侦查手段；三是保护措施，包括保护举报人、证人、鉴定人、被害人，对因腐败而受到损害的人员或实体予以赔偿或补偿等。

国际合作机制。《公约》规定缔约国应当就打击公约规定的犯罪进行国际合作，包括引渡、司法协助、执法合作等。

资产追回机制。《公约》规定缔约国应当对腐败资产外流的追回提供合作与协助，包括预防和监测犯罪所得的转移、直接追回财产、通过国际合作追回财产、资产的返还和处置等。这是《公约》最引人关注的焦点之一。

履约监督机制。《公约》规定设立缔约国会议，负责监督《公约》的实施。此外，《公约》还规定缔约国应当通过技术援助和信息交流便利《公约》的实施，向发展中国家提供财政和技术援助。

加入《公约》，对我国建立健全惩治和预防腐败体系有重要促进作用。《公约》关于司法协助、引渡、资产追回等国际合作措施的规定，为我们努力解决相关问题提供了国际法基础。另外，《公约》对促进我国经济健康发展，降低金融风险，维护社会公平正义起到一定的积极作用。因此，《公约》不仅对我国的反腐败工作将会起到促进作用，对相关部门的业务工作和财税体制、金融体制、司法体制改革也将产生推动作用。虽然，《公约》与我国现行法律法规和政策不存在重大冲突，但是相关部门法中的许多具体规定还存在与《公约》所确立的上述机制不协调的地方，这需要我们在实践中不断完善，使我国法律制度与该公约相衔接，使其在实施过程中更符合国际规范，从而得到国际社会的更多支持和合作。

三、依法治国与反腐倡廉

完善廉政法制建设的目的是实行依法反腐倡廉，依法反腐倡廉是实行依法治国的重要内容。没有依法治国，就不可能依法反腐倡廉。什么是依法治国？就是广大人民群众在党的领导下，依照宪法和法律规定，通过各种途径和形式管理国家事务，管理经济和文化事业，管理社会事务，保证国家各项工作都依法进行，逐步实现社会主义民主的制度化、法制化，使这种制度和法律不因领导的改变而改变，不因领导人看法和注意力的改变而改变。1999 年 3 月，全国人大九届二次会议通过的《宪法修正案》，首次将“依法治国，建设社会主义法治国家”载入《中华人民共和国宪法》，它标志着我国已开始迈入法治的新时代。只有进一步完善廉政法制建设，反腐倡廉才有法可依。

法治国家的基本特征是：“民主完善：法治国家的政治前提；人权保障：法治国家的显著标志；法律至上：法治国家的理性原则；法制完备：法治国家的形式要件；司法公正：法治国家的基本要求；权力制约：法治国家的切实保证；依法行政：法治国家的重要标志；权利本位：法治国家的明显特征。”[1]如果从廉政角度出发，要依法反腐倡廉，主要要培养法治意识，制约权力，依法行政，司法公正。

（一）提高法治意识

法治意识是指作为独立主体的社会成员在实践中所形成的关于法治的心态、观念、知识和思想体系的总称，是符合法治社会建设要求的法律意识，是人们对法律和法律现象的看法和对法律规范的认同的自觉程度最高的一种意识。法治意识是反映公民对法律的认识水平以及基于这种认知所形成的对法律、法律的效用和功能的基本态度和信任、依赖程度。法治的核心是制约执法权力，保障公民权利。它可以分为四个方面，即法治的认知、法治的评价、法治的情感以及按照法治对行为自觉调节的意识。法治意识由宪法观念、权力观念、权利观念、平等观念、依法行政意识和司法独立意识、执政党领导意识等若干方面构成。这些方面作为“软件”，在廉政法治建设中起到重要的思想保证作用。强化法治意识，必须树立法律至上的观念。我国《宪法》明确规定，全国各族人民、一切国家机关和武装力量、各政党和各社会团体、各企事业组织，都必须以宪法为根本的活动准则，并且负有维护宪法尊严、保证宪法实施的职责。法律在整个社会规范体系中具有至高无上的地位，其他任何社会规范都不能否定法律的效力或与法律相冲突。在法律面前人人平等。

（二）权力制约

权力制约，是指对权力主体拥有和行使的权力进行限制和约束，以各种控制手段规范公共权力的合理界限。滥用权力是权力拥有者具有的普遍倾向。恩格斯在总结巴黎公社经验时曾这样认为：社会起初用简单分工的

---

〔1〕 卓泽渊：《法治国家论》，中国方正出版社2001年版，第44~68页。

办法为自己建立一些特殊的机关来保护自己的共同利益。但是，后来这些机关，其中主要是国家机关，为了追求自己特殊的利益，从社会的公仆变成了社会的主人。这样国家权力就变成了一种祸害。无产阶级的使命就是要除去这种祸害。蒂德说：“一切权力在道德上都是可疑的，难以论证其正当性，却容易发生腐蚀作用。”孟德斯鸠在《论法的精神》中深刻地揭示出权力与腐败之间的内在联系。他说：“一切有权力的人都容易滥用权力，这是万古不易的一条经验。有权力的人使用权力一直到遇有界限的地方才休止……从事物的性质来说，要防止滥用权力，就必须以权力约束权力。”

如果从权力层面来剖析腐败猖獗的原因，权力的非法治设置，是腐败产生的根本原因。对于限制公共权力来说，首要的不是考虑制约的问题，而是权力本身的初始设置问题。如果在权力设定时就没有考量它具有的腐败倾向，进而设置防止其腐败的机制，也就为其腐败提供了可能性。面对权力的肆意妄为，现实的问题不是缺乏对其的制约，而是根本无法制约它。这种情形的严重性远比制约的缺失更甚。如果单纯是“缺乏制约”，那么可以弥补制约机制。但对于“无法制约”，就不是“弥补”的问题，而是根本上无从杜绝与修正。在反腐败问题上，最根本的还是要从源头上铲除腐败滋生的土壤，使腐败难以产生和形成。这才是彻底反腐的良方。

权力的非法治运作，尤其是权力的过分集中，是产生腐败的直接原因。在高度行政强制的权力等级体系中，下级权力集中到上级，组织权力集中到组织的最高领导者。上级的指示远比法律更有威力，上级的指示或命令具有超乎法律法规的威力。尽管这是法治所不能容忍的，也是法治所反对的，但在相当长的时期里，不同等级权力的法治化关系的建立是渐进的。只有随着法治的发展，逐步使上级也不能违法地指挥下级，使上下级之间的关系依照法律建立和运行。在一个权力范围之内，权力正当地位在法律上的确立与权力法制化状态的实现，是一个过程。现实过程中，一个部门一个机构的最有权力者总是难以控制的，他们可以在其辖区或权力范围内为所欲为、无所顾忌。权力至上的实质，就是权力设置的非法治状态，对于权力没有进行法律上的定位，更不能对其进行限制。要修正现实中权力设置的非法治状态，根本的办法就只能仰赖民主。

在古代中国，没有民主。孟子“民为贵，社稷次之，君为轻”，反映的只是一种民本思想。在现代中国，对于权力的民主性质，在理念上并未缺损。在政治上，“为人民服务”的口号已经是普及得不能再普及了；在法律制度上，《宪法》已把“人民当家作主”作出了明确的规定，“中华人民共和国的一切权力属于人民”。然而民主还是无法真正而全面地成为权力的基础，或者有效地制约权力。这并不是说民主的观念不明确，或民主未能得到法律的确认，而恰恰是观念所认可、法律所确认的民主，没有得到真正的现实化。其结果自然是权力得不到法律实际、有效的约束。因此，问题的关键是权力的法制化，是使权力的行使真正地具有民主的程序、结构和组合。

在社会由计划经济向市场经济转轨的时候，权力演变成为特权，尤其是以经济方式表现的特权很容易演变成腐败。权力一旦获得更大的运行空间，就必然以非法治运作的方式寻租，即获取不当利益，包括非法利益，这就形成了权力的腐败。市场经济初创时期，法治机制的缺失为腐败萌生提供了可乘之机。中国特色社会主义在当代仍处于初级阶段，甚至需要经历几十代人的努力，初级阶段才能完成它的使命。

改革带来的体制转换诱发了腐败现象。在原有体制中虽然容易产生腐败，但由于不断的政治运动的存在，腐败不可能获得滋生繁衍的时机，因而腐败实际上是被政治钳制了。偶有腐败产生，也会在不停的政治运动中因各种原因而被遏制。如果旧的体制继续延续，腐败也许并不会发展到现在这样的程度。但中国不可能不进行改革，中国必须改革这种滞后于时代的体制。这种改革启动以后，就没有回头路可走。在新的形势之下，旧的政治钳制消失了，人们获得了更大发展空间，权力拥有者的权力也失去了一层畸形的约束，但新的科学的约束机制的建立也需要时间。新旧体制之间的转换过程中，那些思想境界不高的人就必然会利用体制转换中制度缺失的寻租机会，中饱私囊，腐败也就由此而产生。改革过程中的腐败是最容易败坏改革的毒瘤。

如何约束权力，遏制腐败？通常的途径有两条：一是通过限制私欲来限制权力的滥用，二是通过限制权力来限制私欲的膨胀。前者是道德的方法，后者主要是法律的举措。在一个缺乏法律制约的权力体系中，道德成了主要的调节制衡因素，也就是说，权力是否符合人民的利益要求，是否导致腐败，完全取决于权力行使者的政治信念和道德期望。实践证明，单纯依靠道德建设来遏制腐败是不可能的。必须在继续加强道德教化的同时，着重建立健全制约权力的法律机制。如何制约权力？世界上通用的模式有三种：以权力制约权力模式；以权利制约权力模式；以法律制约权力模式。

权力制约权力，也就是分权制衡，这是西方的主要制度设计。从英国的洛克最早提出分权理论，到法国的孟德斯鸠的三权分立说的确立，西方的政治制度设计基本围绕于此。虽然在形式上也有内阁制和总统制的区别，但权力制约权力的原则不变，实践中其对腐败的遏制也卓有成效。

以权利制约权力的理论基石是人民主权论。在现代的民主国家，一般在理论上和法律上都承认国家一切权力属于人民。但是，因地域广阔、人口众多等原因，国家权力的所有者不可能直接地、经常地行使属于自己的权力，而只能实行间接民主的代议制，即人民将属于自己的国家权力委托给经人民选举而产生的政府。这种间接民主的结果就是在国家权力所有者和行使者之间存在某种程度的分离。这种与所有者分离的权力在运行中很可能会由于权力行使者的意志而发生异化。它为权力在民主国家的蜕变和滥用提供了客观上、制度上的条件。因此，在这种分离状态下，如何使国家权力能有效地服从公民权利的制约，从而依照人民的利益和意志而运行，成为现代民主国家积极探索的一个共同难题。权利对权力的制约性仅是一般原理，而在实践中权利往往难以自动地形成制约权力的有效力量。那么，如何才能保证权利对权力制约的稳定性和有效性呢？越来越多的人开始把目光转向了法律。

法律制约模式。从市场经济中应如何制约权力角度来分析，以法律制约权力的模式一般包括两个方面的内容：就宏观而言，立法机关将政党的主张或人民的意志通过法律程序上升为国家法律，建立限制权力的完善的制度，包括一整套监督机构、制度和机制；从微观上来看，通过与权力相对应的法律责任在法律上的确立，抑制国家权力可能发生的扩张或滥用，使公共权力及由法律所赋予的权力被控制在一定界限内。这种模式的理论对于社会主义市场经济中的权力制约具有特殊的意义。这里的“权力制约”已突破了原先仅指需要对国家权力加以制约的狭义，而具有了更为宽泛的含义。

目前我国大量的权力腐败现象的存在虽然与体制改革不完全相关，不能归咎于市场经济体制的建立，但是，在现代社会中，欲图单纯地依靠市场的自发力量消除这些现象，以建立良好的经济秩序并从中产生一种合力，促进社会目标的实现是不可能的。如果市场不能借助于某种权威的力量来确认和保护产权关系中的不同利益主体的权利，优化竞争环境，那么，它是难以达到最佳控制效果的。内在机制的自行调节和法律的强制调整是市场良性运行所不可缺少的两种力量。社会主义市场经济中的法律制度对权力的限制主要表现在两个方面：一是对现有权力资源的合理和重新分配；二是责任的规范化和制度化。权力和责任的法律化隐含着一个深刻的法理命题，即如何正确处理国家权力与公民权利之间的内在联系。

（三）依法行政

依法行政的原则是由资产阶级学者首先提出来的。它的基本含义是指行政机关管理公共事务，行使行政权力，必须由法律授权并依据法律规定，法律是行政机关据以活动和人民对该活动进行评判的标准。行政是国家行使权力的重要方式，是国家对社会进行管理的基本途径；行政机关是法律实施的主要机关，大量的法律，包括涉及国家经济、文化、科技的发展，以及和人民切身利益有关的许多法律都要依靠行政机关去落实。行政机关在依法治国中担负着最大量、最繁重的任务。可以说，没有行政机关，依法治国就失去了支柱。但是，在权力的腐败中，最容易、最常见的就是行政权力的腐败。当今世界各国都普遍存在着行政权力膨胀的问题，所谓的权力制约，也主要是指对行政权的制约。美国的杰出政治思想家托马斯·杰弗逊最早意识到了行政权力扩大的倾向及其危害，并在设计美国的权力机制时突出地强调了对行政权力制约的必要性。而美国的实践也恰恰验证了杰弗逊当年卓越的远见。就目前情况来看，立法机关和司法机关很难对行政机关进行有效的制约。

（四）司法公正

司法通常被理解为以独立化、专门化、职业化的审判为中心的争议纠纷解决机制，主要指法院的审判活动。公正的含义则包括公平、平等、正当、正义等。司法公正要求司法人员依法定职权，以事实为依据，以法律为准绳，严格遵循法定的正当程序，在现行法律框架内，依法对案件作出合理的裁判。在司法活动的过程和结果中必须坚持和体现公平与正义的原则。司法公正包括程序公正、实体公正、形象公正三个方面。

1. 程序公正

程序公正，又称为“形式上的公正”，或“看得见的正义”，是指司法人员在执法的过程中严格按照行政程序法、民事程序法和刑事程序法的规定处理各种行政、民事或刑事案件。它关系到法律尊严和法官形象。从审判的角度来讲，它首先要求有一个合理的诉讼结构，要对诉讼各方的诉讼权利给予平等保护；其次，要求体现办案的质量、效率和效果，这一点是司法公正最终所要达到的目标。程序公正是由一系列原则构成的集合体。虽然具体到刑事诉讼、民事诉讼和行政诉讼之中，其各自的原则不尽相同，各具特色，但综合来看，有一些原则是各国立法和各项诉讼法中所一致遵循的，它体现了人类对司法公正的共同信仰和追求。只有遵循并实现这些原则，才能保障司法公正。程序公正原则主要是指“合法性原则、平等原则、确保参与原则、公开审判原则、中立性原则”。从反腐倡廉的视角看，司法公正强调的主要是程序正义中的合法性原则和平等性原则。

合法性原则是指司法人员在司法过程中必须依照法律规定办事。这是为主持公正所必需的最低限度的诉讼程序条件。平等原则作为人类永恒的理想和现代社会的政治原则，是普遍地通过法律来体现和实现的，因而其也就在很大程度上成为一个普遍使用的法律术语。人类平等的理想在法律中径直转化成“法律面前人人平等”的原则。根据这一原则，不允许任何人有超越法律之上的特权，司法机关对任何公民的合法权益都平等地予以保护，对任何公民的违法行为都要依法予以追究。

2. 实体公正

实体公正就是指实体裁决公正，指司法人员在执法的过程中严格按照行政实体法、民事实体法和刑事实体法的规定处理各种行政、民事或刑事案件。在司法裁判过程中，实体公正体现为：司法要严格体现公正，就必须真正独立，彻底摆脱政治力的干扰；没有司法的彻底独立，就很难设想能实现司法完全的公正。法治的精神在于，政府应当遵守人民制定的法律，而不是只把公民看作是政府的管理对象。政府是否守法？谁来监督政府？谁来裁判政府的行为？唯有司法机关。强调司法权对行政权的校正和制约，从反腐倡廉方面来说，具有积极的现实意义。

应该说，我国司法队伍的主流是好的，涌现出大量刚直不阿、为民请命、伸张正义的优秀法官，他们理所当然地受到了人民的爱戴和信赖。但是，不可否认的是，与此同时，司法腐败现象也在蔓延，有些法官、检察官在人情、女色、金钱和少数人的权势面前俯首称臣，进而枉法裁判，制造冤案，坚持错案，甚至炮制假案。至于某些司法人员凭借国家和人民赋予的权力横行霸道，敲诈勒索，为黄、黑现象充当保护人的犯罪行为更是对司法职责的根本背叛。

3. 形象公正

从特殊意义上来说，司法公正还应包括形象公正。所谓形象公正，是指司法人员的执法形象必须公正，也就是说司法人员在执法的过程中，除了要严格按照实体法和程序法的规定处理案件外，在言行上还要符合司法人员的身份，体现出对当事双方不偏不倚，一切以法律为准则。否则，就会妨碍司法公正的实现。如在司法实践中，某个法官尽管严格按照实体法和程序法的规定对案件进行了处理，应当说，他实现了实体公正和程序公正，也就是说实现了一般意义上的司法公正的内容，但如果该法官在处理案件时语言粗鲁、态度专横，就有可能使当事人和社会民众质疑其裁判的公正性，怀疑法官是否严格按照实体法和程序法的规定处理案件。因为，在通常情况下，当事人和社会民众对我国复杂的实体法和程序法并不十分了解，对该法官是否严格按照实体法和程序法的规定处理案件，有时往往是通过根据该法官在审判活动时的言行来进行判断的。因此，司法人员执法时体现出来的形象公正也成为司法公正的一项重要尺度，它对于提高司法部门的公信力有着积极的促进作用。〔1〕

阅读书目

1. 林尚立：《当代中国政治形态研究》，天津人民出版社2000年版。

2. 苏瑞莹：《中国特色社会主义法治建设研究》，上海人民出版社2015年版。

---

〔1〕 麻承照：《廉政文化概论》，中国方正出版社2014年版，第356页。

3. 卓泽渊：《法治国家论》，中国方正出版社 2001 年版。

思考题

1. 我国廉政制度文化的中国特色体现在哪些方面？
2. 举例说明我国政府存在哪些创租活动？如何规制？
3. 目前我国廉政法制建设的状况如何？如何完善？

第六章
廉政精神文化

廉政精神文化是指文化三层次中最狭义的精神文化与廉政内容的结合，它与上层建筑中的意识形态部分相吻合，主要包括社会心理、民俗文化等方面，其共同特点是同属非正式制度，都是以潜意识规范着人们的思想和行为，是一种在世俗生活中得到了广泛认同与奉行的习俗性规范，非常直接地体现着某个民族的品格。

第一节　廉政文化与心理

中国历史上有“破山中贼易，破心中贼难”之说，“心中贼”指的就是人心中的邪恶。山中贼寇容易击破，但人心中的邪恶念头却很难克服，腐败行为也是如此。所以深入探究腐败心理形成的原因和发展轨迹，有利于从人心深层去认识腐败，从心理源头防治腐败，这是当前我国廉政文化体系和反腐败体系的一个薄弱方面，也是当前廉政文化建设急需重视的一个问题。

近年来发生的反腐败大案要案反复和充分地表明，任何腐败分子从有所作为到渐进蜕变和最后堕落犯罪，其中贯穿了失衡补偿、双重人格、侥幸支撑的心理过程和继发型形成、自强性内化、合理化选择的心理机制。剖析腐败心理演变过程，把握腐败心理演变规律，构筑反腐败的心理防线，既有针对性，又合乎规律，从而切实有效地预防和矫治腐败心理演变，不仅是从源头上建设廉政文化体系的重要环节，而且是从源头上建设反腐败体系的重要方面。

一、腐败演变的心理源头

人是生理、心理、思维的有机统一体。人的生理行为过程和思维行为过程都伴随着基础性心理行为过程。心理行为过程不仅是生理行为过程和思维行为过程的内在个性动力机制，而且是两者双向互联互动的中介。所以，人的生理行为过程和思维行为过程必然包含着并且始终贯穿着规律性的心理行为过程。腐败分子尽管个体特点和人生经历并不相同，然而腐败心理和演变过程既非常显著、十分突出，更小异大同、惊人一致，始终贯穿了失衡补偿的继发型形成机制、双重人格的自强性内化机制、侥幸支撑的合理化选择机制三者的生成、运行和融合。

（一）失衡补偿的继发型形成机制

动机是个体心理动力系统的关键环节。动机的形成必须具备两大要素。一是所要满足的需要或欲望。需要得不到满足，就会导致心理紧张和失衡，驱动心理补偿和平衡。二是满足需要的条件或环境。没有必要的条件，就无法驱动满足需要的外在行为。需要和条件相结合，促成心理动机的形成，牵动外在行为而满足需要。需要得到满足，条件得到扩展，动机就会加强并且引发新的需要。如此循环不已，带动和促进了人的生理行为、思维行为以及外在行为的变化和发展。

腐败分子们大都深受党和人民长期的培养和教育。工作初期，知恩图报，做了一些有所作为的好事乃至大事，往往得到组织的关注、提拔和重用。不过，现实社会中权力和金钱的刺激和诱惑，激发了他们的功利需要，使他们个体谋权和谋钱的功利需要比较突出。由于正确的世界观、人生观、价值观毕竟仍占上风，心理再不平衡，只能克制；再想出手补偿，只能压抑。一旦职位连续快速提升，权力连续快速扩大，原本激发的个体谋权谋钱需要、一再克制的失衡心理和一再压抑的补偿心理就会随之连续快速地直接释放出来，不仅占了上风而且加倍激化。思想防线失守，制度防线力度不够，个人谋权谋钱的需要和相应权钱交易的条件一结合，即“顺理成章”地滋生了腐败心理动机和动力，生成了失衡补偿的继发型形成机制。腐败心理恶性循环、往复不已，并且加大力度而快速运行。

2000年3月，江西省原副省长胡长清因犯受贿、行贿、巨额财产来源不明罪，案值折合人民币700多万元，被依法核准执行死刑。他1987年调到北京。从1989年6月起连续快速升任国家税务总局办公室副主任、主任，国务院宗教事务管理局副局长、党组成员，1995年8月到1998年1月，更连续快速升任江西省省长助理、省政府党组成员、副省长，1999年夏案发。他的连续快速提升过程，正是失衡补偿继发型形成机制生成运行，从而导致腐败心理恶性循环的连续演进过程，正是集政治蜕变、经济贪婪和生活腐化于一体而走上不归路的快速跨越过程。他在案发后说起自己腐败的起因："看到人家下海了，手头有钱花，接触了一些有钱人和做生意的老板，看人家生活得很自在，进入高档酒店，坐豪华汽车，喝洋酒，穿名牌，还带着小姐，心理有几分羡慕，可想自己从政，身份不允许，条件也不具备，思想上先忍着。"官做大了，条件变了，谋权谋钱、权钱交易的私欲膨胀了，他就肆无忌惮地受贿并且索贿。刚到江西，他赤裸裸地对别人说："现在我花你们几个钱，今后等我当了大官，只要写个字条，打个电话，你们就会几百万、几千万地赚。"

通常失衡补偿的继发型形成机制从无到有、从弱到强，不仅有一个较长的过程，而且整个过程时有反复。然而，胡长清却不同。升任国家税务总局办公室副主任后，不良心理突破了临界点，失衡补偿的继发型形成机制始终在扩展和加强，即使有所起伏波动，然而总体上没有停滞和收缩过。这一方面，源于他内在的从官权本位到权钱本位、到权钱交易为本的心理骤变；另一方面，同反腐败的思想防线和制度防线在心理层面上的脆弱乃至缺位不无关系。人之本在于心。没有心理防线的思想防线和制度防线，就没有也不可能固若金汤。

（二）双重人格的自强性内化机制

腐败心理的潘多拉盒子打开以后，便会一发而不可收拾。首先，腐败意识不断增强。权钱交易多次得手，在心态上是一种成功体验，引发了收益感、满足感、欢乐感乃至成就感。不仅强化自我肯定而且提高自我评价。这就进一步增强和扩大腐败需要，进一步增强和激励腐败动机，进一步增强腐败行为的积极性和主动性。其次，腐败行为不断周密。权钱交易多次得手，实际上是一种经验积累，行为人将不断地在行为方式上周密调整和改进。其不仅周密调整和改进腐败行为的实现方式，也在调整和改进保护方式：一是细分和锁定权钱交易的目标，包括数量、范围特别是对象；二是谋划和锁定权钱交易的对策，包括时间、现场特别是借口；三是推敲和锁定权钱交易的手段，包括声势、关系特别是攻守同盟、排除怀疑，扰乱举报、反侦查；四是安排和锁定案发脱逃的举措，包括资金、路线、证件，特别是应对危急情况的预案。最后，腐败活动不断发展。权钱交易多次得手在意志上是一种顽强磨炼，开发自主决断、自我调控、自抗障碍的素质和能力在广度上延伸、在深度上拓展。不仅磨炼了顽强毅力、从容不迫，而且磨炼了出手狠毒、不择手段的素质和能力。既敢于冒大风险、犯大案要案，更敢于连续地冒大风险、犯大案要案。既能自如应对不利情况和变化条件，更能自如应对突发危急不利局面。处变不慌，处危不乱，处险不惊。特别是磨炼了自抗障碍的素质和能力。既精于调动常备的缓解和消除障碍的关系网力量，更冷酷地调动地下势力乃至黑社会势力。从打击、陷害到杀害不利于自己的人，无所不用其极。所以，腐败心理恶性循环，必然在失衡补偿的继发型形成机制基础上，导致自强性内化机制迅速生成并且不断加强和加快运行。

这种自强性内化机制的运行又往往是腐败分子利用自己的组织身份在合法外衣的包裹和伪装下进行的，他们总是同步强化领导干部组织身份的人格和形象，特别是腐败分子个体身份的人格和灵魂，以图遮盖、掩饰、保护腐败心理和腐败行为。因此，各级党政领导干部、尤其是中高级领导干部的腐败心理恶性循环，势必导致双重人格的自强性内化机制迅速生成并且不断加强和加快运行，因此其欺骗性和危害性极大。实践中许多贪官和腐败分子，在落马前那一刻还在大谈反腐倡廉的重要性。

2003 年 11 月 30 日，河北省国税局原局长李真因犯受贿、贪污罪折合人民币 3500 万元，被依法核准执行死刑。他 1990 年 11 月调到河北省省政府办公厅，连续快速升任副处级、正处级秘书，省委办公厅副主任。从 1995 年 12 月起，更连续快速升任河北省国税局副局长、局长。2000 年春案发。在五年秘书任上，利用自己在领导身边工作的特殊职位，为自己“开辟拓宽权力”：一是拉大旗为自己造势；二是向领导频频“吹风”和“烧火”，逐步达到自己的目的；三是得到领导默许而自己任意延伸；四是假传领导的指示，以“二领导”自居行事；五是成为领导心腹后“挟天子以令诸侯”。他不仅大肆收受贿赂，而且伙同他人贪污500万美元外汇调换增值公款2000万元。调到河北省国税局又晋升局长，他大讲不允许腐败现象存在、加强权力的制度监督和民主监督，同时进一步开辟拓宽权力腐败的“纵向效应”和“横向效应”，变本加厉地进行权钱交易、权物交易、权色交易。他在案发后谈及权钱崇拜的自强性腐败催化机制时说：“做秘书时的所见所闻，使我错误地认为，权力是一根魔棒。这根魔棒既能‘点’事生金，又能‘点’人生威，从而助长了我对权力的贪婪。”“多次收钱就形成了习惯，收钱就好像有了动力，大脑里好像形成了一个对收钱应答的自动化、习惯化的反映系统。”双重人格的自强性内化机制，使他从“河北第一秘”转变为“河北第一贪”而无法自拔。

通常腐败心理变化机制主要表现为反馈-强化机制和反馈-衰减机制，并且交织在一起。然而李真在秘书任上权钱交易多次得手以后，自强性内化机制始终在扩展和加强，即使有所起伏波动，然而总体上没有停滞和衰减。这一方面，源于他的双重人格，并且把双重人格融入自强性内化机制；另一方面，同反腐败的思想防线和制度防线没有坚实的心理前沿阵地不无关系。心理的疏导和堵截、心理的干预和矫正，是教育和制度以外医治腐败心理演变的良方。

（三）侥幸支撑的合理化选择机制

从内在腐败心理到外在腐败行为有一个转变的过程。没有这个转变过程，就没有事实腐败，至多是腐败未遂。而这个转变过程依托并且取决于外在行为发生的情境心理过程，核心是行为根据的合理化，包括：其一，制度根据的合理化选择。腐败分子极为注重法律、政策、规则等制度根据，主要是制度边缘根据、制度空档根据特别是制度交叉而责任不明的模糊根据。其二，利益根据的合理化选择。在腐败分子看来，人与人的关系归根到底是权钱利益关系、互利互惠关系、等价交换关系。利益及其分配既是关系网的组合根据，又是保护伞的激励根据，更是涉入人员协同的维系根据。其三，处事根据的合理化选择。腐败分子吸纳了所有非法违法的行为规则作为处事根据，诸如不在现场的避嫌根据、单一联系的暗箱根据、不留文字的无痕根据、多向转移的间接根据乃至杀人灭口的毁证根据。腐败分子明知触犯党纪国法，清楚案发严重后果，却以侥幸期望选择所谓合理化根据，并且认可制度、利益、处事等种种合理化根据是安全可靠的，以为条件成熟、时机已到，便投身于外在腐败行为的事实腐败。这不只是利令智昏，而更是腐败心理恶性循环中失衡补偿的继发型形成机制和双重人格的自强性内化机制，交织延伸并且叠加拓展为侥幸支撑的合理化选择机制。这种行为发生的情境心理过程，把内在腐败心理转变为外在腐败行为。不仅如此，其造成和推进了内在腐败心理和外在腐败行为之间往复不已的恶性循环。

2005 年 4 月，成都市原市委常委、宣传部部长高勇因涉嫌受贿、巨额财产来源不明罪折合人民币 2000 多万元一案，被依法核准执行死刑。他在大学二年级因品学兼优入党，1987 年分配到四川省计委工作，后提任科长。他急于要改变现状，在仕途上有大发展，因此先后发奋攻读硕士、博士学位。从 1991 年起，连续快速升任省政府办公厅副处长、处长。1996 年 7 月到 2002 年 6 月，更连续快速升任凉山彝族自治州副州长，中国证监会成都征管办党委副书记、副主任，中国证监会贵阳特派办党委书记、主任，成都市委常委、宣传部部长。他仕途之路非常顺畅，30 岁正处级，31 岁副厅级，35 岁正厅级。2004 年秋案发时仅 39 岁。八年厅局级仕途，腐败敛财大爆发。初到凉山，由于大学同学的联系，他为西昌电力公司融资，收受好处费 6 万元；为立信投资公司并购西昌电力公司，收受好处费高达 122 万元。任职证监会成都征管办，他为托普集团增发新股，收受好处费 80 多万元。经检察机关查证，他以赞助研究和出书为名向企业和老板索取数百万元。他在案发后说及腐败行为发生根据的合理化选择："我感觉社会很现实，还是有钱才能办事。我开始看重金钱和物质，于是利用自己工作中建立的关系销售自己的书籍，并接受所谓好朋友的钱物……在我的思想深处，一直有一种错误认识：一定不要沾公家一分钱，只要不拿国家的钱就没事，而且朋友之间的事，别人怎么会知道呢？"

通常腐败行为发生的情景心理转变过程尽管取决于个体腐败意志的积极努力，但是个体也会意识到侥幸支撑的合理化根据并不真正安全可靠，对严重后果的恐惧心理和以权牟钱的负罪心理油然而生。然而，高勇却不同。在凉山受贿和索贿多次得手以后，侥幸支撑的合理化选择机制始终在扩展和加强，即使有所起伏波动，然而总体上没有停滞和松动。这一方面，源于他私欲恶性膨胀一再得手，加强和加快了侥幸支撑的合理化选择机制生成和运行；另一方面，同反腐败思想防线和制度防线侧重思维理性机制和规律，遵循心理行为机制和规律方面相当乏力不无关系。

二、腐败源头的心理防治

腐败心理演变过程的三大心理机制步步为营，互联互动，循环不已。这就使其规律必然性的惯性作用、特别是不断加速和拓展的递增强化作用，推动和促进腐败心理演变，并且把内在腐败心理转化为外在腐败行为。所以，腐败和毒品一样，沾上就会成瘾而难以放弃，陷入就会强化而难以抑制，堕落就会质变而难以自拔。腐败分子特别是大案要案惩处的腐败分子总是走上不归路，心理源头就在这里。有些腐败分子中途回头，主要是受到了更为强大有力的外在因素的影响和作用，突破了腐败心理机制的制约。否则，腐败在途，心不由己。因此，只有构筑反腐败的心理防线，合乎规律地预防和矫治腐败心理，才能真正从心理层面突破腐败心理演变的三大心理机制，击溃腐败心理演变的恶性循环，从而为反腐败的思想防线和制度防线提供坚实可靠的心理前沿阵地和心理保证防线。

（一）反腐败体系向心理层面前移

长期以来，查处腐败案件一直被视为反腐败斗争的“前沿阵地”、反腐败“最有力、最直接的行动”、惩治腐败的“主要手段”。尤其是十八大以来，党和国家自上而下不断加大了查处腐败案件特别是大案要案的工作力度，依法惩处了一大批腐败分子，不仅打击了腐败分子的嚣张气焰，而且阻击了腐败现象的蔓延态势。查处惩治腐败分子的重要性、必要性、紧要性是无可置疑的。但是，查处腐败案件尽管颇有事前的震慑性和警示性，却没有也不可能主动地充分发挥预防和矫正腐败分子蜕变堕落的功能和作用。相对而言，反腐败的思想建设和制度建设才是反腐败非但不可缺乏而且是强大有力的阵地、行动和手段。其实，反腐败的思想防线和制度防线出了问题，反腐败的重点才不得不后移为查处腐败案件、惩治腐败分子。反腐败思想防线和制度防线的根本性、连续性、长效性的功能和作用，是查处腐败案件工作不可也不能取代的。

腐败分子特别是中高级领导干部走上不归路，首先是因为他们走上了腐败心理行为的不归路。累积不良心理的突破到内在腐败心理的演变再到外在腐败行为的转化，取决于既相对独立更递增强化的三大心理机制。李真在案发后说到最初的反复、合伙倒腾500万美元公款时提到，由于外部因素的影响和作用，中途“反思”着曾想停下来，然而“败絮其中”，用他自己的话来说：“就像从山坡上滚下的战车，想停都停不住。”不久他就当上了“河北第一秘”，就有人送钱并且越送越多，北京的一个高干子弟让他联系一个工程并且弄成之后得了几十万元中介费。腐败心理失衡补偿的继发型形成机制完全制约了他。李真在案发后说到收钱过程中的角色冲突。在国税局受贿索贿100多万元后，由于外部因素的影响和作用，他一时处于良好形象与非法利益两难选择的烦恼中，不仅产生愧疚心理，而且怒斥小贪官，然而“欲罢不能”。用他自己的话来说：“那时一提工程，我好像就产生习惯性的收钱心理，难以自抑，最后成了一种需要。”为什么？一则腐败机遇太多，特别是权钱交易的得手和再得手已经成为惯性运动并且是全方位和加速度的惯性运动。二则腐败成本太低，特别是权钱、权物、权色交易虽有难度和危险，但仍然是一路绿灯。腐败心理自强性内在机制完全制约了他。李真在案发后说到最后的挣扎。查处风声日紧，担心、害怕，他想过自首，然而“执迷不悟”。用他自己的话来说：“那时除了还有侥幸心理外，更重要的是没有那个勇气。就像毒箭一样，刺在了身上，想拔掉都没有勇气。不是不想自首，想过，但最后还是没这个勇气。”他一边能退钱的就退钱，一边向香港转移钱财，竟然还预先索取最后一笔工程贿赂50万元。腐败心理侥幸支撑的合理化选择机制完全制约了他。

显然，在腐败心理演变过程中，特别是腐败心理演进到一定阶段，腐败心理机制从根本上完全制约了腐败分子。正如李真所说：“在弄钱的过程中，心灵变得萎缩，智力变得迟钝，剩下的只是愚蠢、无聊和疯狂。”腐败疯狂和疯狂腐败之时，反腐败的思想防线和制度防线也就难以并且不可能发挥固有的功能和作用了。因此反腐败的心理防线凸显了特殊的重要性、必要性、紧要性。由于固有的功能及其作用范围，反腐败的心理防线具有事前积极主动的疏导和堵截相结合的防范性和矫正性，事中积极主动的干预和冲撞相结合的抵御性和矫更性，以及事后积极主动的调控和抗击相结合的衰减性和矫治性。李真在腐败心理演变过程中最初的反复、角色冲突、最后的挣扎，实质上是反腐廉政心理和腐败犯罪心理之间的抗衡、较量和斗争。但是，反腐败的心理防线缺失和空位，使他被腐败心理打倒了而成为“河北第一贪”。因此，反腐败的“前沿阵地”必须向心理阵地前移，心理阵地才是反腐败的第一前沿阵地；反腐败“最有力、最直接的行动”必须向心理预防和矫治前移，心理防治才是反腐败的第一前沿最有力、最直接的行动。

（二）构筑反腐败的心理防线框架

构筑反腐败的心理防线是一项重大的长期的系统工程，主要包括了反腐败的个体心理管理、群体心理管理、领导心理管理和组织心理管理，并且把四大心理管理有机统一起来。其目标和任务是，促使全社会特别是各级党政机关尤其是中高级党政领导干部变“要我反腐败”为“我要反腐败”。其实质和核心是，在心理源头推进廉政文化体系建设和反腐败体系建设的统筹整合，也就是廉政文化体系、反腐败体系、反腐败心理防线一起抓。当前的重点在于，构筑反腐败心理防线的基本框架。

1. 从个体心理结构出发

以气质、能力、性格为主要环节的个性心理特征，以需要、动机、态度、行为为主要环节的个性心理倾向，以认知、情感、意志为主要环节的个性心理过程，三位一体组合构成个体心理结构。所以，要从各个主要心理环节和整个个性心理结构出发，抓住并且抓紧作为心理动力系统的个性心理倾向，在日常的生活、学习和工作中，培育和完善良好的健康心理和心理机制，不是以间接的心理管理和心理服务为主，而是以良好的健康心理和心理机制为主，直接地预防和矫治不良的心理环节及其心理机制特别是腐败心理及其心理机制。思想教育、警示教育、制度教育、规则教育，在这里也要转化为心理的激励因素和制约因素，而不是原来意义上的纯粹理性和逻辑层面的教育。

2. 突出领导权力的心理控制

这是构筑反腐败心理防线及其基本框架的重中之重。如果组织对领导层和领导者、特别是对中高级领导干部拥有的领导权力失去心理控制，其后果不堪设想。一是在招聘、选拔、配置、考核领导者时要列入心理测定和心理考核的内容。二是除了涉及组织机密以外，依法授予的领导权力及其行使程序完全公开化，重大权力行使事前公开化，不只是政务及其程序的公开。三是对领导层和领导者实行同步化和过程化的业绩、效能、法纪监察，领导者自我监察和组织监察的结果和评估，除了涉及组织机密以外完全公开化。四是对领导层和领导者实行适当的职责成就激励、授权扩大激励、发展利益激励，以及相应强度的惩罚。五是对领导层和领导者进行心理培训和教育，特别是反腐倡廉的心理培训和教育。总之，要从心理的内在方面和外在方面及其相互结合中，确保组织对领导权力的心理控制。

3. 以群体心理管理和组织心理管理为两翼

在反腐败心理防线及其基本框架中，群体心理氛围和组织心理氛围具有特殊的功能和作用。群体心理氛围的最大功能和作用，就是以成文或不成文的群体性反腐败心理规范及其心理压力，既激励又约束群体成员的内在心理和外在行为。如北宋包公一生廉政勤政，临终前留下的遗嘱成为包氏家族的群体规范。组织心理氛围的最大功能和作用，就是以成文或不成文的组织化反腐败心理规范及其心理压力，既激励又约束组织成员特别是领导层和领导者的内在心理和外在行为。要通过组织文化建设特别是廉政文化建设，把反腐败的价值取向、典型人物、相关规范、沟通交流等内容、活动和形式制度化，并且扩散和渗透到组织成员特别是领导者之中。思想教育、警示教育、制度教育、规则教育，在这里也要转化为心理的激励因素和制约因素，而不是原来意义上纯粹的理性和逻辑的教育。

从一定意义上讲，文化就是心理。动物只有本能的条件反射，动物的低级心理不仅附属而且从属于本能的条件反射。人之所以超越动物，之所以拥有高级心理和思维逻辑，就是因为在以生产实践为基础的社会实践中，人类以高级心理超越了本能生理，并且以思维逻辑完善了高级心理。因此，相对于自然而言的文化，不仅是心理的产物而且是心理的过程。从这个意义上讲，构筑反腐败的心理防线，在本质上就是建设廉政文化体系和反腐败体系。另一方面，反腐败心理防线及其基本框架，当然需要廉政文化体系和反腐败体系支撑，并且需要借助廉政文化体系和反腐败体系把四大心理管理有机统一起来。这里说的“借助”也当然是潜移默化的，不是照抄照搬的。

（三）提高反腐败的心理防治能力

构筑反腐败心理防线的基本框架，关键是提高各级党政机关和党政领导干部反腐败的心理防治能力，主要是提高心理观察和分析的能力、心理沟通和交流的能力、心理和思维衔接的能力。

1. 提高心理观察和分析的能力

心理是内在的，既看不见又摸不到。只能从语言、表情、举止、行动等外在的行为归因和追溯内在的心理。外在行为总是从内在心理转化而来的。二者通常是大体一致的。不过在一定的条件下，两者并不一致甚至很不一致。沾上腐败的人，其内在心理和外在行为是很不一致的，甚至是矛盾的。至于腐败分子特别是双重人格的腐败分子，其内在心理和外在行为就更不一致了，矛盾也更尖锐和激烈了。这就要求我们提高心理观察和分析的能力，细致地透过组织成员外在的言行及其变化，多方面并且深入地分析内在的心理及其变化特别是矛盾，解析影响外在言行和内在心理变化和矛盾的条件、原因、态势，从而采取相应的举措。或调适和维护组织成员的心理健康，保持良好的心理态势，消除不良心理态势；或预防和矫治涉嫌组织成员腐败心理滋长，特别是遏制演变机制的发育和生成。对于心理状态恶化、内在心理和外在行为严重脱节乃至矛盾重重的组织成员，特别是涉嫌腐败组织成员，要加强心理服务和过程追踪，搞清心理急速变化的条件、原因、态势。

2. 提高心理沟通和交流的能力

只有在心理沟通和交流的过程中，才能观察和分析组织成员外在行为及其变化，追溯其内在心理及其变化，以及变化的条件、原因、态势，并且采取相应的举措。一是凭靠信息系统、人际关系、相关活动特别是一对一的谈话和谈心等方式方法，以情感人，并且透过以情感人推动以理服人、以法明人。不仅要劝导、劝说、劝解，而且要注重安抚、安慰、安心。劝导必须循循善诱，既要切中要害并且暗示启发，又要适当抓紧并且层层展开，更要多提问题并且多敲边鼓。二是必要时施加由弱到强的刺激、激励、震慑等心理压力，以不容置疑的事实、广泛公认的心声、舆论一致的道理，排除心理健康的阻碍，突破心理矛盾的缺口，化解改变心理行为的后顾之忧和前行之患。不仅要坚持实事求是，而且要做好准备工作。既要找准主攻方向，又要找准实施时机，更要找准突破口。三是以心理互动促进心理趋同。不仅要相互接近、相互影响、相互作用，而且要相互尊重、相互理解、相互一致。既要相互感化，在心理情感上共振形成同化感受，又要相互理解，在心理认知上共鸣形成同化判断，更要相互探讨，在心理意志上共认形成同化取向。四是对于身心严重失衡失控的组织成员，特别是涉嫌腐败心理滋生演变的组织成员，必须专人负责，过程追踪，适当进行专业化心理技术和心理药物的治疗。

3. 提高心理和思维衔接的能力

心理管理方式同其他各种管理方式一样，不是万能的，而是以其固有功能在一定适用范围内发挥作用。一是不仅要从心理入手，而且要从心理推向思维，从而把心理和思维衔接起来。既要从个体心理结构出发，又要以思维主导心理行为，按照心理发展规律把心理管理、行政管理、思想政治工作结合和统一起来。二是把各级党政干部特别是中高级领导干部的思想政治教育培训、行政规范和业务教育培训，同心理教育培训和反腐败心理教育培训结合和统一起来。三是协调反腐败制度建设、廉政文化建设、反腐败心理建设，把反腐败的思想防线、制度防线同心理防线结合与统一起来。目前各地组织了腐败犯罪分子狱中现身说法的反腐败警示教育、领导干部家属争做廉政和反腐败贤内助的培训班，这些都是提高心理和思维相衔接的有效做法。

心理观察和分析的能力是前提性能力，心理沟通和交流的能力是基础性能力，心理和思维衔接的能力是根本性能力。三者缺一不可，必须整合协同。其实，在腐败分子特别是中高级领导干部案发后，纪检机构、监察机构和检察机构在办案时，都高度重视和比较充分地运用了心理侦查、心理交流、心理讯问、心理攻关的心理策略和心理技术，往往从心理上突破以至做成了铁案。案发查处惩治能够做到从心理出发，预先防治腐败同样能够做到从心理出发。能做到的却没有切实做到，恰恰说明了提高反腐败的心理防治能力势在必行，迫在眉睫。[1]

〔1〕 陶济："构筑反腐败的心理防线"，载《中共浙江省委党校学报》2006年第2期。

第二节 廉政文化与民俗

民俗是人类生活中普遍而特殊的一种社会存在。与一般的文化意识形态不同，它是人类文化意识的原型。它是与人俱来、与族相连、与人类共存亡的伴生物。凡属民众群体中反复出现并相互流传的程式化、规范化的行为、观念、语言等都可纳入它的研究范畴。民俗的独特性表现在它兼有文化意识和社会生活的双重特征，它是由社会经济基础及在此基础上产生的政治制度所决定的社会心理，是沉淀反射出的呈生活方式状的文化意识。因此，民俗之根几乎延伸到生活的各个方面，民俗之角几乎触及社会的各个领域。民俗经世代传承以后已经自动积淀为民族文化的一个重要组成部分，在人类文化建设中发挥着越来越重要的作用。

每一个人，都无法脱离一定的民俗圈而生活。民俗一般无明确的条文规定，但却能产生广泛的制约力量。它是一种具有法约性、软控性、本位偏移性的风习性文化意识团，以其独特的活力、无形和有形的物化形态对人生和社会产生重大影响。正是因为这一点，民俗有时获得了“民间法律”的性质，它或隐或显地对净化社会环境、维护社会秩序发挥着时强时弱但却是法律无法取代的作用。

当下，廉政文化建设中民俗的特殊作用，已经越来越引起人们的重视，正是借助于民俗文化的传播，忠孝节义、仁德廉耻等道德观念才成为中国古代社会恒久的价值判断标准和行为准则。

一、乡规民约

乡规民约中体现的是乡村文化中的廉政传统。中华民族向来有自律、自制的传统美德。因为在法制并非十分健全的几千年封建社会中，国家的职能与能力均甚有限。国家除了对政权构成系统以及国家主导思想进行强有力的直接控制之外，既无意也无力去规划和控制社会生活的各个方面。因此，普通大众的生活实际上是处在国家的直接管控之外，并且很大程度上是按照自己的意愿和传统的方式进行。在民间，有各式各样的社会群体和组织，它们形成了自己的习惯、规范甚至规条，积累了丰富的自我管理经验，乡规民约就是其中之一。

乡规民约包括了民族习俗、家族宗法、地方习惯等，是在中国民间起作用最大的民间法规。它与国家力量不同，国家力量带有暴力色彩的强制干预，而乡规民约所依赖的草根力量是地方伦理。它比国家权力和正式法律所建立起来的国家秩序、法律秩序更详细，更符合当地的民俗民间秩序，自然也更容易被人们接受。正是基于此，历代政府也都十分重视这种民间法，中国传统社会历来的治世观念是以寻求一种社会原有的和睦与秩序为己任，而乡规民约中的自治，正是基于对这种精神的追求。在当前消极腐败现象严重的情况下，乡规民约所营造的自治、自律的社会文化氛围，会给我们送来民间廉政文化的清风。

（一）严谨有序的财产管理制度

人心在金钱面前总会有脆弱的一面，显然我们先祖已经意识到了这一点。所以，很多的乡规民约中都设置有严谨的经济管理制度，尽力维护集体财产的安全，这在许多宗族法规中加以体现。近代史上徽商非常出名，他们的管理头脑与家族财产管理的严谨有密切关系。

通常宗族内有两件大事，修建宗祠和修宗谱。以徽州为例，修建宗祠首先要在族内集会商议有关事宜，有的宗族还会召开各房支丁会议，参会人员要签署姓名，形成会议记录，有些保存完好的会议记录簿被地方档案馆收藏。集会商讨的主要内容是资金摊派、各丁出工问题，标准商定后要签订合同，各支各房签字画押。合议签好后，宗族发布公告通知全族，将修建事宜张榜公布。凡族内所有山林树木“听公选用”，听任公议作价，并不得争多争少。粗工由族内选派人丁承担，不出工者，每丁摊派一定数额金钱。如过期不交者，逐出境外，永不准入祠，惩罚可谓严厉。立祠或修祠，涉及宗族各家各户口，各家不论贫富，都要千方百计捐资取荣，捐资者发给收票作为凭据。除收票外，宗族中各支捐款或摊派钱粮，宗祠都会有专门的账簿登记。在修祠过程中，宗族有专人负责采购物料，记录每一笔开支，并记录各丁出粗工的情况。祠堂修建竣工后，要进行总核算并向全族公布。这种财务情况的公开，便于族内各成员的广泛监督。

同修建宗祠一样，修宗谱是宗族内的另一件大事。修谱一般都立有账簿，有收有支，支出中细到笔、墨、纸、砚、谱师、酒、肉、鱼、米、面、盐、菜、茶叶、毛柴、工食等。宗谱修好后，编号分颁各支，各支领谱要立有字据。这种严格的财务管理制度在客观上就有助于抑制腐败的滋生。

（二）乡规民约中公开公正的人才选拔制度

虽然传统中国的乡土社会中的人才选拔制度并不能以人们熟悉并推崇的“民主”“正当程序”这些词汇来加以概括，然而不可否认的是，中国传统的乡土社会内部确实有着自己特有的公正和公平。或许这些和现代法治观念并不完全等同，但是也与我们现代社会追求倡导的民主制度有着相当的契合之处。

很多乡规民约中人才的选拔都是通过民主选举的方式。与现在的官员选举的间接选举不同，乡土社会中的选举是群众直选。这些候选人往往在选举之前都已是在乡土社会有名望、被群众熟悉的人，选举大都是在公开场合下进行，每个人都可以列席投票，当场得出结果。这种用民主推选方式或自然形成领导者和管事人员的方式则在很大程度上保证了其品格和工作能力，同时因为这种人才选拔方式本身结合了广泛的社会监督，其成效是明显的。

除了民主选举产生外，一些少数民族中推选领导者或责任人的方法是自然形成的。各民族自然形成的头人有着一些基本的共同点，大致是精明能干、阅历较广、经验丰富、热心办事、善于辞令、为人正直、办事公道、没有私心等。头人在当地有着至高、长久的威信，正如壮族民谚中所说的：“寨有三老，等于一个宝。”

（三）严厉处罚

乡规民约虽然主要靠习惯和道德力量来约束人们的行为举止，但也有十分严格的惩罚制度作为其得以有效实施的保证。传统的乡规民约虽然主要调整民事关系，却并不局限于狭义的民事关系，其范围相当广泛，并且采用大量非民事手段，甚至有决定一个人生杀予夺的权力。虽然乡规民约的一些内容在现在看来只有法律才能具有，乡规民约赋予民间自治组织的一些执法权，在现在只有少数专门的司法和执法机关才具有，但在几千年的传统中乡规民约一直都以自己的方式执行着自己的规定，对违反乡规民约者进行各种处罚，诸如没收财产、驱逐出界、执行肉刑甚至处决。因而，乡规民约虽然主要是依靠道德、习惯，自动接受的，但是也有强制执行的规章制度，其中很多都是非常严厉的，并且是真正做到“违法必究”“执法必严”的。

一般来说，乡规惩治办法有教育、罚款、抄家、驱逐、抵命等，但没有徒刑，也没有监狱。虽然有些处罚方式与现代的法律是相抵触的，但是不可否认这些条规的确有效地维持了当地的安定。并且这些对妨害公共秩序者的处罚并不是依靠国家机器的强制力，而是出于社区成员对于共同契约的认可。就像历史法学派代表人物萨维尼所说：“一切法律本来是从风俗与舆论，而不是从法理学而形成的。

其实，在乡土社会，乡规民约中的威慑性，并不都在于肉体和经济上的惩罚，更多的是基于广泛的社会舆论和心理的惩罚。根据法国人类学家波斯皮士尔的理论，制裁是法的必要准备，另一方面制裁并无须由身体的惩罚或剥夺财产等物质制裁构成，它也可能是社会心理的，比如公众的嘲弄和回避。所以说在乡土社会，更广泛的惩罚是来源于“熟人社会”背景下的心理惩罚。在熟人社会中，因为大家彼此熟悉，从而自然而然地产生了信用及规矩，没有谁会或敢越出这种信任和规矩，否则他就会受到大家（熟人们）的惩罚。在乡土社会，一些人作恶不怕得到国家法律的制裁，却很怕触犯族规也正是由于这个原因。

心理和舆论的惩罚可以说是乡规民约的惩罚方式中最常见的通常也是最有效的方法。可以说，在乡土社会里，“法律并不是效力最高的控制工具。说服性的控制工具，如暗示、模仿、批评、报酬、赞许、反应等，往往比法律有较高的功效”。客观上说，这种心理压力对怀有违规之心的人往往更具有警戒力。

（四）信仰和禁忌

信仰以及随之而来的禁忌，使传统的乡土社会有了敬畏的文化背景。参看许多乡规民约的制定，就可以发现，乡规民约本身就在很大程度上依靠了民间宗教信仰的力量，不管是对祖先的还是对鬼神的，它总是依附着一定的不可知的神奇力量。中国有俗语说“举头三尺有神明”，人们出于对神灵的崇拜和惧怕，以及对惩治行为的惧怕，往往都会安分守己，处处循规蹈矩，不敢有任何越轨行为。即使出现了犯罪行为，也往往会在巨大的心理震慑之下，自动坦白或暴露出来。同时，信仰也给了执法者力量和后盾，是他们积极维护民间秩序的心理支持。

信仰在适用的过程中形成了行为规范对一般人的引导能力，培养了一个社会所特有的社会秩序，这在水土保护中有特别全面的体现。比如像泸沽湖东岸的水土保护非常有成效，其中所依靠的就是信仰的力量。当地的摩梭人相信世上万事万物都是有灵性的：丹顶鹤是圣鸟，天鹅的一千年寿岁是天神给的，人不能随意去损减；狗和人换过寿岁，有恩于人，所以人要敬狗；连蛇你都不能伤，不然会有许多怪事发生；龙潭、坟山、风水树和定庚树（当地摩梭人生孩子的时候所选的树，请达巴和喇嘛念经，并装饰起来）、神坛和神林，一个指头都不能动。后来加上佛教教义的传入，更不许伤生，连虫子的命，都不能小瞧。当地的住户每家都会在山上选一个地方，种点树，挂些经幅，每天早上去敬敬山神，初一十五转一圈。老百姓用来做神山的地方，已经长起了五六米高的树林子，一陇一陇的，挂满风马旗。有了林子，野鸡、画眉开始多起来。在神山谁都不准动杀心的，所以没人敢打这些鸟类，同时也保护了很多珍稀的物种。

信仰往往是与一定的禁忌结伴而生的，而就一般人而言，每当提起禁忌习俗，人总是不屑一顾，简单予以鄙视；或是将其视为“封建迷信”而加以批判和排斥。卡西尔在《人论》一书中说：“禁忌体系尽管有其一切明显的缺点，但却是人们迄今所发现的唯一的社会约束和义务的体系，它是整个社会秩序的基石。社会体系中没有哪个方面不是先靠特殊的禁忌来调节和管理的。”这话未免夸张，但它从本质上阐明了禁忌文化在维护社会秩序方面的作用。在现代社会中，如果当权者能把国家法律、法规，把为人民谋福利，奉为自己的精神信仰，把破坏集体利益，损害百姓权益当作行为上的禁忌，那么哪里还会有罔顾国家人民的贪污腐败行为的产生呢。

就目前来看，这些制度和规范中也不乏留有封建糟粕，比如家族规范中普遍存在的对女子的歧视，在少数民族地区常见的迷信行为甚至为维护全村利益而导致了村落之间的械斗，等等。所以我们既不想全盘肯定乡规民约，也不是提倡完全恢复传统的乡规民约，而是力求透过乡规民约的制度设立和在制度上所表现出来的潜移默化的规范作用，看到它如何在乡土社会中建立起一种自律、自制、自治的文化氛围。而这种文化氛围正是我们目前建立廉政文化所需要的社会基础。

二、行业规范

尽管“行”的历史久远，但“行”的这一名称正式称呼商业的门类还是在隋唐时期。隋代都城长安的丰都市“东西南北居两坊之地，四面各开三门，邸凡三百一十二区，资货一百行”[1]。到了唐代，都市经济有了更大的发展，“行”数更多。长安东市（即隋代的丰都市）：“西南北各六百步，……街市内货财二百二十行。”[2]这里所说的“行”就是行业的意思，指的是营业的工商业的种类而非工商业者的组织。一直到宋代才出现了“行会”。宋代的城市经济异常繁荣，张择端的《清明上河图》就反映了这一点。汴河两岸商铺林立，鳞次栉比，打破了隋唐时的坊市制度。经营地点和时间的变动，使得旧有的管理制度变得毫无意义，政府不可能像坊市制度一样去干预和监督商品生产和流通的全过程。但是，政府为了方便征税和征调徭役，便把工商业从业者按照行业组织起来。而工商业从业者们，为了应付官府的徭役和索税，保护本行业的利益、信誉和市场份额，也需要组织起来。另外工商业从业人数的增加也是一个促因。

元明时行会又有发展。到了明末和清代，行会发展达到了高潮。以浙江杭州为例，清后期杭州已有 29 个行业成立公所或会馆。1937 年抗战前夕，杭州有同业公会 143 个，正在筹备的还有 29 个。新中国成立后，在计划经济体制下，行会失去了存在的必要性。但是，改革开放以后，行业协会得到了较大的发展。据不完全统计，到 2001 年底，在全国及跨省域活动的社团中，全国性行业协会共 292 个。行会在制订行规行约、行业标准，开展行业调查、行业统计、行业培训以及交流信息，协调咨询等方面做了大量工作，对推动我国市场经济发展起了积极作用。

（一）行会的职能

1. 制定规范和章程，协调行业内部的关系

为了规范行业生活，维持本行业及其成员利益，行会大多定有细密的

〔1〕《太平御览》卷 191。

〔2〕《长安志》卷 8。

行规条约。内容涉及行内管理和调节生产经营上的各个环节，从生产组织的形式和规模、原料的获得和分配、产品的数量和质量、业务的承接、销售的范围、度量衡的标准、货物的价格、结账的日期到同行之人福利和相互关系等无所不包。一般而言，凡经营均需入行，交纳牌费入会且一地一行一会，不许另创行头。

2. 解决同业纠纷，举行同业救济

同业的行户按“富于资产”“老成谙达”的标准和条件，推举行董或总管，统一管理行内事务。也有的不设行董总管，由行户轮流值事。同业发生纠纷，首先由行头解决，不服方由行董总管裁决，又不服，方诉官。同业有违行规，则由行董主持会议议罚。

许多行会都很重视乡谊，救济同业。传统的中国人十分注重乡土人情，出门在外经商往往会形成商帮，比如我们所熟知的“晋商”“徽商”。出门在外，难免会遇到一些困难，需要相互照顾和帮助，这个时候，行会就义不容辞地承担了这个责任。苏州蜡笺纸业绚章公所建立时的碑文上说：“身等朱蜡砸笺纸业帮伙，类多异乡人士。或年老患病，无资医药，无所栖止；或身后棺殓无备，寄厝无地。身等同舟之谊，或关桑梓之情，不忍坐视。……现经公议，筹资……建立绚章公所，并设义塚一处……身等同年，轮流共襄善举。”[1]因而会馆公所多置有义田、义园，以救济同业老弱贫病。

3. 共同抵御社会上的坏势力

明清时期，土地兼并严重，因此出现了大量的流民，这些流民有些成为社会的苦力，但有些成了地痞流氓，拉帮结伙，混迹江湖，恃强凌弱，滋扰商户。行会的职能就是联系官府，防止敲诈勒索事件的发生，保护行业的正当利益。

4. 供奉酬谢行业祖师或保护神，加强联谊

各行业均有自己的祖师，入行之人必须供奉拜祭。各行一般均在祖师或保护神诞忌之日和年节大规模“张灯进表，唱戏敬神”。此外，开张、拜师、出师及业务活动重要关节，如瓷器出窑、上梁安柱之时均举行祭拜活

---

〔1〕 苏州历史博物馆等合编：《明清苏州工商业碑刻集》，江苏人民出版社 1981 年版，第 98 页。

动。拜神唱戏活动虽带有一定迷信色彩，然寄托了离乡背井的商贾的思乡之情，有助于联乡情、固乡谊，同时也通过这样的行业联谊活动，加强了行业归属感，增强行业凝聚力和向心力。

（二）行规的主要内容和作用

在近代，政府只是一个征税和维持秩序的庞大官僚机构，没有相应的法制去规范民间的各种发展得如火如荼的行业。行会和政府分离然后独立发展壮大，形成自己的组织，制定自己的行业规范，并以行业规范约束自己，从而形成一股巨大的凝聚力，在鱼龙混杂、充满杀机的市场中谋求一席之地。当然，这种行业的规范是凌驾于个人利益之上的。当时的行业规范概括有以下几个方面的内容。

第一，规定统一的工资水平。长沙制香业行规规定：客师每月俸钱一串八百文，每日酒烟钱十文。料香店，每日客俸七十文。如有新开料香店，各照旧规。益阳制烟业行规规定：每工价遵照宪断，每日给官板足制钱一百五十文正，不得徇情私用毛钱。如有徇情受用等弊，公同禀究。统一的帮工、徒弟的工资标准，显然是作坊主针对“下人”所订立的。在统一的工资联盟前，从业者们只能迫从，只能被剥削挤压，从而有利于业主的管理。

第二，统一的手工业品的规格、价格和原料的分配。关于手工业品的规格与质量，在行规中有明文记载。苏州银楼业行规规定：兴利之道，先事革弊。如有以低货假冒，或影射他粗牌号，蒙混销售易兑者，最足诬坏名誉，扰害营谋，一经查悉，轻则酌罚，重则禀官请究。关于手工业产品的价格，行会也有明确的规定。长沙明瓦业行规规定：定价之后必须俱遵一体，不得高抬减价，如有高抬减价私卖者，查出罚钱二串文入公。关于手工业原料的分配，行业规范也有规定。这样的行规主要是为了限制会员之间的竞争，避免两极分化，实现整个行业的同步发展。

第三，限制作坊开设的地点和数目，禁止外地人在本地经营。长沙明瓦业行规规定：我等开设店铺者，每街两头栅内，只准开设一家，不准开设两家。在关于禁止外地人在本地经营，开设作坊，长沙木业行规规定：内行不得与外行合伙，倘合伙，查出议罚。长沙鞋帽业行规规定：与外处同行来此合伙开店者，罚银五两，戏一台，仍然毋许开店。此外，还禁止外地的产品输入本地区。长沙京刀业行会规定：外来京刀，内行外行，毋得发售，如违将充公。以上的行规表明，为了保护自己的市场份额，维护本行业的垄断地位，业主们通过制定行业规范来规避来自于外地同行竞争带来的风险。

第四，严格限制招收学徒和使用帮工的数量。清代苏州曾发生过一起血案。苏州的金箔作坊，人少利厚。行业规范规定一个师傅只准收学徒一人。一个叫董司的人违反了这个规定。同行得知这个消息后，让他辞退一人。董司不肯，大家十分恼怒，约定时间和他评理。董司来到公所的时候，已经有数百同行在那里恭候他了。在行头的唆使下，众人纷纷上前咬董司之肉，等官差到时，董司已经是血肉模糊，奄奄一息了。由此可见，为了保证丰厚的利润和维护行规的权威，人们对违规的行为是咬牙切齿的，处罚的手段也很不人道。长沙的京刀业行规规定：带学徒者，三年为满，出一进一。如违不遵，罚戏一台敬神。广东佛山陶瓷业行规规定：每店六年教一徒，此人未满六年，该店不准另入新人。行会为了防止经营规模的扩大，严格限制帮工和学徒的数量。〔1〕

明清时期的行会和行规表现出了异常活跃的形态，行规的重要作用在商业活动中也日益凸显，行业的从业者几乎是按照行规来组织生产和销售的。

（三）行业腐败

所谓腐败，通常是指腐败行为主体利用掌握的公共权力，侵害社会公共利益，以谋取私利的行为和社会现象。一些行业存在着腐败现象，其特点往往是集团性和垄断性。腐败的主体不是一两个领导干部或成员，而是利益集团。一些行业中的腐败现象得以滋生蔓延的最直接原因就是某些不合理行规的存在。

以我国当前的盐业为例，食盐生产许可证的发放和年度计划的编制决定着食盐定点生产企业的命脉。长期的垄断经营，在盐行业内部形成了许多不为外人所知的“不合理行规”，这些“不合理行规”导致了畸形的产销利益格局，成为滋生腐败行为的温床。在食盐计划执行过程中，一些负责

---

〔1〕 陈勤建：《廉政文化与民俗》，中国方正出版社 2011 年版，第 85 页。

计划的个人向生产企业索要回扣、红包，一些盐业公司也向生产企业索取高额回扣。而且对回扣不开发票，只开收据，并让生产企业承担回扣的税收。一些盐业公司索取回扣时为了达到隐蔽的目的，巧立各种名目，主要有以下几种方式。

1. 运费补贴

国家规定盐价应以各厂家离站价（离岸价）结算，为了做到表面上盐价到位，目前成了按到站价（到岸价）结算，运费由企业承担，运费补贴成了变相的回扣，而且由生产企业承担了补贴部分的税。

2. 仓储补贴

盐业公司以调盐后储藏困难且增加了贮藏成本为借口，要生产企业给予补贴建仓库和库房所用。一家有 15 万吨以上食盐计划的生产企业每年这笔开支就需 600 万元至 700 万元，销售企业建仓库让生产企业“买单”本身就不合理，而一些盐业公司收走这笔钱后也并非真的全用在了仓库建设上。

3. 回笼货款奖励

这种回扣方式是仓储补贴、运费补贴的辅助形式，是一些盐业公司向生产企业索取的“奖励”。但即使货款给付不及时，回笼货款奖励也要照付。一些盐业公司还有拖生产企业盐款之习，有的生产企业竟被数家盐业公司拖欠达数千万元货款。还有一家生产企业的 770 多万元盐款被一家盐业公司从 1994 年拖欠至今。

4. 调销奖和超调奖励

一些生产企业如得到了额外的计划，还要付出“调销奖”和“超调奖励”之类的回扣。此外，还有以破包费、食盐指标换实业等名目的索拿卡要手段。不少生产企业对碘盐基金的使用和储备盐的去向提出质疑。不少盐业生产企业还有这样的遭遇：每年的所谓产销座谈会议不断，其实就是销区盐业公司游山玩水，费用全由生产企业来“买单”，现在还发展到了出国，有的省盐业公司领导一年出国五六次，找生产企业承担费用。一些生产企业不得不承受个别盐业公司的“剥削”，因为对方有食盐计划指标。

某些垄断行业利用自己手中的特权，置市场经济的游戏规则于不顾，拼命为自己谋取不正当的利益。在这样的情况下，行业规范被忽视甚至抛弃，行业规范的自律和约束作用也缺失了。在经济上，它破坏了市场经济的准则，对良好的经济秩序和健康的社会机体造成了十分消极的影响。

行业规范当中的一些优良品质也影响着个人的心理。相传我国古代有一个叫韩康的人，深谙医道，以采药卖药为业。当时卖药者常常以次充好，以假乱真，顾客因此也讨价还价，争执不休，而韩康所卖的药材货真价实，从不与顾客讨价还价。病人吃了韩康的药后往往也药到病除。这个故事讲的就是“真不二价”四字的由来。胡庆余堂开业之初的那一年冬天，正好是药材销售的旺季，可是胡庆余堂的销售额反而有所下降，经理余修初前来汇报：“胡庆余堂老对手叶仲德在压价竞争，其他的药店也低价销售。我们是否也采取此法参与竞争？”胡雪岩大笑，讲了韩康的故事，安抚他说：“放心吧！顾客心中自有杆秤，我们还是靠真取胜。”压价竞争的药店，果然由于物非所值，不断亏本，而胡庆余堂却顾客盈门了。从此，“真不二价”的匾额就挂在了胡庆余堂的营业大厅之上，作为胡庆余堂的行业宗旨。[1]

行业规范不仅对个体施加影响，对群体也施加着影响。促使群体拥有一种共同的心理，从而有利于廉政文化的形成。

三、家风家训

中华民族素有“礼仪之邦”之称，向来重视家教。自汉代以来，“家训”就是儒家文化在家族、家庭问题上的集中反映，是长辈对晚辈的教诲，是儒家对“修身、齐家、治国、平天下”的理想追求。历史上见诸典籍，较不完整的“家训”并非鲜见，为后人称颂的家训亦很多。

一种民族文化若要长久发展，需要靠文化的拥有者一代又一代向下传承延续；一个传统的“根”若要持久保存，需要通过家庭、社会把这种“根”的触须渗透到一代代人的血脉中。不可否认，历代“家训”中的言论，多以封建礼教为纲，糟粕显而易见。但剔除其糟粕，吸收其精华，将

[1] 陈勤建：《廉政文化与民俗》，中国方正出版社 2011 年版，第 116 页。

家风家训中的精华融入新的社会道德建设中，对提高全国人民的道德素质定会大有裨益。一般而言，家风家训被归入道德教育领域，古往今来，官风与家风，治国与治家，总是紧密相连的。家庭教育作为教育的细胞，在人之初就发挥着重要的导向作用。我国悠久的历史文化中留下了许多脍炙人口的家训。说是家训其实已不是某一家之训，而已家喻户晓，几成“家家之训”。

（一）核心内容

我们的家训中几乎涉及生活的各个方面。但各个方面都是围绕着“做人”二字。如果说“学而优则仕”表现出了古代用人制度的不够健全的话，那么在我们的家教语境中，则常常是更注重人的全面发展。从人品到才学，从生活到事业，从家庭到社会，几乎涉足了作为个体的人的全部活动空间。

第一，做人要讲“仁爱”。“百行孝为先。”“孝当竭力，非徒养生。鸦有反哺之孝，羊知跪乳之恩。”“重资财，薄父母，不成人子。”“父子和而家不败，兄弟和而家不分，乡党和而争讼息，夫妇和而家道兴。”“尊师而重道，爱众而亲仁。”“处富贵地要矜怜贫贱的痛痒。”“宁可人负我，切莫我负人。”“肝肠煦若春风，虽囊乏一文，还怜茕独。”“责已之心责人，爱己之心爱人。”“割不断的亲，离不开的邻。”“远山难救近火，远亲不如近邻。”〔1〕《治家格言》：“与肩挑贸易，毋占便宜；见贫苦亲邻，须加温恤。”《家诫要言》：“孤寡极可念者，须勉力周恤。”《颜氏家训》：“泯躯而济国”。

第二，做人要正直，要有气节。“见富贵而生谄容者，最可耻。遇贫穷而作骄态者，贱莫甚。”“勿恃势力而凌逼孤寡，毋贪口福而恣杀生禽。”〔2〕“官长之前，止可将敬，不可逐膻。”“勿为财货迷。”“立身无愧，何愁鼠辈。”“勿贪意外之财，勿饮过量之酒。”“俭以养廉。”〔3〕《增广贤文》：“气骨清如秋水，纵家徒四壁，终傲王公。”“事业文章，随身消毁，而精神万古不灭；功名富贵，逐世转移，而气节千载如斯。”“千里不欺孤，独木

---

〔1〕《增广贤文》。

〔2〕《治家格言》。

〔3〕《家诫要言》。

不成林。”“钱财如粪土，仁义值千金。”连《续小儿语》中也强调：“丈夫一生，廉耻为重。”

第三，做人要讲诚信。“许人一物，千金不移。”“一言既出，驷马难追。”“心口如一，童叟无欺。”“人而无信，百事皆虚。”〔1〕

第四，生活当俭朴。《治家格言》中说：“一粥一饭，当思来之不易；半丝半缕，恒念物力维艰。”“自奉必须俭约，宴客切勿流连。”“器具质而洁，瓦缶胜金玉。”“饮食约而精，园蔬愈珍馐。”《增广贤文》说：“志从肥甘丧，心以淡泊明。”“常将有日思无日，莫待无时想有时。”“由俭入奢易，由奢入俭难。”

第五，勤勉读书。虽然在古旧时代，读书往往是有钱人的专利。因此，《家诫要言》中说“多读书达观古今，可以免忧”。《增广贤文》中有“读书须用意，一字值千金”“良田百亩，不如薄技随身”“少壮不努力，老大徒伤悲”。《家诫要言》则谆谆告诫“读少则身暇，身暇则邪间，邪间则过恶作焉，忧患及之”。

第六，重视个人修为。《治家格言》中说：“乖僻自是，悔误必多。”“轻听发言，安知非人之谮诉，当忍耐三思；因事相争，焉知非我之不是，需平心暗思。”“施恩无念，受恩莫忘。”“凡事当留余地，得意不宜再往。”“人有喜庆，不可生妒忌心；人有祸患，不可生欣幸心。”“善欲人知，不是真善，恶恐人知，便是大恶。”“匿怨而用暗箭，祸延子孙。”《家诫要言》中讲：“知有己不知有人，闻人过不闻己过，此祸本也。故自私之念，萌则铲之，谗谀之徒至则却之。”“才能知耻，即是上进。”“器量须大，心境须宽。”“待人要宽和，世事要练达。”“恶不在大，心术一坏，即入祸门。”“一念不慎，坏败身家有余。”“每事宽一分即积一分之福。”三令五申的还数《增广贤文》：“毋私小惠而伤大体，毋借公论而快私情。”“毋以己长而形人之短，毋固己拙而忌人之能。”“仗势凌人，势败人凌我；穷巷追狗，巷穷狗咬人。”“不自恃而露才，不轻试而幸功。”“静坐常思己过，闲谈莫论人非。”“得意盎然，失意泰然。”“驭横切莫逞气，遇谤还要自修。”“以直报怨，以义解仇。”“贪爱沉溺是苦海，利欲炽燃是火坑。”“平生不做皱

〔1〕《增广贤文》。

眉事，世上应无切齿人。”“饶人不是痴汉，痴汉不会饶人。”“不因群疑而阻独见，勿任己意而废人言。”“幸名无德非佳兆，乱世多财是祸根。”就连《续小儿语》也有“人悔不要埋怨，人羞不要数说。人极不要跟寻，人愁不可喜悦”的忠言。

这些流传甚广、影响深远的家训格言，从宏观上为我们勾勒了我国家庭训导的基本倾向和初衷。做人的道理和为官的道理大同小异。许多清官、廉吏、父母官的成长往往和严格而有方的家教有着十分密切的关系。这些大而化之的家训落实到一个个具体的家族、家庭，就呈现出了千姿百态的家规或家法。

（二）“江南第一家”的家风家训

据史料记载：曾被明太祖朱元璋赐封为“江南第一家”的浙江省浦江县的郑氏家族，从始居祖郑绮起，全族内部共财聚食，以孝义治家，自南宋至明代中叶，十五世同居共食，历宋、元、明三代，长达360余年，时称义门郑氏，故名“郑义门”，浦江郑氏家庭如此义居，屡受朝廷旌表。

令“郑义门”流芳百世的不仅是皇帝的赐封，更出于郑氏家庭第五世郑文融在父辈治家实践的基础上，制定了《家规》58条，这就是郑氏家庭史上著名的《郑氏家规》的雏形，后又由明代开国文臣宋濂为“郑义门”参酌审定的《郑氏家范》168条，构成了郑氏二十世同居的家庭法典。它根据儒家伦理哲学提出一些公共生活原则，像“和为贵”“善施与”“己所不欲，勿施于人”等人际关系的原则。其精华有三：一是厚人伦，崇尚孝顺父母，兄弟恭让，勤劳俭朴的持家原则；二是美教化，开办东明精舍，注重教育，且教子有方；三是讲廉政，从家庭角度制约为官者“奉公勤政，毋蹈贪黩”。要求族人不慕宝贵，俭朴勤耕，修桥铺路，拒受不义之财，出仕者以报国为务，不妄取于民，勿玩物丧志等。如《郑氏家范》第88条规定：“子孙出仕，有以赃墨闻者，生则削谱除族籍，死则牌位不许入祠堂。”

《郑氏家范》是我国古代一部罕见的相当完备的家庭法典，堪称天下家法第一文典。家风与官风有着直接的关系。一位官员的官风不错，家风却很糟，他的官风必然要大打折扣。郑家出仕的官吏多为廉吏，这和其家风家训有着密切的关系。由于自幼受到严格的儒学伦理教育和孝义家风的长期熏陶，更受到第88条家规的严厉制约，据《浦江县志》《麟溪集》及《郑氏族谱》记载，“郑义门”出仕的173位官吏中，大至礼部尚书，小至普通税令，竟无一贪官污吏，他们人人勤政廉政，忠君爱民。民间流传许多郑义门的廉政故事，比如郑义门第七世祖郑铢，在任湖广道监察御史期间，清正廉明，秉公执法。对贪官污吏，正直敢言。不怕强权，受理贪污案件十有余起。组织民团保护乡村安宁，倡导百姓开荒造田，终于使一方能保持温饱。郑铢任满还朝，仍两袖清风，赢得百姓的爱戴。临行之时，百姓为颂其功德，特置了一把万民伞，为其遮阳避雨，夹道挥泪送别。尤其是其破除官场“献蟒”陋习的事迹广为后人流传。郑义门第九世祖郑机历任知县，在任内宵衣旰食，勤政爱民，平蛮寇，修水利，奖农耕，政迹显殊，尤其在廉洁方面，他更是严格要求，从点滴做起，从不收属下及百姓的礼物，被当地百姓誉为清官。郑义门第二十三代孙郑祖琛，天资聪敏，一目十行。清朝嘉庆进士，为官清正。在江西任按察使时，惩治贪官，救济灾民，开仓放粮，兴修水利，为民称道。

（三）包拯家风家训

众所周知，家喻户晓的中国历史上第一清官包拯，在他生前就刻石告诫：“后世子孙仕宦有犯赃者，生不得放归本家，亡殁之后不得葬于大茔之中。不从吾志，非吾子孙。仰珙刊石，竖于堂屋东壁。”如今这块家训碑文岸然挺立在包拯的墓园里。这个墓园，除了包拯的主墓，还有其亲人的附墓，即夫人董氏、长子包繶、长媳崔氏、次子包绶、次媳文氏、长孙包永年。包拯庄重肃穆的家训，对其子孙的影响又如何呢？包氏家门人丁很不兴旺。董氏只生独子繶，早亡无后。如夫人孙氏生了个男孩，由长媳崔氏抚养成人，名包绶。崔氏后来还收养了螟蛉子，名包永年。崔氏因使包拯后继有人，受到宋哲宗的嘉奖，嘉奖令出自大文学家苏东坡之手。包绶和包永年做过州县官。考察一下他们的官德，便可知包拯家训对子孙的强大约束力及教诲作用。

包绶“生平清苦守节，廉白是务，遗外声利，罕有伦比”。四十八岁那年，赴任谭州通判，在路途上病故。打开他的箱子，“除诰轴、著述外，曾无毫发所积为日后计者”。只好把他随身携带的墨砚、印鉴、碗罐等，置于棺木中埋葬。1973年，清理包绶墓，诚如史籍所载，仅从墓中取出这些极简单的遗物。他的夫人文氏，是当朝副相文彦博的小女儿，身世显赫，却也是“赋性寡欲，常不如荤，以清静自将”，严格遵循包拯的家训。包永年历任县主簿、县尉、县令等职，“凡厥莅官临事，廉清不扰。”死后，清理他的财物，“了无遗蓄”，丧葬费用，还是两位堂弟资助的。做官做到如此廉洁，包氏门风这么清白，怎能不令后人感叹。

包绶、包永年两代子孙，以及崔氏、文氏等子媳，弘扬祖德，身体力行，使包拯的遗志得以实现，形成了包氏家族的“孝肃家风”。包绶墓、包永年墓，以及夫人和子媳之墓，都葬于包拯墓之侧，得到后世同样的敬仰，当之无愧。〔1〕

（四）曾国藩的家书

在众多有关家教的书籍中，曾国藩的家书也许是对家族影响最大的了。他一再强调通过修身养性来约束自己。他一直对他的弟弟们强调勤勉、俭约品格的重要性。“同治九年十一月初二日与纪泽纪鸿书”（1870年）是曾国藩的家书中最有影响的一封，广为人知。他在信中提出了修身养性的四大法则：一是慎独则心安，二是主敬则身强，三是求仁则人悦，四是习劳则神钦。可见，曾国藩对于个人品性非常重视。

俭以养廉，直而能忍。“余于俭字做到六七分，勤字则尚无五分工夫。弟与沅弟于勤字做到六七分，俭字则尚欠工夫。以后各勉其所长，各戒其所短。”“以后望弟于俭字加一番功夫，用一番苦心，不恃家常用度宜俭，即修造公费，周济人情，亦须有一俭字意思，总之，爱惜物力，不失寒士之家风而已。莫怕寒村二字，莫怕悭吝二字，莫贪大方二字，莫贪豪爽二字。弟以为然否?”〔2〕“唯各家规模总嫌过于奢华。即如四轿子一事，家中坐者太多，闻纪泽亦坐四轿，此断不可。……篾结轿而远行，四抬则不可；呢轿而四抬则不可入县城、衡城，省城则尤不可。湖南现有总督四人，皆有子弟在家，皆与省城各署来往，未闻有坐四轿。余昔在省城办团，亦未四抬也。以此一事推之，凡事皆存谨慎俭朴之见。”〔3〕“第三，要实行勤俭

〔1〕陈勤建：《廉政文化与民俗》，中国方正出版社2011年版，第127页。

〔2〕北史编：《曾国藩最有影响的家书》，中国戏剧出版社2002年版，第151页。

〔3〕北史编：《曾国藩最有影响的家书》，中国戏剧出版社2002年版，第211页。

二字。内间妯娌不可多事铺张，后辈诸儿须走路，不可坐轿骑马。诸女莫太懒，宜学烧茶煮菜。书、蔬、鱼猪，一家之生气；少睡多做一人之生气。勤者生动之气，俭者收敛之气。有此二字，家运断无不兴之理。余去年在家，未将此二字切实做工夫，至今愧恨，是以谆谆言之。”〔1〕“余在外无他虑，总怕子侄习于‘骄、奢、逸’三字。家败，离不得个‘奢’字；人败，离不得个‘逸’字；讨人嫌，离不得个‘骄’字。”“总以习劳苦为第一要义。”“仕宦之家，不蓄积银粮，使子弟自觉一无可恃，一日不勤则将有饥寒之患，则子弟渐渐勤劳，知谋所以自立矣。”〔2〕

处事交际原则：第一，诚信可靠；第二，协助之力；第三，不谈大话。这些原则，都来自于实战，当然具有实效。“凡与人交际，当求其诚信之素孚；求其协助，当量其力量所能为。”“弟每求人，好开大口，尚不脱官场陋习。”“余本不敢开大口，而人亦不能一一应付，但略亮我之诚实耳。”〔3〕

为官之道。用人之难，听人相劝是领导下属的两个难题。曾国藩认为要想用人恰到好处就必须做到能兼听人言，“全赖见多识广，熟思审处，方寸中有一定权衡”。〔4〕在官场闯荡十多年的曾国藩认为：“独享大名为折福之道，则与人分名即受福之道矣。”〔5〕凡是有了利益之分、有了功名之别后，人与人之间就变得匪夷所思了，就会有许多陷阱布满周围。曾国藩在这封信中谈到的问题，绝对是一种社会风尚——恨不得竞争对手早些出点事。故他告诫家人，要能看透此心，知世路之艰险，保持心平气和之态。“凡郁怒最伤人”“人之忌我者，唯愿弟做错事，唯愿弟之不恭。人之忌弟者，唯愿兄做错事，唯愿兄之不友”“弟看破此等物情，则知世路之艰险，而心愈抑畏，气反愈平和”。〔6〕在古代官场，“宠荣利辱利害计较甚深”，让曾国藩觉得有些犯难。他的方法是“诚心竭力去做”，“须略省已之不足，

〔1〕北史编：《曾国藩最有影响的家书》，中国戏剧出版社 2002 年版，第 279 页。

〔2〕北史编：《曾国藩最有影响的家书》，中国戏剧出版社 2002 年版，第 283 页。

〔3〕北史编：《曾国藩最有影响的家书》，中国戏剧出版社 2002 年版，第 285 页。

〔4〕北史编：《曾国藩最有影响的家书》，中国戏剧出版社 2002 年版，第 285 页。

〔5〕北史编：《曾国藩最有影响的家书》，中国戏剧出版社 2002 年版，第 287 页。

〔6〕北史编：《曾国藩最有影响的家书》，中国戏剧出版社 2002 年版，第 289 页。

即不可虚伪，不可不省察自我”。[1]“予自三十岁以来，即以做官发财为可耻，以宦囊积金遗子孙为可羞可恨，故私心立誓，总不靠做官发财以遗后人。”[2]这种观点，让人看到当好官的希望。“爱禾者必去稗，爱贤者必去邪，爱民必去害民之吏，治军必去蠹军之将，一定之理也。”“抽取其要，即以民为本，惩处贪官污吏”“吾服官多年，亦常在耐劳忍气四字上做工夫也”[3]“目下官虽无恙，须时时作罢官衰替之想”[4]“楼高易倒，树高易折”“专讲宽平谦，庶几高而不危”“晓得下塘，须要晓得上岸”[5]“居官不过偶然之事，居家乃是长久之计”“能从勤俭耕读上做出好规模，虽一旦罢官，尚不失为兴旺气象”“若贪图衙门之热闹，不立家乡之基业，则罢官之后，便觉气象肃索”。[6]

总之，勤以持家、俭以养德，注重自我约束，讲究洁身自好，期望精忠报国，是曾国藩，也是普天下家长的愿望。

（五）山西乔家家规

山西的乔家大院也有着极为严格的家规。关于中堂的家规主要有六条：不准纳妾、不准虐仆、不准嫖妓、不准吸毒、不准赌博、不准酗酒。这“六不”放之当代，丝毫不足为奇，但在明清那种奢靡成风的时代，放在乔家这样富甲天下的富豪人家，则不可谓不奇。更奇的是，近二百年来，乔家虽然历经五六代人，却少有人犯过家规。在乔家比较杰出的人物中，灵魂人物乔致庸享年89岁，虽然娶了六房，但却都是续弦；乔映霄，夫人遭匪徒绑票身亡后，终身未娶；乔映奎膝下无子，恪于家训始终不敢纳妾生子，只能过继侄子来继承家业。乔家的用仆也堪称一绝。他们不仅保证所有仆人吃得饱、穿得暖，而且对仆人也比较宽容和尊重。乔家用女仆没有小丫鬟，而是“老妈子”，都是已婚的中年妇女。对于那些不愿意养在乔家的老年仆人，还发给退休金，供他们颐养天年。当然，乔家最值得称道的

---

〔1〕北史编：《曾国藩最有影响的家书》，中国戏剧出版社2002年版，第296页。

〔2〕北史编：《曾国藩最有影响的家书》，中国戏剧出版社2002年版，第303页。

〔3〕北史编：《曾国藩最有影响的家书》，中国戏剧出版社2002年版，第333页。

〔4〕北史编：《曾国藩最有影响的家书》，中国戏剧出版社2002年版，第337页。

〔5〕北史编：《曾国藩最有影响的家书》，中国戏剧出版社2002年版，第343页。

〔6〕北史编：《曾国藩最有影响的家书》，中国戏剧出版社2002年版，第345页。

还是他们对教育的重视。乔家请的私塾先生都是饱学之士，除了丰厚的报酬外，每人还有两名书童伺候，每餐饭都有一名主人相陪。

家庭作为社会的细胞，从微观上看，家是人们生活成长的地方；从宏观上看，家庭对社会的良性运行和协调发展起着积极促进或者消极阻碍作用。唐代李世民的《戒皇属》，是他用自己即位30年严于律己的经历对皇属进行的言传身教。宋代传世的家范、家训等20多部，代表作有司马光的《家范》、欧阳修的《与十二侄书》、陆游的《放翁家训》、袁采的《袁氏世范》、赵鼎的《家训笔录》和朱熹的《蒙学须知》。元代有郑太和的《郑氏规范》等。明代有方孝儒的《家仪》。清朝这方面的书籍多达80多部，有郑板桥的《郑氏家训》、左宗棠的《示儿书》等。中国人看重家风，看重家族声望，这是一个好传统。家风多是纵向发展，社会风气多是横向发展。好的家风一旦形成，能影响几代人，在社会风气的发展中，起着贯穿作用，中坚作用。在今天的廉政文化建设中，希望优秀族规家训能作为传统文化代代传承下去。〔1〕

四、社会交际

社会交际，即人的社会交往活动。人类社会是在人与人之间的相互交往、交际中存在与发展的，每个社会都要用特定的礼仪来指导、约束、规范人们的交往交际行为。遵守社交礼仪，能使社会交往活动具有秩序，从而有利于社会的稳定。社会中的个人对群体的社交礼仪的遵循状况，既能表现出他对社会文化掌握的程度，又能充分体现出他的道德修养水平。我们中华民族素有“礼仪之邦”之称，我们甚至可以把中国的传统文化称之为“礼文化”〔2〕。无论是中国传统的儒家礼制还是民间礼俗中关于人生交际与交往的部分，都有大量值得后人继承和发扬的精华，这些精华，集中体现了中国儒家思想的“礼”和“仁”，并且中国传统的儒家思想的源泉恰恰正是中国古代民众的风俗习惯。

交际礼仪民俗既可作为指导、约束、规范人们的交往交际行为的准则，

---

〔1〕 陈勤建：《廉政文化与民俗》，中国方正出版社2011年版，第156页。

〔2〕 顾希佳：《社会民俗学》，黑龙江人民出版社2003年版，第17页。

又存在被腐败分子利用的隐患，作为大行腐败之事的名目。尤其是政府一旦工作中过度追求交际礼仪、讲究排场、重礼节、重馈赠、重私人感情，这势必会滋长对于物质过度追求的心理，从而对公职人员产生诱惑，腐败的心理自然会慢慢增长，从而有一步步走向腐败行为的可能。当然，并不是说完全可以不顾礼节、不顾交际，在政府工作中适当的交际、礼节、应酬也是必需的，但这个“度”如何把握，是一个非常棘手的、“知易行难”的问题。

(一) 中国传统社会交际民俗类别

根据顾希佳先生的《社会民俗学》中“交际礼仪民俗”一章中的分类，中国社会的传统交际礼仪民俗按照其行为方式可分为如下几类：

1. 拜访与应酬

这是人际交往中较为常见的行为方式。前者指客人登门拜访，后者则指主人安排迎接和招待。其中又分为“一般性往来”“节日往来”“拜贺庆吊”；关于应酬和拜访在廉政建设中的作用可谓不言自明。

2. 宴饮与馈赠

人们在一起吃饭不仅仅是为了吃饭，更主要的是为了交际，为了满足参与者渴望与外界加强联络、与别人保持融洽关系的一种愿望，这就是宴饮。中国素来以酒文化、茶文化、美食文化闻名于世，而这和廉政建设两者之间的深刻而紧密的联系又是“不言而喻”的。而馈赠礼物，首先要遵循“礼尚往来”的规范和“有恩必报”的原则，而这一原则恰恰在一定程度上会对廉政建设带来一定的负面影响。

其次，传统上中国人认为馈赠礼物重在真情实意。比如“千里送鹅毛，礼轻情意重”“宁要雪中送炭，不要锦上添花”。而且，中国历来有帝王或上级官员赏赐属下以笼络人心，这是维护统治秩序所惯用的手段，这种手段在民间广为流传，形成了中国独特的民间赏赐——除夕夜长辈赐给小辈红包。此外，还有主仆、老板与伙计、学徒之间逢年过节也有在工钱之外又额外赏赐红包的做法，还有一种情况就是，富豪在酒楼对艺人或者服务人员的赏赐。

3. 敬老与尊师

敬老与“孝”联系在一起，这在《礼记》中有详细的记载。中国历史上各代都有敬老风尚，比如清代，在康乾盛世时尤其大做特做敬老的文章，称百岁老人为“人瑞”。然而，在封建社会的敬老与养老无疑有着局限的一面，因为社会底层中的老年人的悲惨生活是不可能有什么改变的。“尊师”又是中国传统社会的一大礼俗，尊师与敬老的本质是相同的，都表明人们重视老师、重视知识、重视经验。中国历来的尊师礼俗又大致可以分成“拜师、侍师、敬师、报师、祭师”这样几个方面。尊师重教无疑是传统交际礼仪民俗中的精华，但是古人过分强调老师的权威，一方面在一定程度上扼杀了学生的创新意识；同时，师徒的过分紧密的关系，尤其是官场上往往会对廉政建设产生消极负面影响，因而也就不怪中国古代有“沆瀣一气”的典故了。

4. 公共集会场所的交际民俗

中国社会的交际民俗的形式除了上面所述，还有一些以空间环境为依托的在公共集会、社交场合的特定的难以归类的民俗，其中以茶馆、酒肆、瓦舍民俗为代表。

（二）陋规

所谓“陋规”，就字面上讲，是指衙门中历来养成的不良成例。公务人员的薪水只是点缀品，实际上全靠陋规来维持。陋规是不公开的公家收支，为政府及社会所默认的。以现在用语来说，好像我们大家所称的黑市，再说通俗了就是官员间的大量“礼尚往来”的潜规则。

道光帝继位之初，接受军机大臣英和的建议，试图清理陋规，整顿吏治，遭到朝廷内外的反对而作罢。于是陋规和腐败的吏治沿着嘉庆朝的轨道走下去，问题越发严重了。举人张际亮在道光十六年说：“今之外吏，贪以铦民之脂膏，酷以干天下愤怒，舞文弄法以欺朝廷之耳目，虽痛哭流涕言之，不能尽其情状。”〔1〕

道光时期吏治的问题，突出的表现是变官吏贪污为合法的陋规的流行，其间有两种情形，一是实行在官吏内部的，二是官民之间赋役征收中的。在官僚内部，下级对上司，地方官对京官，两个有业务联系的衙门之间，为了办事，都要送礼，但什么时候送，送多少，谁给谁送，经过多年实践，

〔1〕《张亨甫全集》卷三。

形成定规，并有专门的名词反映出来。关于官僚内部的陋规可以“分门别类”如下。

节寿礼。岁时节日和上司家庆日，僚属为其送礼。张集馨在《道咸宦海见闻录》里讲陕西粮道向上司和有关衙门官员送礼定规为：给西安将军三节两寿礼，每次银800两，表礼、水礼八色，门包40两；八旗都统二人，每人每节银200两，水礼四色；陕西巡抚，四季致送，每季银1300两，节寿送表礼、水礼、门包杂费；陕西总督，三节致送，每节银1000两，表礼、水礼八色及门包杂费。高级衙门的师爷节寿礼亦有规定，所谓“抚、藩、臬幕友一年节寿陋规，俱由首县摊派各州县书吏册费，藩司用印札代为催取”〔1〕。在中央衙门，书吏给司官送“年终规礼”。

程仪。招待过境官员，如在浙江，“凡上司委员到县，各县须送程仪”，候补官因为没有职务可以捞取油水，若被派为委员到县，更要多送。〔2〕

卯规。州县官上任点卯，六房书役先送钱财，表示确定隶属关系，求得主官的欢心。

别敬。地方官奉派出京，或到中央述职，离京时，要给有关官员送礼，有师生关系的门生还要向老师、同年馈赠，名之为“别敬”。

炭敬、冰敬。炭敬，是冬季地方官给京中大臣的孝敬礼；冰敬，则是为消暑而送的礼。冯桂芬说：“大小京官，莫不仰给于外官之别敬、炭敬、冰敬。”〔3〕原来京官靠地方官的孝敬作补贴，因而别敬、炭敬、冰敬成为不可缺少的规例。

秋审部费。各省每年必有案件呈报，为此给刑部送辛苦费，四川按察司向例每年送600两银子，刑部人员才在五六月间派人把秋审奏折的底稿送到四川，以便川臬做准备，应付部驳和皇帝的查问。

晋升部费。州县官晋升，径直赴任的，照理由吏部发出正式通知即可。但吏部若不见该员的孝敬，不给发文，以示拿捏。

门生礼。清代官场盛行拜师风习，考官、学官广收门生。有的毫无师

---

〔1〕《清宣宗实录》卷三二九。

〔2〕（清）段光清：《镜湖自撰年谱》，中华书局2009年版。

〔3〕（清）冯桂芬：《校邠庐抗议》卷上。

生关系，如州县官与府道官，府道与督抚，以至京察定为一等，大计评为卓异的人，对堂官、上司表示感恩，结为师生关系，在拜师时送礼，“甚至节寿厚其馈送”〔1〕。门生礼实际上超出师生范围，成为官场陋规的一种。

修船陋规。水师所用战船的修理，归文官负责，由武官验收，武官验收时横加挑剔，“索行陋规，有加无已”〔2〕。官吏在银粮征收过程中，在贮存库房和动用时，进行侵蚀贪占，情形复杂，也形成名目繁多的规例。

放炮。州县官将要离任，提前征收田赋，办法是减收税额，引而民间踊跃交纳，大县可以收到万两银子，或五六千两，这个赋税落入私囊，接替官员替他赔偿。

太平炮。地方官并不去任，但放出离任的风声，减额收税，也能达到提前得到钱银使用的目的。“倒炮”。新官上任，为得钱使用，提前催征钱粮。

税收中的陋规。官吏向税民巧取豪夺，在征额之外，多事勒索，名目同样繁多。

浮收。给事中安诗说：“州县征收，任意取盈。”〔3〕陕西粮道一年浮收所得约 6 万两银子。山东堂邑生员许守宗控告县官浮收，被巡抚衙门迫害自杀身亡，按察使童槐派历城知县诱使尸子许哲受贿息和。

勒折。地方官征收赋税时，在银与钱价格兑换上做手脚，多收钱文。浙江乌程岁征丁银 11.6 万余两，折收制钱，市场上每银一两合制钱 1200 文~1300 文，征收时却要求每一两银子的税交纳 2400 文~2500 文，多收整整一倍。〔4〕

漕规。有漕粮地区，百姓在正额钱粮外，再交纳耗米和运费，粮道、运官、漕丁皆有漕规费用。浙江海盐县漕粮，定额一石的民户，实际要交两石以上。〔5〕

签子钱。民间向官府递交词呈，衙役得到费用后才会接收。安徽阜阳

---

〔1〕《清宣宗实录》卷三一八、卷二一九。

〔2〕《黄爵滋奏疏·查验战船草率筹议赶紧修造疏》。

〔3〕《清宣宗实录》卷四三八。

〔4〕《清宣宗实录》卷二一六。

〔5〕《镜湖自撰年谱》。

县的门房、签押房，每收一呈文要制钱4500文，称为“签子钱”，有的还加倍索取，叫“双签子”。〔1〕

富户节礼。山西商人富有，向本地父母官作特别孝敬：“每年有交官陋规银两，按节按季呈送，为数动逾巨万。”〔2〕

以上诸例是通行于官民间的陋规，可谓是陋规中大端。其他如总督的盘库礼，在其境内的税关的规礼，各衙门所受的茶盐等商人的规礼尚未举出，陋规真是多得惊人。〔3〕

陋规是封建官僚机构腐败的一种主要形式，是为大多数官僚所践行的制度（或结构）性腐败。与贪污受贿这一类腐败相比，陋规这种腐败形式有它自身的特点。首先，陋规是公务性的腐败，这一点与贪污受贿不同，后者可以称之为私人性腐败，因为它是发生在官僚个人的身上，而且往往是私下交易的结果。而陋规这一类腐败现象大都发生在公共场所，而且是公开进行的。其次，陋规这种腐败行为具有普遍化、制度化的特点，是官僚阶层中几乎人人参与的行为，并且形成了一整套没有明文规定，但是人人都遵守的潜规则。再其次，陋规具有较大的合法性。这种合法性虽然没有得到官方文献的认可，但却为整个官僚阶层所认可，因此这种腐败行为一般都不会受到刑事上的惩罚和道德上的责难。“法不责众”是这种腐败不受惩罚的重要理由。因此陋规往往又是最难治理的腐败现象，仅凭官僚机构自身的力量是绝对无法根除的。陋规的产生有一个过程。陋规是随着官场腐败的发展而逐渐发展起来的。它往往是个别行为向普遍行为，不合法行为向合法化行为转化的结果。例如在人情交往方面的陋规往往是贿赂行为普遍化的结果，而在税收上的种种陋规则是贪污行为合法化的结果。

五、民间文艺

民间文艺是民众出于生活的需要而创作和传承的，是民众表达思想、感情和愿望的一种方式，也是民众交流思想感情的一种艺术化的手段。何

〔1〕《清宣宗实录》卷一四八。

〔2〕《清宣宗实录》卷二七一。

〔3〕陈勤建：《廉政文化与民俗》，中国方正出版社2011年版，第171页。

休注《公羊传》："男女有所怨恨，相从而歌，饥饿者歌其食，劳者歌其事。"民间文艺包括的门类很多，除了民间歌谣还有民间故事、神话传说、史诗歌谣、谚语笑话、说唱小戏等。民间歌谣长于表达人们的情绪、情感，而谚语、故事、神话、传说等叙述体的民间文艺则长于表达人们的思想、经验、理想等。民间文学形式的表达与一般的说话不同，它不是平淡、直白甚至啰嗦烦人的表达，而是艺术的表达，或者形象生动，或者幽默有趣，或者含蓄婉转，或者简洁精警，都能使人获得艺术美的享受。

民间文艺通常也被民众用来传达自己的政治见解，揭露流行于官场上的不正之风。在这方面，比较集中地从民间歌谣、民间故事和民间戏曲等体裁中表现出来。其中又以时政民谣和清官故事的作用最为突出。各个历史时期都流传着大量关于当时政治和社会风气的民谣，有些民谣表现了民众的强烈不平，对政府、官员或社会的尖锐抨击。和乡规民约、行规惯制、家风家训、民间组织等对清廉作风重在规约和养成不同，民间文艺因其特殊的形式和功能，它的廉政价值重在讽喻，虽然也有不少正面褒扬清官的民间文艺，但数量并不多也不够典型。尤其是在今朝，民间文艺以其活泼多样的形式，辛辣生动的语言，在民间广为传布，既宣泄了民众的情绪，也揭露了社会风气的许多阴暗面。

（一）民间故事

近些年来，以古今各式清官们的事迹为内容题材的小说故事和影视作品，再度非常热门，诸如"包青天""海青天（海瑞）""宰相刘罗锅""一代廉吏于成龙"等清官的事迹，经常见于文学和影视传媒，这类作品甚至成了对政府官员进行廉政教育和民众了解历史的依据。通过这些以现代传媒为手段的演绎和传颂，历代清官的"事迹"及其所负载的文化观念，再度形成了一种全社会妇孺皆知、全民欢迎的"清官故事"热。这些故事之所以受欢迎，更因为本来就存在于民众之中的一股清官情节。即使没有人重写或改写这些故事，它们在民间照样蓬勃生长并代代流传。显而易见，清官故事今天的如此流行，是在廉政等迫切的现实需要基础上发掘弘扬某种历史文化遗产的情况下形成的。因此，这份遗产的来龙与去脉，也就应该认真对待。

我们在《包公案》《海公案》等历史上有名的清官故事集中还可以经常

看到：清官乃至勤政为民的“明君”，冒着被贪官恶霸们侮辱折磨的危险，通过只身微服私访才了解到真实的下情民意，并为案件的水落石出找到了关键的证据。这种非常流行的情节模式，当然深刻地反映着在君权体制的各级官吏机构、信息渠道和制度程序都已经腐溃痿痹的背景下，人们不得不转而幻想青天大老爷以个人的权威和智慧，通过凌驾超越于行政机构和司法程序的方式而广施仁政、救民于水火——不难看出：与公民社会以普遍公开的政务程序对人们理性和法治精神之成熟化的培育正好相反，清官故事解决社会冲突的这一代表性方式，恰恰造就了“人治社会”中臣民政治心理日益幼稚化的路径。

（二）民间歌谣

民间歌谣，是指人民口头创作中的所有韵文作品，包括了民歌和民谣两大类。“民歌”属于有词有曲，可唱可和的形式，由于它的曲式结构比较稳定，所以歌词也相应地具有一定的章法和格局。民谣则一般不配曲演唱，然而却极易哼、吟或朗诵，它虽然在章名格局上比民歌自由，但是仍然带有很强的韵律感。近代学者一致认为民谣是人民对当时社会现实的直接反映，也是人民对某些事物或现象所产生的喜怒哀乐的高度概括，且有较强的讽喻性。

新时期是民间歌谣的繁荣期，不仅数量庞大、涉及面广，而且形式多样，有相当的艺术水准，是值得载录、研究的一种社会文化现象。特别是当下民间歌谣中对现行的贪污腐败等不正之风的揭露和讽刺。在聂仁先生编著的《民谣下的中国——当代顺口溜赏析》中，作者搜集了几百首民谣，将其大致分类，其中那些描绘官僚的作风、反映社会怪现象的民谣，还是很有特色的。

第一，反映官僚作风的民谣：

有舞会必跳，有酒喝必到，有油水必捞，有好处必要。

错误上比轻不比重，待遇上比高不比低，吃喝上比多不比少。权力上比大不比小，住房上比好不比坏，花费上比富不比穷。

一请就到，一捧就笑，一给就要，一哭就叫，一劝就躁，一批就跳，一查就倒，一撤就告。

领导面前卖关子，群众面前摆架子，大吃大喝有点子，碰到问题没法子，上班办公哄孩子，下班筑城摸桌子，小病大养保身子，得过且过混日子。

讨论一副忧伤的样子，吃喝一副过年的样子，外表一副朴实的样子，用品一副海外的样子，消费一副羞涩的样子，泡妞一副大款的样子，对外一副廉政的样子，回家一副瘪三的样子。

组长下田头，耕牛在前头；村长下田头，手上捏烟头；乡长下田头，秘书在后头；县长下田头，记者抢镜头。

上级来了个解馋（检查）团，开了个肠胃（常委）会，培养了一大批酒精（久经）考验的油袖（优秀）干部。

第二，是揭露官场“奇怪”现象的：

一些事没人做，一些人没事做，没事做的人盯着做事的人，议论做事的人做的事，使做事的人做不成事、做不好事；一些没事的人总是没事做，一些做事的人总是有做不完的事，没事做的人滋事、闹事，使做事的人不得不做更多的事；结果是：好事变坏事，小事变大事，简单的事变复杂的事。

表扬了一批弄虚作假的，提拔了一批溜须拍马的，辛苦了做牛做马的。

写在纸上，挂在墙上，念在口上。

口头说照办，行动说难办，最后是不办。

第三，是讽刺官僚丑态的：

受贿不拒，饮酒不醉，跳舞不累，打牌不睡。

见上级眯眼，见部下冷眼；见赞扬开眼，见批评横眼；见宴请定眼，见困难转眼；见名利红眼，见群众翻眼；见礼品花眼，见危险傻眼。

清朝有个知县贪官，有一年过年，在大门上贴出一副春联：“爱民如子，执法如山。”没想到有人偷偷在晚上把它改成：“爱民如子，金子银子皆吾子也；执法如山，钱山靠山为其山乎。”

当下民间广为流传的各种民谣，在某种程度上，反映了一种社会情绪，代表了一定时代的民间声音。它不仅仅是某一种文艺现象，在很大程度上，更应该说是一种社会舆论，一种民间的意识形态，一种政治的表征。在口头文学总体趋于没落的时代，民谣以其短小精悍、易于记诵传扬、针砭时弊毫不留情、高超的讽刺艺术等特点，在民间不胫而走。

当今社会的一大顽症就是百姓看在眼里气在心头的公款吃喝风。

酒杯一端，政策放宽；筷子一提，可以可以；酒足饭停，不行也行；饭饱酒醉，不对也对；嘴上抹油，政策全丢；滋溜一响，有话好讲；嘴巴一抹，事情办妥。

千里来做官，为了吃和穿。当官不发财，请我也不来。

由于腐败，致使政府官员的升迁在有些地方和部门不是以才、德作为衡量的标准，助长了许多庸人跑官、买官，任人唯亲，任人唯财，民间对此也有相应的民谣加以描画：

说你行你就行，不行也行；说你不行你就不行，行也不行；不服不行。

由于错误的政绩观，于是，虚假的数字便成了个别官员升迁的依据与法宝。民谣对此也有深刻的鞭挞：

干部出风头，群众吃苦头；领导台上吹牛皮，群众台下饿肚皮。

执政党的干部有一个优良的传统与作风，理论联系实际，走群众路线，实事求是，调查研究，关心民生疾苦，与普通百姓打成一片。可是，对某些干部来说，下乡成了走过场，走马观花，流于形式，不求实效，更有甚者，吃喝玩乐，劳民伤财。

坐着车子转，隔着玻璃看，中午吃顿饭，拍拍肩膀好好干。春天鲤鱼肥，下乡喝两杯；夏天山区凉，下乡好地方；秋天螃蟹鲜，下乡解解馋；冬天狗肉香，下乡尝一尝。

对于某些败坏了政府形象的官员，也有民谣高度概括，刻画出新时期的官场“群丑图”，民谣运用民间文学惯常的类型化手法加以刻画：

办公桌前黑脸像包公，酒席桌上红脸像关公，回家路上摇摇晃晃像济公。

拜金主义的流行、蔓延，导致许多地区经济秩序混乱，假冒伪劣产品盛行。假冒伪劣产品破坏了良性经济秩序，制假贩假售假，谋取个人、部门、地方的经济利益，对国家法律与社会公德置若罔闻。对于此等社会现象，民谣对利欲熏心的造假者的揭露可谓入木三分：

要想发大财，钱从假货来，捞得几十万，顶多判两年。

不靠天，不靠地，专门靠制假，一年两个亿。

货假不要紧，只有钞票真，宰了他几个，还有后来人。

你使假，我装傻，有了回扣就潇洒；坑国家，害天下，丧尽天良求暴发。

社会变迁带来了社会结构的转型，在社会转型过程中，对一些腐败现象和不公正，民谣作了这样的刻画：

一等人掌实权，点头晃脑就来钱；二等人搞承包，吃喝嫖赌全报销；三等人大盖帽，吃完原告吃被告；四等人当律师，发财全靠打官司；五等人干个体，骗完老张骗老李；六等人手术刀，要想治病递红包；七等人当演员，扭扭唱唱就来钱；八等人交警队，马路旁边吃社会；九等人跑销售，年年月月吃回扣；十等人查卫生，不见好处不发证。

相对于民众丰富的创造力来说，这里所列举的一些民谣实在是沧海一粟。尽管民谣是一种社会情绪的反映，在现代性话语看来，具有非理性的因素，有些过于偏激。但是，我们不得不承认的是，民谣代表的是一种民间的意识，是与主流意识形态不同的另外一种声音。纵观当下的民谣，可以发现，民谣对于当下的社会现象或嘲弄，或戏谑，或调侃，或规劝，目的在于抒发情志，褒贬时风，议论时政，抨击时弊，表达爱憎。无论采取何种态度，都代表了民众对于某一社会现象的看法、理解以及情绪，在那些貌似轻松幽默的语言背后，隐含着民众的困惑、迷惘乃至焦虑与激愤。所以，民谣是民间政治意愿的朴素的表达形式，古代统治者之所以可以透过民谣观风俗，知得失，察民情，正是因为民谣蕴含着民众的政治心声。

联系中国当下的文化情境，民间文艺所具有的狂欢精神应该是不可多得的民间文化亮点，尽管民谣具有民间文化不可避免的经验意味，不是对社会文化现象的深层次思考，但是，如民谣一类的作品对于社会文化现象具有直接、快捷的反应，对社会文化现象保持着清醒的批判意识，针砭时弊，始终保持独立的民间姿态，准确地反映着一个时代的社会文化变迁，以及民间普遍的社会情绪。可以这样说，如果要全面真实地了解当代中国社会文化的变迁状况，从中获得有关廉政文化建设的有益启示，民间文艺是一个不可或缺的信息库和得力工具。[1]

阅读书目

1. ［德］马克斯·韦伯：《新教伦理与资本主义精神》，群言出版社2007年版。

2. ［美］本尼迪克特：《菊与刀》，商务印书馆1990年版。

3. 梁漱溟：《中国文化要义》，上海世纪出版集团2005年版。

4. 周琪、袁征：《美国的政治腐败与反腐败》，中国社会科学出版社2009年版。

5. 陈勤建：《廉政文化与民俗》，中国方正出版社2011年版。

6. 《曾国藩最有影响的家书》，中国戏剧出版社2002年版。

7. 顾希佳：《社会民俗学》，黑龙江人民出版社2003年版。

8. 聂仁：《民谣下的中国——当代顺口溜赏析》，时代文艺出版社2000年版。

诵读：《增广贤文》《续小儿语》《治家格言》《颜氏家训》《家诫要言》。

---

〔1〕 陈勤建：《廉政文化与民俗》，中国方正出版社2011年版，第231页。

思考题

1. 在当前我国廉政文化建设中，我们可以从佛教中借鉴哪些有益的思想？
2. 在当前我国廉政文化建设中，如何发挥家风家训的作用？
3. 民间歌谣的盛行能反映社会的哪些问题？

第七章
廉政文化建设

用廉政文化战胜腐朽文化，改造落后文化，是必然选择。廉政文化建设，是一个系统工程、战略任务、长远目标。遵循文化建设规律，既要正确认识廉政文化建设的重要性、紧迫性，也要科学地把握廉政文化建设的长期性、艰巨性和复杂性。“意义重大、方向正确、任重道远、从今抓起”，这十六个字应该是对廉政文化建设的一个清醒态度，更是要坚持的工作方针。从这里出发，按照与时俱进的要求，适应现代化的发展，廉政文化建设必须走现代化之路，融入时代，跟上节拍。

第一节　廉政文化建设的必要性和要求

一、廉政文化建设的必要性

加强廉政文化建设既是适应时代的需要，也是我党深入开展反腐倡廉工作和建设社会主义先进文化的需要。

（一）加强廉政文化建设是深入开展反腐倡廉工作的迫切需要

1. 加强廉政文化建设是建立健全惩治和预防腐败体系的重要内容

党的十六届三中、四中全会均明确提出，要抓紧建立健全与社会主义市场经济体制相适应的教育、制度、监督并重的惩治和预防腐败体系，这是党中央在发展社会主义市场经济条件下对加强党风廉政建设工作提出的新要求，是反腐倡廉理论建设的新突破。廉政文化建设是惩防体系建设的重要内容，旨在加大预防工作力度，使反腐倡廉教育面向全党、全社会，努力提高党员干部和广大群众的思想道德素质，使其自觉做到自重、自省、自警、自励、不犯或少犯错误。只有搞好了廉政文化建设，群众的道德素质提高了，法制观念增强了，良好的社会风气形成了，党风廉政建设才能有深厚的群众基础和良好的社会氛围，才能不断取得新的成效。

2. 加强廉政文化建设是从源头上防治腐败的重要举措

廉政文化这个概念的提出，为廉政建设提供了一个考察问题的新视角，有助于在文化建设层面上进一步深化对廉政建设实践活动的认识，从源头上预防腐败。

首先，廉政文化的社会教育功能有利于反腐倡廉观念的形成。享受需要是人类在生存需要得到基本的且较稳定的满足的基础上逐步发展起来的一种提高生活质量的需要，它必须限制在一定的范围内。腐败行为是建立在有违反社会伦理的享受需要基础上的，它诱使有些人为了不正当和不切实际的享受需要铤而走险，从而违背了人类的基本道德准则和法律法规。在这种形势下，加强廉政文化建设就显得格外重要。通过廉政文化建设，加大正面宣传、教育和引导力度，用健康向上的廉政文化占领思想阵地，占领社会市场，从而形成一种正义的强劲攻势，既可以进一步筑牢党员干部的思想道德防线，提高拒腐防变能力，又可以为其克服不良风气，抵制各种诱惑，创造良好的社会环境。

其次，廉政文化的规范功能有利于遏制腐败行为的发生。廉政文化具有约束、规范、引导人们思想行为的作用。法国启蒙思想家、法学家孟德斯鸠认为，法律是基本的道德，道德是最高的法律。文化一旦植根于人们的心中，将起到法律制度不能替代的作用。只有发挥先进文化潜在的熏陶、引导、渗透和影响力量来感化、优化党员干部的从政行为，才能使他们从根本上树立不愿腐败的思想观念，在一定程度上遏制腐败行为的发生。

3. 加强廉政文化建设是营造廉洁纯朴的政治环境的重要途径

在营造反腐倡廉的环境和体制创新上，我国做了大量工作，但仅仅抓体制创新是不够的，还必须致力于公职人员的职业道德教育、领导干部的权力观教育，营造廉洁纯朴的政治环境。胡锦涛同志在十六届三中全会上强调，“要建立健全教育制度监督并重的惩治和预防腐败体系，深入推进反腐败工作”。三者并重，教育为先。这是因为，制度的功能发挥需要教育作基础。近几年，我国出台了一系列制度，形成了一整套比较完善的“制权、管钱、用人”的制度体系，但总是感到这些制度的功能发挥不尽理想，在执行中容易受“潜规则”的影响而走样变形。我们所缺失的不仅仅是制度条文，更重要的是制度层面下所潜藏的制度观念，缺乏的是对制度观念的教育与培养。客观地讲，我们对监督是十分重视的，也采取了一系列监督措施，但是效果并不明显。实践表明，监督要收到实效，要求监督意识作保证，要求教育作支撑。当然，这里所说的教育不仅仅是一般意义上的，它更应该着眼于制度意识的培养，监督氛围的营造，应该是面向全党、全社会的。开展廉政文化建设，把社会公众纳入教育范围，动员干部群众参与到反腐倡廉工作中来，对于构建三者并重的惩防体系是一个很好的切入点。

（二）加强廉政文化建设是发展社会主义先进文化的迫切要求

1. 廉政文化是社会主义先进文化的重要组成部分

廉政文化是廉政和文化的有机结合，是战胜腐朽文化的有力武器，它旨在传播积极进取、健康向上、勤政廉政、公正公平的价值观念和道德情操，宣扬“以廉为荣、以贪为耻”的社会风尚。它的产生是深入开展反腐败斗争的客观需要，是我们党长期执政的要求，也是社会发展进步的必然产物。在近年来的廉政建设实践中，我们在廉政文化建设方面也做了许多工作，如大力弘扬民族精神，宣扬传统美德，开展保持共产党员先进性教育活动等，这些都是廉政文化不同形式的表现。无论从哪一方面讲，廉政文化都是符合马列主义、毛泽东思想、中国特色社会主义理论的要求，是对先进文化思想的创新、丰富和完善，是先进文化的重要组成部分。

2. 加强廉政文化建设是实践“三个代表”重要思想的内在要求

“三个代表”重要思想强调先进生产力、先进文化和最广大人民利益的有机统一，进一步明确了先进文化在中国特色社会主义事业中的重要地位和作用，把文化建设的重要性提高到了一个新的高度，反映出新的历史条件下我们党对文化的新认识，也为文化建设开拓了广阔的天地。廉政文化作为先进的文化形态，反映了当代中国先进文化的价值取向，是当代先进文化的有机组成部分。新时期加强廉政文化建设有助于党员干部进一步掌握邓小平理论、“三个代表”重要思想和学习实践科学发展观，有助于大力弘扬优良传统和作风，有助于坚决抵制官僚主义、享乐主义和极端个人主义等腐朽落后的思想意识，充分发挥廉政文化建设激浊扬清、扶正祛邪的功能，是学习实践“三个代表”重要思想和科学发展观，建设社会主义民主政治，推进物质文明建设的必然要求。

3. 加强廉政文化建设是反对腐败文化的现实需要

这些年，我国坚持依法依纪严肃查处腐败分子，始终保持了对腐败分子的高压态势。仅 2009 年，全国纪检监察机关共立案 134 504 件，结案 132 808 件，给予党纪政纪处分 138 708 人，涉嫌犯罪被移送司法机关处理 5366 人。[1]但反腐败的形势却依然严峻，腐败现象还在不断滋生。这种反差令人深思。究竟是什么原因导致腐败现象屡禁不止，甚至呈现不断蔓延的趋势？归根结底是落后腐朽的文化侵蚀了人们的思想。表现在为官者的身上，是放弃世界观、人生观、价值观的改造；作用于社会层面，形成了“笑贫不笑贪”的社会现象。它们互相交织，推波助澜，助长了腐败行为和腐败风气。因此，反腐败不仅仅是政治上的斗争，而且是文化上的较量。不加强廉政文化建设，反腐败就可能因缺乏先进文化的支撑而失去应有的力量。为此，一方面，我们要从思想上破除各种封建残余意识，清除腐朽文化的余毒；另一方面，加大廉政文化建设的步伐，以取代和制止腐朽文化的渗透和影响。当前，在构建社会主义和谐社会的进程中，对社会上存在的腐败文化，我们只有加大廉政文化建设的力度，努力改造落后文化，抢占制高点，牢牢把主动权抓在手里，才能最大限度地压缩腐败文化的生存空间，营造建设廉政文化的良好社会环境。

(三) 加强廉政文化建设是提高党的执政能力的重要途径

提高党的执政能力必须要保持党的先进性，提高党员的干部素质，而加强廉政文化建设是主要途径。

1. 加强廉政文化建设、增强人民群众对执政党的认同

党的执政能力内涵丰富，其中就包括反腐倡廉的能力。廉政文化建设

---

[1] 贺国强：“全面贯彻党的十七届四中全会精神，深入推进党风廉政建设和反腐败斗争”，载《人民日报》2010 年 2 月 10 日，第 2 版。

是反腐倡廉的基础性工程，因此，衡量一个政党执政能力是否切实得到提高的标准之一就是看这个政党是否积聚了深厚的廉政文化底蕴，是否致力于不断加强廉政文化建设。廉政文化所具有的导向、陶冶和凝聚功能，有利于一个先进政党树立凝聚人心的旗帜，在这面旗帜下使党同人民群众保持紧密联系，增强人民群众对政党的认同，在非竞争性政党政治国家，政党认同是巩固执政党的执政地位，加强执政党的执政基石和维护政治稳定的重要因素。廉政文化建设在增强政党认同方面具有不可或缺的作用。廉政文化所具有的规范和预防功能，有利于党员干部特别是领导干部正确运用手中权力，在执政过程中自觉实践立党为公、执政为民的要求，发挥廉政文化的透射力，铲除党内和国家机关内各种腐败现象和不正之风，纯洁党员干部队伍，保持党和国家肌体的健康，保持党的先进性和国家机关的清正廉洁，促使我们党不断提高科学决策，驾驭市场经济，应对复杂局面，依法执政和总揽全局的能力。实践证明，不搞好反腐倡廉工作，就谈不上执政能力；不加强廉政文化建设，加强执政能力建设就是一句空话；要想扎扎实实地提高党的执政能力，就要切实加强廉政文化建设。

2. 加强廉政文化建设是保持党的先进性的精神动力

廉政文化看起来是个无形的东西，但一旦植根于人们心中，就会对党员干部的行为构成自觉的规范，形成约束力、自律力和战斗力。发挥廉政文化潜在熏陶、引导、渗透、影响的力量，能够最大限度地防止腐败问题的发生。廉政文化的核心，就是要把“立党为公、执政为民”“两个务必”“八个坚持、八个反对”“为民、务实、清廉”等廉洁从政的思想道德要求以文化的形式作用于党员干部尤其是领导干部的内心世界，提高他们的从政道德素质，形成廉洁从政的理念和行动的文化动力。通过提高廉政文化素养，使他们树立正确的世界观、人生观、价值观和地位观、权力观、利益观，切实做到“权为民所用，情为民所系，利为民所谋”，形成并永远坚守共产党人的理想信念和革命品质，永葆共产党人的先进性。中央纪委四次全会指出：“要大力推进廉政文化建设，积极倡导以廉为荣，以贪为耻的社会风尚。”这不仅是对建设廉政文化的肯定，也是反腐倡廉发展到新时期新阶段的客观要求。

3. 加强廉政文化建设是提高党员干部素质的有效途径

廉政文化建设通过文化的外在形式，传播健康向上、积极进取、清正廉洁、有益社会的价值观念、道德情操和制度规范等，让人们在不知不觉中慢慢地接受廉政文化的熏陶，汲取廉政文化的精髓，融入大家对高尚精神的爱好和追求，使人们的思想意识在渗透和感染中发生变化。这种廉政意识和廉政观念一经形成，就会转化为党员干部廉洁从政的自觉行动，在公职人员中形成遵纪守法、廉洁奉公的良好习惯，从源头上解决党员干部自觉抵制腐败和有效防止腐败的问题。因此，把廉政文化建设作为提高党员干部思想道德素质和科学文化素质的重要阵地，坚决同各种有悖于先进文化的颓废思想、没落文化斗争，有助于广大党员干部在良好的政治环境中接受先进文化的熏陶，牢固树立正确的世界观、人生观、价值观，坚定走中国特色社会主义道路的信念，加强党性修养和道德修养，筑牢自觉抵制腐朽文化侵袭的思想道德防线，提高执政和拒腐防变能力。

（四）加强廉政文化建设是构建社会主义和谐社会的必然要求

社会主义和谐社会应当是一个崇尚廉洁的社会。开展廉政文化建设，大力宣传廉政知识、廉政要求、廉政理念，有利于营造崇尚廉洁的社会氛围。

1. 加强廉政文化建设是构建社会主义和谐社会的内在要求

毫无疑问，社会主义和谐社会应当是一个崇尚廉洁的社会。当前，人民群众最为关注、反映强烈的热点问题之一，就是党内和社会上存在的消极腐败现象。一个地区、一个部门、一个单位，只要存在消极腐败现象，就会损害人民群众的切身利益，影响党和政府的形象，给社会和谐与稳定带来不利影响。廉政文化建设的价值取向就是针对人民群众深恶痛绝的腐败现象，抓防腐反腐，治理腐败。建设物质文明、精神文明和政治文明，构建和谐社会，从根本上讲离不开廉政文化的滋养和支撑。廉政文化的缺位和弱化必然会让腐朽文化乘虚而入，诱导和腐蚀人们的意志，误导人们的行为，导致人们的行为方式、生活方式迷惘。建设廉政文化，以健康向上、生动有效的文化形态，传导正确的廉洁价值取向，对人民的理想信念和道德观念起到潜移默化的作用，使廉政意识和廉政观念内化为党员干部的思想道德准则。同时，用健康向上的、先进的廉政文化占领思想“阵地”，占领社会“市场”，从而形成一种“强势”，促进社会主义精神文明和政治文明的发展，不断推进竞争与效率、公平与正义、谅解与宽容、文明与法治的和谐统一，为构筑社会和谐提供精神支柱。

2. 加强廉政文化建设是重建社会信任、构建社会主义和谐社会的根本途径之一

社会信任主要是指人民群众对党和政府的信任，是构建和谐社会的一种可贵的社会资源。人民群众信任，有矛盾也好解决，可以化解；反之，不大的矛盾也难化解，甚至会被激化成大矛盾。当前，党内和社会上存在的比较严重的消极腐败现象是制约社会信任重建的一大因素。因此，加强廉政文化建设，有利于党员干部确立正确的世界观、权力观和利益观，是重建社会信任，构建和谐社会的根本途径之一。

3. 加强廉政文化建设可以为构建社会主义和谐社会提供强大的文化支撑

大力推进社会主义廉政文化建设，在全社会形成一种弘扬廉政文化、践行廉政文化，“人人思廉、人人保廉、人人促廉”的文化舆论氛围，对于贯彻和落实科学发展观、构建社会主义和谐社会、建设社会主义民主政治、深入开展党风廉政建设都具有十分重要的作用。一个社会是否和谐，一个国家能否长治久安，很大程度上取决于全体社会成员的思想道德素质。没有共同的理想信念，没有良好的道德规范，是无法实现社会和谐的。大力加强廉政文化建设是筑牢拒腐防变的思想道德防线的治本之策，对于构建和谐社会具有重要意义。加强廉政文化建设，用廉政文化压倒腐败文化，营造良好的文化生态和精神土壤，从而弘扬时代正气，培育社会和谐。加强廉政文化建设，还可以培育和提高包括党员干部在内的全体社会成员廉政信念和廉政的价值取向，使廉洁成为全体社会成员的一种虔诚信仰、一种热情追求和一种自觉实践，从而为构建和谐社会提供强有力的思想保障，夯实廉洁自律的社会根基。

（五）加强廉政文化建设是实现中国梦的重要前提

中国梦，是中国共产党召开第十八次全国代表大会以来，习近平同志所提出的重要指导思想和重要执政理念。他把“中国梦”定义为“实现中华民族伟大复兴，就是中华民族近代以来最伟大的梦想”。“中国梦”的核

心目标也可以概括为“两个一百年”的目标，具体表现是国家富强、民族振兴、人民幸福，坚持中国特色社会主义理论体系，不断弘扬民族精神、凝聚中国力量，实施手段是政治、经济、文化、社会、生态文明五位一体建设。“中国梦”是民族的梦想，也是每一个人的梦想。

加强廉政文化建设是实现中国梦的重要前提条件。首先，只有加强廉政文化建设，才能不断提高党的执政能力，使党能在实现“中国梦”的进程中更好地发挥先锋领导作用。中国共产党的宗旨是全心全意为人民服务，能否实现中国梦，关键取决于党的正确领导和执政能力。而当前党内存在的各种腐败现象，严重腐蚀党的肌体，损害党的战斗力，也是实现中国梦的巨大障碍。这主要表现在：贪污腐败和行贿受贿玷污了中国梦的宗旨，官僚主义和拖拉作风延缓了中国梦的进程，诚信缺失和道德失范只能危害中国梦的美名等。其次，只有加强廉政文化建设，才能进一步树立党的良好形象，保持党的先进性，激发广大人民群众的创造力和积极性，不断为实现中国梦补充正能量。再其次，只有加强廉政文化建设，才能更好地理顺经济秩序和促进社会公平公正，为实现中国梦创造良好的社会环境。在实现中国梦的进程中，我们要看到反腐败斗争的长期性、艰巨性和复杂性。随着改革开放的不断深入和实现中国梦伟大征程的开启，我国的经济体制、权力分配、社会结构、利益格局以及人们的思想观念都将继续发生深刻变化，与之相适应的法律和制度建设不可能立刻完善，客观上会存在滋生腐败的空间和漏洞。但是我们坚信，只要坚持马克思主义廉政思想为指导，建设有中国特色的廉政文化，就能实现社会政治清明，就能凝聚亿万民心、汇集巨大力量，必将创造出国家富强、民族振兴、人民幸福的美好未来，最终实现中华民族伟大复兴的中国梦！

二、廉政文化建设的基本要求

廉政文化建设作为文化建设的一个重要方面，必然要遵循文化建设的规律，坚持正确的指导思想、方针原则，明确主要任务、发展途径，认清所处的社会环境。但是，廉政文化作为一个具有特定内涵的文化范畴，它又有与其他文化不同的特点及其所要遵循的规律。这是我们在加强廉政文化建设中必须把握的。

1. 廉政文化建设要突出实践性

廉政文化本身就是认识活动与实践活动相互作用的产物。实践是廉政文化形成的基础，对廉政文化的发展起决定性作用。实践为廉政文化的发展提出时代课题，要求随着时代的发展而与时俱进，推动廉政文化向着更高的方向前进。实践为廉政文化的发展积累了丰富的经验与教训，已有的历史表明，廉政文化是在与腐败文化等形形色色的文化斗争、较量中脱颖而出，被社会选择，汇入社会主流文化的。实践为廉政文化既提供发展的条件，也提供发展的方法，起到重要的推动作用。根据实践的原则，廉政文化建设的主体，首先是执政党要通过制定正确的战略，包括廉政文化建设的指导思想、战略任务、发展目标、力量动员、资源整合、具体措施等作出规划，确保廉政文化建设按照明确的要求贯彻落实，成为指导千千万万人民的生动实践。其次是各级领导干部，要坚决执行廉政文化建设的部署和要求，做到理论与实际、学习与运用、言论与行动相统一，把对党的忠诚，对人民的承诺自觉地转化为实践，为群众树立标杆，为社会树立风向标。最后是广大人民群众，要积极参与到廉政文化建设的实践中去，通过投身实践，充分认识到廉政文化建设不仅仅关系到执政党的生死存亡，而且也关系到国家和民族的复兴，同时也必然关系到群众自身的利益与福祉，从而激发参与的热情，为廉政文化建设奠定最广泛的基础。

2. 廉政文化建设要坚守民族性

文化是民族的灵魂，是维系国家统一和民族团结的精神纽带。世界上各民族基本上都有属于自己特有的文化形态和文化个性，而这种特有的文化就成为民族亲和力和凝聚力的重要源泉，同时也在某种意义上规定了各民族的廉政文化发展方向，并赋予其不同于其他民族的廉政文化内容。这是由廉政文化发展过程中对内生文化的创新和对外来文化的合理吸纳、积淀，合成为自己的文化传统。一般来说，廉政文化传统的形成有一个较长的过程，而一旦形成就会不断地继承下来。廉政文化传统中的积极因素，将会随着时间的推移、社会的变革和廉政实践的呼唤而向前发展，并增添新的内涵。但是，廉政文化最核心部分中的某些因素，也即民族的东西会随着民族的延续而得到传承。中华民族在其历史发展的长河中创造了灿烂的文化，包含着丰富的廉政文化传统。这些中华美德和民族精神生动地反映了中华民族生生不息的伟大实践和创造，是中华民族奉献给人类文明的宝贵精神财富，我们应当认真总结并根据不断变化了的形势赋予其新的内涵。我们党的几代领导人高度重视廉政文化建设，针对各个时期的实际情况提出具体要求，并成为我们建设现代廉政文化的强大思想武器和精神动力。要在坚持和发扬优良传统廉政文化的基础上，顺应时代潮流，不断适应形势发展的变化，努力挖掘具有浓郁民族特性的地方文化的精髓，并引导其结合时代的发展进行创新，充分发挥它的积极作用，摈弃带有迷信、愚昧、落后的文化传统。

3. 廉政文化建设要体现开放性

在全球化和信息化大潮中开展廉政文化建设，必将受到世界经济、政治和文化的影响。坚持廉政文化的传统继承性与时代创新性的统一，坚持廉政文化归属的民族性和廉政文化联系的世界性的统一，是马克思主义的基本观点。人类为了实现廉洁的政治，追求和谐的社会，进行了不同的探索与实践。尽管不同文化之间存在着差异与隔阂，但通过相互激荡、相互碰撞、相互融合，开展文化批判和文化选择，有利于取长补短、相互发展。反复出现的问题要从规律上找原因，普遍出现的问题要从制度上找原因。丰富多彩的世界政治文化历史表明，在廉政文化建设中，某些世界性的或普遍性的规律应该是人类共同要面对的。比如，反对和治理腐败、权力监督和制衡、发展民主和人权等，都是世界性的课题。可以说，没有一个国家和政党能够置身于事外。我们既反对全盘西化，也反对民族虚无主义。别国在长期实践中总结出来的并已经实践检验证明是普遍规律性的东西，我们必须大胆借鉴，破除“姓资”与“姓社”的禁锢，以开放的胸襟，包容的智慧，从世界优秀廉政文化中汲取营养，丰富中国特色的社会主义廉政文化的内涵。

4. 廉政文化建设要注重融合性

廉政文化由于其廉政的政治性特点，决定了它必须克服公众对政治的逆反心理和事不关己的冷漠心理。由于其文化的精神性特点，又要求防止因为不是第一要务而被忽视或可有可无的现象。这就必须突破原有的思维定式，把廉政文化建设同经济建设、政治建设和社会建设一同部署、一同落实、一同检查，并量化、具体化，把务虚的内容抓实；利用社区文化、企业文化、乡村文化、广场文化、校园文化、军营文化等载体，把廉政文化建设渗透到各种群众性精神文明创建活动中；注重把廉政文化的教育引导功能与娱乐享受功能结合起来，做到思想性与艺术性、知识性与趣味性、教育性与娱乐性相统一，使之更贴近实际，更符合要求，真正让党员干部和人民群众喜闻乐见，入耳、入心、入脑，在增强廉政文化的吸引力和感染力的同时推进廉政文化建设。

5. 廉政文化建设要注意层次性

明代宋缡在《古今药石·卷上》论及廉政问题时说：“世之康者有三：有见理明而不妄取者；有尚名节而不苟取者；有畏法律保禄位而不敢取者。见理明而不妄取，无所为而然，上也；尚名节而不苟取，狷介之士，其次也；畏法律保禄位而不敢取，则勉强而然，斯又为次也。”大意是说，世上清廉的官吏有三种：有深明事理而不胡乱索取的，有崇尚名节而不随便索取的，有畏惧法律为保官位而不敢索取的。深明事理而不胡乱索取的，是指在正确的理想信念和伦理道德指导下的廉洁，他们明白修身治国的道理，能自觉做到廉洁，如此清廉是最上乘的境界；崇尚名节而不随便索取，是指注重维护个人的名声、形象和节操，不肯同流合污，是次一等的境界；畏惧法律为保俸禄官位而不敢索取，是勉强被迫而清廉的，这又次一等了。低于第三层次，就是不廉洁，应引以为耻。古人称之为廉洁者的这三个层次是应当称道的。以往的廉政教育之所以动机与效果不相符合，其中一个很重要的原因就是教育缺乏层次性，不同的群体采用一个统一的模式，违背了因地制宜、因材施教的教育规律。根据这三个层次的划分，它启示我们在推进廉政文化建设中，必须注意建设的层次性，针对不同的群体采取不同的建设方式。唯有如此，廉政文化建设才能取得预期的效益。

6. 廉政文化建设要强化持续性

廉政文化建设是一个历史过程，客观上要求具有相当长时间的累积，空间上的广泛拓展，任何短期行为，不仅无助于廉政文化建设取得成效，而且还将误导公众对廉政文化的正确判别，把廉政教育当成是廉政文化建设的全部而产生种种不利的错误认识与行为；个别领导和局部地区的重视，仅仅只能保持某地在特定时间内廉政文化昙花一现的成效。这就要求廉政文化建设走持续发展的路子。持续既是对当前廉政文化建设的准确判断，也是对今后廉政文化建设之势的期望和要求。持续既是一个工作目标，也是一个实践要领。作为工作目标，持续要求廉政文化建设在时间上注重厚积、蓄势的过程，只有厚积才能薄发；在空间上注重向外辐射、延伸的效应，只有抓全面方显成效。作为实践要领，持续要求围绕廉政文化建设、紧盯廉政文化建设、致力廉政文化建设，把持续不间断的工作体现在追求目标上的实践全过程。只有持续坚持，我们才能有良好的工作基础。近几年来，在党中央和中央纪委的坚强领导下，全国各级纪检监察机关和广大纪检监察干部努力工作，积极探索，大胆实践，取得了显著的成效，创造了许多好的做法与经验，为持续推进廉政文化建设打下了一个很好的基础，特别是在廉政文化建设方面，我们进行了不断的实践和探索，也有很多很好的工作积累，对持续推进廉政文化建设具有示范作用。尽管前进道路上还面临着许多严峻挑战，但有了当前这种以持续为特征的发展基础，今后，只要正视困难、齐心协力、务求实效，始终保持迎难而上的气势，始终保持奋发有为的状态，持续廉政文化建设的发展趋势就一定能够得以保持和拓展。〔1〕

第二节　廉政文化建设的内容

廉政文化建设是一个系统工程。从整体思路上来说就是三流合一的过程，将中国传统廉政文化、国外先进的廉政理念和制度与马克思主义廉政文化有机地结合在一起，形成有中国特色的社会主义廉政文化。从内容上来说，它不仅包括廉政道德文化建设、廉政制度文化建设等两个主要方面的内容，还需要廉政物质文化建设的配套措施和辅助作用。

一、廉政道德文化建设

廉政文化的内涵包括精神层面和制度层面，而精神层面的廉政文化的核心是廉政道德文化。在廉政文化建设中，廉政道德文化的影响力最为显著，廉政文化建设也较多地反映出这方面的内容。一是党政干部的理想信

〔1〕张利生：《廉政文化建设要论》，中国方正出版社 2014 年版，第 193~196 页。

念、宗旨观念和从政道德。共产主义理想是共产党人的政治灵魂和精神支柱。坚持全心全意为人民服务，是共产党人先进性的集中体现。党员干部修身立德，其本质要求就是要确立崇高理想，增强宗旨观念，并为之不懈奋斗，把内在的道德要求付之于长期的从政实践。二是党政干部的政治理论素养和精神境界。党员干部廉洁从政的根基在于良好的思想政治素质。必须坚持以科学的理论武装党员干部的头脑，从根本上增强政治免疫力。要引导党员干部追求高尚的道德情操，严于律己，慎于小节，自觉抵御拜金主义、享乐主义、极端个人主义等错误思想的侵袭，经得住改革开放、市场经济和长期执政的考验。三是党政干部的公共伦理观念。公共伦理包括党政干部在从事公共管理时应该遵循的伦理规范和广大公民在从事社会活动时应该遵循的伦理规范。前者称为官德，后者称为公德。在公共伦理中，官德具有特殊的重要性，它是政府赢得民心、民意的重要砝码，在一定程度上直接影响着政权的稳固和国家的兴衰。党政干部的伦理行为，常常昭示着社会的伦理导向，在整个社会道德中发挥着表率作用。

当前中国的反腐败遇到的不仅是制度、机制方面的阻碍，更有来自人们道德态度、观念模式方面的制约。所以，廉政道德文化建设是廉政文化建设的首要任务。加强廉政道德文化就是要以马克思主义理论为指导，既要吸收中国传统的“廉”文化，也要借鉴其他国家和地区的一些先进的经验。

（一）弘扬中华民族传统文化，剔除封建糟粕

文化是代代传承的，也是随着时代的脉动而不断发展的。传统廉政思想正是这样一种充满活力文化的一部分。认真地鉴别、筛选、提炼中国传统文化中的廉政思想，对今天的廉政教育来说至为重要。对待传统文化中的廉政思想，与对待一切历史文化遗产一样，我们既不能采取历史虚无主义，也不能不加鉴别地全盘接收，而是要勇于继承，善于继承，加以批判地继承。要把古代廉政思想家的优秀廉政思想与思想家的历史局限性区别开来，把古代廉政思想中的精华与糟粕区别开来。

在进行廉政教育过程中，我们应当既善于总结古代廉政思想中的优良传统和积极因素，又注重与时代精神和社会发展实际相结合。儒家思想中为官、为政、为人的道德准则一般都包括“忠君爱国、以民为本、廉洁奉

公、为政以德”。宋人吕本中《官箴》有云：“当官之法，唯有三事：曰清，曰慎，曰勤。”作为中国传统文化中另外重要的一支——道家思想中，也可概括出道廉文化的核心内涵：如道法自然的思维方式，倡导大道从简，遵循规律；无为而治的施政理念，倡导政事协调，用权有度；公正勿偏的处世之法，倡导公道正派，公正公平；善待百姓的慈爱之心，倡导仁慈博爱，宽厚待民；遏恶扬善的价值取向，倡导惩治丑恶，弘扬正气；清心寡欲的境界追求，倡导品德高尚，淡泊名利；知足不辱的行为原则，倡导知足知止，不辱声名；崇简抑奢的生活信条，倡导节俭朴素，廉洁从业；为而不恃的品性要求，倡导谦虚谨慎，居功不傲；身心双修的养生之道，倡导内外兼修，强身健心。[1]而佛廉文化中许多独到见解，也契合了当代廉洁文化建设的需要，为我们加强反腐倡廉教育提供了宝贵资源。这些珍贵素材为我们建设中国特色社会主义廉洁文化体系提供了丰厚的理论土壤。

（二）借鉴国外经验，以培育廉政道德意识为根本，营造廉洁从政的社会氛围

1952年，美国参议员道格拉斯曾说：“我认为比改进机构更为重要的是需要建立一套更为深刻的道德观……我们看到的政府的失误常常是我们自己道德失误的反映……这些可能都在提醒我们，我们不仅要帮助改革政府，而且还要帮助改革我们自己。”[2]的确，当年美国非常重视从政道德对防治腐败的重要作用，道德要求明确、具体，并不断加强道德立法。同时，为了使道德建设具备可操作性，联邦政府设立了道德建设指导机关——道德署。联邦政府各部门都有道德官员办公室，地方各州、市也设立了道德署或道德委员会。道德署的主要职责就是制定、修订公务员道德准则；开展道德教育和培训；接受道德咨询，公务员遇到疑惑可随时通过电话、邮件或传真向道德署咨询，避免公务员因不了解道德界限而违法。严格的官员道德准则和健全的政府道德机构，增强了公务员的廉洁自律意识，也起到了预防违纪违法的作用。

---

〔1〕何万勤：“道廉文化对廉洁社会风尚形成的促进作用”，载《中国纪检监察报》2011年12月20日，第3版。

〔2〕季正矩、陈德元：《他山之石：海外反腐肃贪要览》，北京出版社1994年版，第45页。

新加坡把公务员的人生信仰、道德操守放在第一位，其次才强调外在的法纪约束功能。更为重要的是，新加坡全社会构筑了良好的廉政文化氛围。除了在全社会普遍进行精神文明建设外，新加坡政府还注意对公民从青少年时期就开始进行廉政意识的教育，绝大部分的中学都开设了廉政与反贪污课程。对政府官员和公务员，从开始任职，就要求他们写出宣誓书宣誓，遵守公务人员守则和条例，遵守职业道德，遵守法律法规，进行道德自律。对社会不同行业与阶层，则有针对性地采取举办讲座、展览和通过报纸、电视等多种媒体进行反腐倡廉教育，力求在全社会形成共同的廉政文化意识。概言之，新加坡的道德建设有一个突出特点，即是嫉恶如仇，把担任公职贪污受贿的人看成社会公敌。

北欧国家则普遍认同"文化是制度之母"，十分重视廉政文化的培养。芬兰是当今世界公认的最清廉的国家。据统计，1985 年~1992 年间，芬兰只有 25 起贿赂案。在芬兰最高检察院总检察长库西马基担任法官的 30 年里，没有一个人以任何形式向他行贿。因此，他表示，公民的自律是芬兰防止腐败的最有效手段。[1]在那里廉政文化已经深入人心，而良好的教育环境无疑更使这种文化根深蒂固。芬兰儿童在初级学校就开始学习社会学课程，在高中学习法律知识，青年人在步入社会以前，就已具备基本的法律知识和遵纪守法的观念。他们在进入公务员体系时，不仅要宣誓守法，更重要的是要弄清腐败的界限。多年的熏陶和不懈的教育使清正廉洁成为芬兰每个人的自觉习惯，已成为当代芬兰文化的一个重要组成部分。在芬兰，贪污受贿、侵吞社会财富等行为如同偷窃抢劫一样，被视为卑鄙肮脏之举。这对公务员的廉洁自律，对全社会形成崇廉、尚廉的好风气有极大的影响力。瑞典也是一个廉洁度很高的国家。通过多年的廉政道德教育，在瑞典，反腐败不仅仅是检察官和法官的事，而是全社会都关注的事情，已经形成了"全民监督"的环境，民众、媒体都是"检察官"。这是北欧不用重典依然廉政的重要原因。

概言之，上述国家的成功不仅在于其完善的制度设计和一整套监督机制，更重要的是其廉政文化的价值理念在社会各阶层推广，形成了一种

---

〔1〕 朱军："芬兰的廉政文化"，载《检察风云》2005 年第 5 期。

“以贪为耻、以廉为荣”的全民意识。客观地讲，制度建设和惩罚力度的加大固然重要，但这只是强制性的外部约束。内因决定外因，存在于制度之上的廉政道德教育“软性约束”会更加重要。廉政文化的构建，关键在于能否形成文化的普遍认同以及由此形成的社会评价。没有文化精神和文化价值的制度是不存在的，中国的廉政文化建设也应以廉政观念文化为根本，营造廉洁从政的社会氛围。

（三）结合我国国情，进行廉政道德建设

治国必先治吏，治吏必须治腐。新加坡以廉洁政治而闻名的前总理李光耀在其出版的回忆录中指出，当前中国面临的社会问题，最致命的问题是腐败，腐败问题已深入到行政管理组织……许多省、市、县的党员和政府官员都有腐败问题，更为严重的是，有许多执法官员也未能幸免，比如警官、检察官和法官。出现腐败的根源是“文化大革命”破坏了正常的道德标准，而改革开放使一些人有了更多腐败的机会。中国领导人希望建立一套健全的法制，但他们知道这些制度在道德真空状态下是不可能存在的，因而他们正在人民中重新强调儒家学说。他们还发起了“三讲”运动，整顿党员队伍。

腐败与道德的关系非常密切，道德的约束力是反腐防腐的第一道防线。腐败的主观根源之一就是失去了道德的自控能力，包括自律和道德的外在他律，内心中则是耻辱感、罪恶感的缺失和外界道德压力的缺失。少数官员的腐败不但是自身道德机制的崩溃，还会传染给整个社会，造成社会道德机制瓦解，尤其是高级干部的腐败所产生的示范作用表现得尤为突出。

近些年，腐败在世界各国呈上升趋势，其原因在于现代社会出现了伦理道德与政治经济分离的倾向，似乎政治的唯一标准是政绩，经济的唯一标准是利润，道德处于可有可无的境地，权力的机车离开了道德的轨道，不被滥用才是怪事。社会上对商业的过分嗜好，对享乐的极度追求，已成为人们的普遍心态。经商热、彩票热、股票热、房地产热加剧了人们的投机心态和靠运气发财的畸形心态。一些人正从“精神人”变成“物质人”。一些干部的政治腐败极大地催化着社会腐败，吃喝玩乐，灯红酒绿和偷盗盛行的社会腐败现象反过来又将更多的干部推向腐败的旋涡。政治腐败与社会腐败这一黑色怪圈正像对流云团一样在我国上空盘旋不去。

我国当前精神领域出现的这些问题，是社会历史转折时期的现象，是迅速现代化要付出的“代价”。不少发达国家都经历过这个痛苦过程。18世纪法国大革命也有一段道德沦丧时期，后来他们树立了为正义而献身的15世纪女英雄贞德，以她为榜样唤醒群众。国外的做法对我们也有借鉴作用。

1. 加强人文环境建设

面对腐败的“社会化”与社会的“腐败化”，究其原因是精神被物化，人文精神受到冷遇。一个健全的社会离不开文化的批判，历史的反思，哲学的推论。一个国家文化事业越发达，社会发展就更合理公正，民风也就更纯洁，公民素质也会随之提高。英国人常感到自豪的不仅是岛国风光、乡趣、BBC，还有牛顿、达尔文和莎士比亚。国家公园和大学校园中布满了古代近代科学家、文学家和将军们的塑像，闻不到铜臭和商业气息。当一个社会价值标准所倡导的是严肃的艰辛的理性思维和创造，是文化素养和高尚品德，是哲学理念，一个良好的道德环境也会孕育而生。我们应调整“重商轻文”“重利轻义”的社会倾向，要从官本位社会价值观向以法治为主的知识文化本位，尤其向人文知识本位转变。

2. 加强官德官风教育

“国家之败，由官邪也”。国家兴衰，官员起着决定作用。官员日常的表率作用直接关系着社会风气的好坏。当前我党传统提倡的批评与自我批评已流于形式，因此，官德教育必须法制化、行政化，用法律手段推动道德建设。美国有道德署，司法部有司法道德委员会，1958年美国政府通过“政府工作人员道德守则”；1985年两院通过《议员和雇员道德准则》；1978年美国制定了《政府行为道德法》。1989年老布什发表本届政府决心维护从政道德演说，当天八位专家组成总统道德委员会。“榜样的力量是无穷的”。我们应当广泛宣传那些艰苦奋斗，不图享受，甘为孺子牛的廉洁干部，要防止当前舆论界过分渲染腐败干部所产生的负面影响。

3. 加强职业道德教育

医生的医德就是救死扶伤，先救人后讲价钱。教师就是传道、授业、解惑，而不是去开公司赚大钱。各行各业都有自己的职业道德，其核心都要体现“我为人人，人人为我”。国家干部的职业道德是道德切入点，要解决好干部道德建设滞后的问题。

总之，道德建设非一日之功所能实现，要从战略上引起重视，再从点点滴滴入手。我们相信，按照党中央从严治党，从严治政，狠抓廉政道德建设，经过一定时间的努力必定会将我国社会主义精神道德推向一个新的境界。

二、廉政制度文化建设

孟德斯鸠早已断言，一切有权力的人都容易滥用权力，所以要防止滥用权力，就必须以制度制约权力。邓小平同志也曾说过："制度好可以使坏人无法任意横行，制度不好可以使好人无法充分做好事，甚至走向反面。"由此可见，制度在治理腐败、制约权力滥用上起着关键作用。历史经验和现实已经表明：必须依靠制度创新才能有效地治理腐败。廉政制度文化要把无形的廉政精神文化固化为有形的制度，变成规范具体行为的准则。由于种种原因，我国在这方面的建设还有待加强。

（一）完善公务员制度

我国必须根据我国国情健全我国的公务员制度，在保证公务员数量的同时，提高公务员队伍素质。因此，我国的公务员制度考虑从以下几点改变：

1. 严格公务员选拔、任用机制

首先，每一个公务员在正式被录用都要经历几道极严格程序的选拔，从而保证公务员队伍的质量，决不允许有滥竽充数者进入公务员队伍。公务员正式被聘用后，实行严格的品德考核制度和严格的奖惩制度。像新加坡一样对公务员进行品德记录和行为追踪，及时全面了解公务人员的品德动向，不给腐败留任何可乘之机，做到防患于未然。公务员只要努力做好本职工作，做到两袖清风，国家可以适当提高工资待遇，针对国内房价过高，可以给公务员提供经济适用房，以及较为优越的退休保障。但是如果公务员不能洁身自好，为了一已私利而有贪污腐化行为，一经发现必须给予严肃处理，记过处分，甚至开除党籍，必要时走司法程序，没收所有非法收入，并给予经济处罚。

2. 建立适合我国国情的公务员薪金制度

世界各国的经验表明，低薪不能养廉。当一个国家的公务员工资水平过低时，那么这个国家的很多公务员就会利用手中的公共权力来攫取私人

利益，进行权钱交易，这也是腐败问题的本质；同时，其中一些优秀的人才也会流动到其他行业中去，造成了人才的流失，由此形成了一个恶性循环。新加坡在建国初期也出现过上述问题，例如新加坡国防部人事局的一位前任局长就被一家美国公司以三倍于政府的薪酬挖走；1963 年放弃了收入不菲的律师工作而出任新加坡政府律政部长的巴克，到了 1970 年的时候，每个月的工资只有两千五百新元，还不到他做律师时一个月工资的三分之一，无法负担几个孩子的大学学费，只好提出了辞职申请，李光耀总理没有批准他的辞职申请，而是把新加坡部长的月工资提高到了四千五百新元。

新加坡政府认为只有高薪才能养廉，与其让官员们通过权钱交易、贪污受贿来获得不法利益，不如给官员们足够的报酬。治理国家的人应该是社会上最优秀的人才，最优秀的人才理应得到与他们的付出和智慧相匹配的收入。新加坡政府公务员的工资水平一度达到世界第一的标准，是世界上公务员工资水平最高和福利待遇最好的国家。新加坡总理李显龙是全世界年薪最高的总理，他的薪资几乎十倍于英国首相卡梅伦的工资，后者的年薪为 22.2 万美元。新加坡的公务员除工资外还具体规定了各级别的福利以及医疗待遇的细节和标准。此外，为了解除公务员退休后的后顾之忧，还制定了一部较为完善的《中央公积金制度》，根据该制度的规定，公积金虽然属于个人，但是不能随意支取，只能用于支付子女教育的学费、医疗治病、购买政府住房和养老。公职人员如果任内本分工作，没有不良和违法行为退休后就可领取丰厚的公积金。但是如果公职人员在任期内有贪赃枉法、行贿、索贿、渎职等行为的话，公积金就会被政府没收。所以新加坡的公职人员不会为了贪图一点小便宜而毁弃了自己后半生的积蓄和幸福生活。

高薪养廉是廉政建设的一个重要手段，一个配套措施，但目前我国还做不到这一点。因此要结合我国的国情，对于公务员的薪资问题，不能实行“大锅饭”的原则，可以设计一些分层系列的考核体系，在公务员高效率完成自己的工作任务时，可以获得一定奖励，而工作效率低下、玩忽职守的必须有惩戒措施。完善社会保障制度，让公务员放心、安心地干好本职工作，没有任何后顾之忧。实行公务员高薪不仅能降低腐败的诱惑和动机，还能吸引人才和防止人才的流失。

3. 建立健全政府官员财产申报制度

凡是廉政建设做得好的国家和地区，无一例外地严格执行官员财产申报制度。公务员从任职开始到任职结束，财产变动情况均须申报，包括所有动产和不动产。申报内容涉及工资、房地产、股票、证券、馈赠、旅行等许多方面。不仅涉及官员个人的财产还涉及该官员配偶和子女的财产。只要有超过正常收入的财产，如果说明不了来源，就被推定为贪污，受到法律的严惩，致使人不敢贪。国家公务人员的财产只有透明化才能接受监督，预防腐败的发生，所以相关立法必须尽快出台，确保我国的公务人员从思想上高度重视，严格规范自己的行为。制定“财产申报法”，完善国家公职人员财产申报制度。

“财产申报法”又称“阳光法”，它规定国家公职人员对其所拥有的财产状况，包括财产的数量、来源、增减等情况向国家监督机关作出书面报告的法律规范。世界上第一部有关财产申报的法律是1883年英国议会通过的《净化选举，防止腐败法》。时至今日，美国、法国、德国、意大利、墨西哥、俄罗斯、波兰、匈牙利、罗马尼亚、阿根廷、智利、澳大利亚、新加坡、韩国、日本、泰国、印度、菲律宾等97个国家都建立了这种制度，它几乎成了各国或地区廉政制度首选的法律措施。如果把反腐败当做一场战争的话，从战略意义上看，预防比惩治更为重要。“阳光法”是廉政制度的主要预防措施。在我国现阶段，惩治腐败的法规较多，而预防腐败的法规太少。客观上造成越反越泛滥，只治标不治本，很难形成对腐败的标本兼治。“阳光法”是一柄高悬在公职人员头上的达摩克利斯之剑，是一道想为而不可为的警戒线，具有防止他们非法敛财的重要作用。

新中国成立之初，由于我国实行社会主义公有制，按计划分配，私有财产十分有限，基本上不存在个人财产申报问题。改革开放以后，这个问题就明显表现出来，特别是在市场经济条件下，国家公职人员的财产收入已发生了质的嬗变，由原来的单一工资收入变为多元化收入，如兼职、自办公司、承包经营、承租经营、提供信息费、馈赠、奖励、遗产继承等。公职人员的财产收入难以把握，是合法收入还是非法收入，越来越感到个人财产申报在反腐败中的重要性。早在1987年，全国人大常委会法制工作委员会主任王汉斌就提出要研究国家工作人员申报财产制度问题。1994年，第八届全国人大常委会把《财产收入申报法》列入立法规划，但后来未能进入立法程序。1995年，中共中央办公厅和国务院办公厅联合印发《关于党政机关县（处）级以上领导干部收入申报的规定》，初步确立了县（处）级以上领导家庭财产申报登记制度。但是，由于申报内容不全，审核手段落后，收入申报不等于财产申报，党纪政纪处分不等于法律惩处，所以约束力有限，效果并不理想。人们评价这些措施是“基本形成制度、基本流于形式、基本不起作用。”[1]2001年，中纪委、中组部下发《关于省部级现职领导干部报告家庭财产的规定（试行）》。这些申报也都是向本单位组织人事部门的内部申报，而且缺少有效的审查机制，所以作用也不明显。面对社会上日益增长的官员财产公示的呼声，一些地区开始进行试点。例如，2009年1月，新疆阿勒泰地区要求2008年12月新提任的55名副县级公务员申报个人财产，但是采取了“两本账”的做法：第一本包括工资、奖金、补贴、礼金等，对外公示；第二本是全部财产情况，不对外公开。同时，浙江省慈溪市也要求公务员申报家庭财产，包括个人收入、未成年子女名下的房产、私家车等，但是仅在本单位范围内公示，而且申报人员不包括当地的主要领导。此后，四川高县、湖南浏阳市、宁夏银川市等不少市县也都以不同方式进行了官员财产公示的试点，但都不是完全的财产公示。2014年6月陕西省委办公厅下发《关于对新提拔领导干部实行个人重大事项和家庭财产申报备案的意见》的通知，要求对新提拔领导干部实行个人重大事项和家庭财产申报备案。申报对象范围为：确定为省管正、副厅级领导干部和县（市、区）党政正职，以及省直机关正处级领导干部的考察对象。申报内容为，申报本人的重大事项，具体包括：本人婚姻、持有因私出国（境）证件和出国情况；配偶、子女移居国（境）外情况和从业情况。申报本人及其配偶和共同生活子女所属的财产，具体包括：房产、车辆、银行存款、有价证券（含股票、期货、基金、债券、投资型保险以及其他金融理财产品等）。虽然规定细致，执行也很严格，但只是《意见》形式，要求只是新提拔领导干部进行财产申报备案，并非法律意义上的完全财产公示制度。

---

〔1〕 马文瑞等：《改革开放与反腐倡廉》，中共中央党校出版社1999年版，第126页。

总之，因为中国国情的复杂，近二十年来在官员财产公示制度建设方面一直在渐进推进，但是要保证反腐倡廉工作的深入开展，我国的“公职人员财产申报法”必须尽快出台。具体来说，该法应考虑以下几个方面的内容：

（1）财产申报的主体。财产申报的目的是制约手中握有权力的人利用职权谋取私利，所以，财产申报的主体主要是指国家公职人员。对此，国外的法律一般规定，需要向有关机关申报财产的人包括：所有议员，国家元首和政府首脑，政府各部门、长官、法官、国家机构中一定职位以上的官员和雇员，以及由国家任命的企事业机构的负责人等。以我国来说，主要应包括科级以上的国家公职人员，手中拥有实权的国家公职人员以及经常与公众打交道的国家公职人员。公职人员是指所有国家机关、企业、事业和其他依照法律从事公务的人员。把申报主体的范围划定在科级以上是有其根据的，我国人口多、机构多，乡镇党委书记就是科级干部，小的乡镇两万以上，大的乡镇有十万人左右。河南省平舆县是国家级贫困县，有个小乡的党委书记在两年半时间内贪污受贿50多万元。有些公职人员虽然没有级别，但手中握有财物，如会计、出纳、村党支部书记等。这些公职人员也应列为申报主体。

（2）财产申报的内容。财产申报的内容是申报制度的重要组成部分。根据国外其他国家、地区的一般规定，财产申报的内容主要包括：①财产现有的状况，即任职时属于本人或者家庭成员的动产、不动产、负债以及贷款情况。对于不可估价的财产，如果官员的财产收入符合规定申报的要求，官员自己无法评估其价值，则需在申报时作出详细的说明。同时，在申报时应申报家庭成员（配偶、子女、父母）的财产。②定期申报每年度的财产变动情况。③申报应详细说明来源、数额、类型、价值、时间、地点、利益人等情况。

（3）财产申报的时间。一般包括任职时、现职时、离职时。任职时是指在担任公职开始的前后10到30天就应该向有关机关申报财产收入。现职时是指在任职期间应每年申报财产变动情况和变动的原因。离职时是指在离职时应申报财产的详细情况，经审核后才可离职。

（4）财产申报的程序。主要包括：登记、受理、审查、公布四个阶段。

登记是指申报主体按照统一的财产申报表格进行填写，然后交到指定的廉政机关；受理机关是指专门负责财产申报的部门，目前，我国的受理机关是党的纪律检查委员会和监察部门。1995年制定的《收入申报规定》中把上级人事部门当作受理机关，这显然不符合监督原理的；审查机关是指各级人大常委会廉政建设委员会，对受理机关送交的财产申报资料进行认真调查、核实；公布是指审查机关将申报资料审核的结果定期刊登在报纸、杂志的专栏上，以供社会监督，负责申报工作的解释和查询事项。

(5) 违反《财产申报法》的惩处。即指惩戒违反该法所规定的权利、义务及其他规范应承担的行为。违反该法的行为主要有这三种情况：一是申报主体不申报财产、不按时申报或者不如实申报财产的行为；二是受理机关、审查机关在受理、审查中隐瞒、伪造、毁弃、漏报、漏审、为申报主体减轻罪责等失职或渎职行为；三是其他违反财产申报法的行为，如非法查阅、获得、使用申报书的行为等。对上述违法行为，确定惩戒标准为：行政责任、民事责任和刑事责任。对违反财产申报的各种行为都要严厉惩处，务必使申报主体消除侥幸心理，打消“阳光照不到我”的想法，收到在思想和行动上杜绝腐败行为的效果。

总之，“财产申报法”应该对财产申报制度所涉及的所有重要问题作出严密、具体和全面的规定，使它成为廉政法制体系中一部完整的专门立法，早日纳入廉政制度的建设轨道。

(二) 完善政务公开制度

政务公开是指政府决策和行政行为除涉及国家安全和商业机密等不能公开的信息外，其他信息都应通过适当的渠道和途径告知社会。推行并完善政务公开不仅是廉政制度创新的重要措施之一，而且是WTO规则对我国政府体制和经济体制的迫切要求，要求政府要保障公民的知情权，提高政府公共服务质量。政务公开的目的就是通过把政府的行为公之于众，向公众提供必要的信息，以把政府的管理工作置于广大群众的监督之下，以达到社会对政府权力制约的目的。

目前，世界上许多的国家和地区通过立法规定了政府政务必须向公众公开，并就公开的内容、范围等方面作出了详细的规定。例如，在美国，除非事关国家安全，国会的听证会一律向公众开放，许多行政部门的会议和听证会也是如此。1976 年制定的《阳光下的政府法》规定，合议制行政机关的会议必须公开，公民有权旁听任何具备法定决策人数的会议，获取会议信息。1990 年的《信息自由法》对电子情报的检索、公开、期限等问题都作了具体规定。其他一些国家和地区也作了类似的规定。这些法律、法规确保了公众能够获得广泛的有关政府行为的信息，使政府的政务暴露在阳光之下，有效地提高了公众对政府机构及其组成人员的监督，减少或者避免了腐败的滋生。另外，日本的做法也值得借鉴。1998 年日本通过了其国内首部信息公开法，即《关于公开行政机关所保有信息的法律》，该法规定除涉及国家机密的情况以外，行政机关应当通过网络、公告等形式公布其所掌握的公共信息，任何公民和新闻媒体都有权向政府部门或司法部门申请对公共信息进行查阅，而进行受理的相关政府部门或司法部门必须对所掌握的信息予以公开。公共信息对全体公民和新闻媒体的开放保障了日本公民的知情权，让政府对于公共权力的运用置于阳光之下，民众和新闻媒体对政府的监督极大地促进了政府对于公共权力的合理运用，很好地杜绝了以权谋私、权钱交易以及权力滥用等不法行为。

我国从 20 世纪 80 年代开始实施一系列的政务公开的探索，到目前为止已经取得了一定的成效。这些探索包括政府职能实行“两公开一监督”（办事程序公开、办事结果公开、接受群众监督）；基层政务公开（村务公开、乡镇政务公开、厂务公开）；执法和司法部门实行的政务公开（警务公开、检务公开、审判公开）；以及中央和省级政府为主的政府上网工程，等等。目前，我国的政务公开正在进一步制度化、规范化，并在公开的内容和范围上向深度和广度上发展。2007 年 1 月我国正式通过了《中华人民共和国政府信息公开条例》，对信息公开的范围、方式和程序等做了有关规定，但实践层面落实的并不理想，所以，在 2011 年 8 月，中共中央办公厅、国务院办公厅又联合印发了《关于深化政务公开加强政务服务的意见》，进一步深化政务信息公开制度，并于 2014 年 7 月，国务院抽调了 100 余人，成立 8 个小组，分赴 27 个中央部委及 16 个地方省市，开展规模空前的大督察，目的即包括破除“政令不出中南海”之弊，推动各项政策措施的落实。借鉴国外的经验，我国就将有关条例上升为法律，制定一部现代意义上的《政务信息公开法》，其主要内容应包括：（1）政府文档应该向公众开放；（2）实行会议公开；（3）办事程序公开；（4）办事结果公开。

（三）强化监督，建立全方位的权力制约机制

1. 完善监督立法，建立健全监督机制

从改革开放以来，执政的中国共产党和国家为建立健全适合中国国情的监督制度进行了大量卓有成效的工作，取得了不少成绩，形成了具有中国特色的社会主义监督模式，包括党内监督、权力机关的监督、行政监督、司法监督、职工代表大会的监督、人民政协和民主党派及社会团体的监督、新闻媒体监督、群众监督等。这样的监督模式对于维护公民的民主权利，加强对党和国家机关及其工作人员监督，发挥了重要的作用。但是，这种监督模式还存在着一定的局限性，主要表现是：监督资源浪费、监督体制不顺、监督机构不能独立、监督缺乏规范和标准等。结果造成监督功能低下，在我国政治生活中仍有严重的权力滥用和权力腐败现象，不能有效地遏制腐败现象的滋生蔓延。由此可见，实现监督的目的，不在于监督机构多么庞大，而在于监督体制的效率、监督主体的权力，没有整合功能的监督体制和缺乏权力的监督，只能形成无效的监督。

迄今为止，我国已颁布了两部部门监督法，一个是2006年8月通过的《中华人民共和国各级人民代表大会常务委员会监督法》，另一部是2010年6月通过的《中华人民共和国行政监察法》，但还需要制定一部“中华人民共和国监督法”来整合、厘清各个监督主体的权力和职能，规范监督的主体、对象、职责、程序、范围以及监督失职的处罚。它不仅应规定包括国家机关在各自权限范围内所进行的监督，还应规定政协、各政党和社会团体、新闻机构、广大公民对公共权力和公共资源的监督。这里面包括权力监督、廉政监督、司法监督、新闻监督、社会监督等，其目的在于预防和纠正公共权力运行、公共资源的开发使用中可能或已经发生的种种偏差和错误，督促各级国家机关、公职人员及社会各方面严守法制，保障国家廉政法规的顺利运行和实现。

2. 制定“财政监督法”，完善财政监督制度

在当前的腐败大案中，有一部分案件是通过行贿受贿改变财政分配关系、截留国家财政资金、擅自变更预算、虚报或骗取国家财政拨款等手段，在财政运行中发生各种腐败行为，随着经济的发展和改革的深入，财政监

督越来越重要。因此加强对财政管理的监督和检查，完善财政监督法律制度是我国财政法制建设的要求和任务，更是廉政制度建设的重要内容。加强财政监督，对促进依法治国，对建立稳固、平衡、强大的国家财政，对建立公共财政框架，以及对财政管理中的廉洁、高效都具有重大的意义。

“财政监督法”应建立和完善我国财政管理体制，逐步走向科学、规范、灵敏、高效的财政监督管理体制上来，把宏观管理和微观管理结合起来。“财政监督法”包括的主要内容有：

（1）建立科学完善的预算监督体系。要建立预算项目、预算定额的审批制度，全国人民代表大会及其常务委员会对中央和地方预算、决算进行监督，各级人民代表大会及其常委会具有本级政府年度财政预算和专项资金预算的审批权、预算和决算监督权，严禁政府更改预算以及某个领导人随意更改预算。各级政府审计部门对本级各部门、各单位和下级政府的预算执行和决算实行审计监督。加强民主决策，增强预算编制的科学性、规范性。对预算执行情况要建立绩效评价机制，从预算执行数量、预算执行质量两个方面建立具体的评价标准，对各部门预算执行情况作出考核评级。人大常务委员会和廉政机构要参与预算执行的检查工作，并负责把评级结果向社会公布，召开新闻发布会，提高预算执行结果的透明度。

（2）要从法律的角度明确财政监督的机构、机构之间的关系、地位、作用、职责、监督的手段、工作方法、工作程序、任务、监督人员的素质要求、监督人员的管理、惩罚措施以及对监督人员失监的处罚。这样可以使“财政监督法”具有较强的操作性，做到有法可依，依法行政，避免廉政建设中的“空白点”。

（3）详细规定政府间财政资金转移支付制度和监督制度。要把财政资金转移支付的目标、原则、范围、程序以立法的形式确定下来；中央财政对各地方、各地方对所属各部门的财政资金转移支付比例必须明确，杜绝主观随意性；财政监督必须伴随着财政资金转移支付的每一笔账目，并要有财政监督工作人员的签字认可。

（4）重视“财政监督法”与其他相关法律的衔接、配合问题。主要是与《预算法》《会计法》《审计法》等法律之间的关系。《预算法》的主要任务是规定国家立法机关和政府执行机关、中央与地方、总预算和单位预算之间的权责关系和收支分配关系。《预算法》其中有一章“监督与法律责任”，涉及预算和决算的监督问题，“财政监督法”应注意与此的衔接和发展，把它作为财政监督的起点。《会计法》明确规定了财政部门对各单位实施监督检查应遵循的原则，为实施有效的财政监督提供了工作规范。《会计法》规定实施监督的四项内容：一是是否依法设置会计账簿；二是会计凭证、会计账簿、财务会计报告和其他会计资料是否真实完整；三是会计核算是否符合会计法和国家统一的会计制度的规定；四是从事会计工作的人员是否具备从业资格。“财政监督法”应把《会计法》中的监督作为具体的、微观的监督，这些监督结果应和预算、决算配合起来使用。《审计法》中的审计监督属于宏观监督，是阶段性监督。根据宪法的规定，审计是高层次的经济监督，审计机关能够对财政、税务、金融、投资、外贸等具有宏观调控职能的部门进行审计监督。“财政监督法”可以把审计结果与预算执行情况、财政项目资金监督等阶段监督的结果互相对照，从中发现问题。“财政监督法”既有宏观财政监督，又有微观财政监督，加上自身及时的、跟踪的、独立的监督，有利于及时制止和纠正违纪违法行为，更好地发挥财政监督在维护国家财经法纪中的作用，更好地促进廉政制度建设。

（5）财政监督机构与廉政机构、其他职能监督机构的关系。财政部门要与人大、纪检、监察、审计、稽查特派员、司法部门保持密切联系，建立有关部门联合办案制度；财政部门还要与新闻媒体、群众团体结合起来，充分利用法律、行政、舆论、经济等多种手段，标本兼治，从源头上打击和预防腐败。

3. 建立独立廉政机构，完善反腐败领导体制和工作机制

针对日益严重的腐败问题，许多国家和地区都设立了专门的廉政机构，负责接受公众的举报、调查证实腐败事实、严惩腐败者。从各国（地区）的廉政制度建设来看，设立一个独立、统一、权威、专门的廉政机构已经成为一条共同的经验，被赋予特殊权力的专门的廉政机构在各国的反腐倡廉的工作中发挥了巨大的作用。从我国目前的廉政机构设置来看，恰恰没有这样的专门的廉政机构。因此，借鉴世界其他国家和地区的成功经验，建立独立的廉政机构成为我国廉政制度创新体系的一项重要内容。

三、廉政物质文化建设

根据文化学的观点，物质文化以满足人类最基本的生存需要（如衣、食、住、行）为目标，既包括人们的生产方式，又包括由人类加工自然物所创造的各种器物，是人的物质生产活动及其产品的总和。物质文化构成了整个文化创造的基础。任何一种文化体系的建设都必须落实到一定的载体才能发挥作用，廉政文化也不例外。廉政物质文化是廉政文化赖以存在和发挥功能的物化形态。根据马克思主义哲学的观点，一方面，物质决定意识，有怎样的廉政物质文化基础，就会产生怎样的廉政精神文化。公共行政机构只有借助一定的物质条件进行行政管理活动，才可能实现廉洁勤政的管理目标，体现公正、效能、服务的廉政理念；另一方面，意识对物质又具有能动作用，廉政精神文化广泛作用于公职人员群体，能使其在工作中不断改善物质条件，更好地为实现管理目标服务。

（一）传统廉政物质文化建设内容

传统廉政物质文化建设主要是作为物化形态形式存在的廉政文化载体，主要有廉政报刊书籍、广播电视、网页网站以及廉政宣传栏、宣传手册、廉政教育场所等，其注重廉政文化载体的多样化和载体内容的多元化，廉政文化应广泛覆盖从小说、诗歌、报告文学等文学载体到戏剧、歌曲等多种艺术门类。

（二）新时期廉政物质文化建设内容

在坚守传统宣传阵地的同时，我们也要开拓一些新的领域。在科学技术高度发达的今天，文化的传播载体也在以更快的速度更新换代，互联网正在逐渐成为人们获取信息的重要手段，并且互联网弥补了传统媒体的一些不足，如它的互动性、海量存储性是传统单个媒体所无法做到的。互联网的兴起，为建设廉政文化提供了一个更加方便快捷有效的平台，让它成为获取廉政知识和信息的一个重要窗口。因此运用互联网，通过有效的信息交流，解惑释疑，引导广大网民关心、理解和支持党风廉政建设的大政方针，树立正确的廉政理念；运用手机短信，快速传递传播廉政信息，保持廉政建设主体与客体之间的沟通联系，有针对性、个性化地进行宣传教育。借用先进的技术手段，增强廉政宣传教育的直观性、灵活性、全面性、有效性，是廉政文化建设与时俱进的必然要求，也是反腐倡廉工作加大科技含量的具体体现。

要使廉政文化建设富有成效，还要根据不同的廉政文化内容选择合适的载体。丰富的廉政文化要有好的载体才得以充分表达，在廉政文化建设中要力求内容与形式的和谐统一，以期发挥廉政文化最佳导向作用。要结合本地的文化背景和市民的文化爱好，以形式多样的文化载体，构筑多方位的教育平台，上下合力凝聚成既为群众喜闻乐见又富有地方特色的廉政文化。创新廉政文化载体，应把握以下几个方面：

1. 从文件走向文化

先进文化具有导向功能，要设计多种载体，推动党风廉政教育从“文件”走向“文化”。从廉政评论专刊、理论研究园地到电视广播专栏、廉政网站，从廉政文艺节目、漫画展览、书法比赛到廉政广告、谜语，还有廉政榜样群体、警句格言、文化丛书等，每一种载体如果运用得当，都能够产生强大的生命力，形成具有导向作用的廉政文化氛围。比如举办廉政文艺节目、书画作品展览，最好以身边人、身边事为素材，把内容有机地融入本地文化积淀之中，使之具有地方特色，不仅能让干部群众易于接受，也乐于接受，比起文件、会议更能引人深思，更多受到启迪和教育。如果由艺术家来宣传，最好以生动的说唱艺术、书画展览、小品等形式多管齐下，便能使群众在各种高雅的艺术享受中受到感染和熏陶；如果以主人公或其身边的人现身说法，则宜举行报告会，便能引起党员干部的共鸣，受到巨大的鼓舞和教育。

2. 从会场走向广场

先进文化具有熏陶功能，要通过多种方法，引导党风廉政教育从“会场”走向“广场”。过去开展廉政教育常常是学文件、听讲座、谈体会，往往缺乏生气和活力。精心组织有一定规模的广场文艺晚会，把廉政文化全面推向便于群众参与的开放式广场，使廉政文化通过“广场”进入到党员、干部和群众心中，不仅能丰富人民群众的文化生活，还使党员干部得到潜移默化的教育，产生润物无声的效果。

3. 从理论走向实践

廉政文化具有塑造功能，要从实际出发，推动廉政教育从“理论”走向“实践”。廉政教育真正要跳出自上而下的“灌输式”窠臼，利用各种渠道让干部群众积极参与到廉政文化建设之中，使党员干部在参与中自觉遵守廉洁自律的各项规定，群众积极参与对党员干部的民主监督。比如有些地方开展“廉政格言进支部，文明帮教入社区”活动；有的采用党员责任区包干、党风廉政建设包管的办法创建无一人犯法、无一人违纪的“清风楼”“正气楼”；有的组织文艺宣传队走村入企进校宣传；有的组织干部群众畅谈廉政文化、有的组织演唱竞赛等。这些活动由于有广大干部群众的参与，不仅能推动廉政文化之花开遍城乡每个角落，而且能引导人人思廉，动员人人促廉，督促人人保廉，使党员干部廉洁奉公蔚然成风。

廉政文化建设就是要使廉政道德文化、廉政制度文化、廉政物质文化三个层面共同协调发展。廉政道德文化建设、廉政制度文化建设、廉政物质文化建设相互联系、相互渗透和影响，是不容分割的整体，只有这“三个层面”同时都得到重视和发展，廉政文化建设才能最终形成。

第三节　廉政文化建设的主要途径

廉政文化是社会主义先进文化的重要组成部分，它在中国特色社会主义建设中有着重要作用，是新形势下突出用文化的力量来促进反腐倡廉的一种新的思维和行为方式，是教化党员、干部保持廉洁，推进廉政建设的重要思想武器，因此，当前我们要大力加强廉政文化建设，更好地发挥其在中国特色社会主义建设中的作用。目前廉政文化建设中程度不同地存在思想认识上的偏差，把廉政教育简单等同于廉政文化建设，因而传统的“教育”成分多，与时俱进的“建设”因素少，低层次的应付“教育”任务多，高品位的“建设”精品少。有的人急功近利，做表面文章，图轰动效应，超越科学发展而不想打牢基石，只想在极短时间内取得成效；有的地方廉政文化建设缺乏明确的思路和规划，喜欢搞活动而不善于抓“建设”，只顾眼前热闹，不作长远打算，效果不很理想，甚至引起群众反感；有的人坐而论道，只沉浸于宏伟体系的构建而不去做实际工作，满足于写在文件上、喊在会场上，或只想教育别人而不愿身体力行，改变自己的主观世界。总体来看，各地对新时期如何抓好廉政文化建设，无论在理论探索，还是实践推进上尚有发展空间。

一、整合各种文化资源，丰富廉政文化建设内容

（一）挖掘和提炼中华民族廉洁名人事迹，树立清正廉洁形象，增进广大党员、干部对党的价值观念的认同

中华民族源远流长，在其发展过程中形成了优秀的民族传统文化，廉洁自律、操行高尚、俭朴节约、公道正派、干净干事、清白做人等正是其中的精华。在新近录制完成的八集纪录片《鉴史问廉》中，歌颂了不少历史上的清官廉吏，具有深刻的教育意义，在现当代也涌现出不少清正廉洁的名人，在他们身上有许多感人的廉洁事迹，闪耀着清正廉洁、开拓进取、勤奋好学、艰苦奋斗、勤劳节俭的优良传统。如毛泽东就是一个典型，新中国成立前夕，毛泽东预见到胜利后执政党将面临防腐保廉的严峻考验，因此，在党的七届二中全会上，他要求全党“务必使同志们继续地保持谦虚、谨慎、不骄、不躁的作风，务必使同志们继续地保持艰苦奋斗的作风。”毛泽东不仅从严要求各级领导干部，更是从严要求自己，从自己做起。新中国成立后，地方政府要为他修房屋，他知道后予以制止：“一概不要修建，以免在人民中引起不良影响，是为至要。”对亲友，他照样坚持原则，他的舅舅家里生活困难要求救济，毛泽东了解后致信地方政府领导：“从减租和土改中照一般农民那样去解决，不能给予特殊救济，以免引起一般人民不满。”毛泽东身为领袖不搞特殊化，清正廉洁，心系人民，在贯彻防腐方针上，堪称楷模。近代的丁日昌在江苏主政时，为告诫僚属做官要履行职责、为民做主、办事公平、清正廉明，特撰作一楹联贴于江苏抚衙朱红大柱上，联曰：“官须呵出，干来若处处瞻顾因循，纵免刑章终造孽；民要持平，看去使个个流离颠沛，忍将膏血入私囊”。在30多年的宦海生涯中，不仅对当时中国近代史上的洋务运动作出了积极贡献，而且以勤政清廉闻名于世，留下了后人赞叹敬仰的仕途佳话。中华民族廉洁名人的事迹是值得后人认真学习的。改革开放后，由于受社会外界不良风气的影响，少数干部存在不同程度的不思进取，不重学习；产生贪图享乐、拜金主义思想；对群众利益漠不关心等落后腐朽的思想意识。针对这种思想实际，我们应努力挖掘中华民族的典型事例，大力弘扬中华民族千百年来形成的

廉洁自守、正心修身、扶危助困、浩然正气精神，用他们廉洁的事迹正面引导，帮助其增强“为民、务实、清廉”的理念，树立清正廉洁的干部形象。使我们的党员干部在潜移默化中认知、感悟、积淀、传承优秀文化传统，陶冶情操，提高素养。在开展廉政文化建设中要充分调动各方力量、整合各种文化资源，总结挖掘廉政文化内涵，特别是中华民族的传统美德，把它与时代合拍、与“八荣八耻”等廉洁文化要求一致的内容提炼出来，推陈出新，不断丰富廉政文化的内涵，融入廉洁教育中去。在提高广大党员群众的思想素质，增强反腐倡廉的信心方面，我们还注意挖掘身边名人的先进事迹，宣传他们身上的勤廉风采，树立榜样，用可信、可亲的事例教育身边人，以他们的精神和事迹激励自己、对照自己、警示自己，使各种体现中华民族优良精神与核心价值观的先进事迹，成为激励广大党员干部开拓进取、奋发有为的强大精神动力，增强廉政文化的感召力和凝聚力。通过这些事例的教育，使忠实执行党的路线、方针、政策，廉洁奉公、公道正派、为党的事业奋斗的思想和观念深入广大党员、干部，使党的价值观念得到广大党员、干部认同，并内化为广大党员、干部的思想观念，成为日常生活的准则，进而付诸行动，从而有利于党的路线、方针、政策的执行，保证党的奋斗目标的实现。

（二）利用反面典型加强警示教育，有效提高廉政教育效果

我们党历来重视用正反面典型教育党员和干部，这是提高廉政教育效果，加强廉政文化建设的一条重要而且有效的途径。在高举中国特色社会主义伟大旗帜、全面建设小康社会的今天，运用反面典型对广大党员干部特别是领导干部进行警示教育，有着重要而深远的现实意义。我们可以选择近年来我国查处的重大案例，进行认真的剖析。如中央纪委查处的胡长清、成克杰、王怀忠、陈良宇等高官腐败案件。2009 年，已查处的王华元、陈绍基、许宗衡等案件，就是其中的典型，这些案件表现出的相同点是他们在政治上与党离心离德，经济上贪得无厌，生活上腐化堕落。他们完全背离了共产主义的理想信念和全心全意为人民服务的宗旨，私欲极度膨胀，把党和人民赋予的权力作为谋取个人私利的手段，最终走向人民的反面。同时，我们还要利用本地的反面典型进行教育，使广大党员干部有更直接的了解和更直观的认识。此外，还应该运用这些有影响的腐败案件对广大

党员干部举一反三地进行教育，更好地发挥这些反面典型的警示作用，从而警示干部从中吸取教训，树立正确的权力观、地位观和利益观，正确对待和规范使用党和人民赋予的“权力”，自觉约束自己，不断提高思想境界，提高廉洁自律的自觉性，形成廉荣贪耻的价值取向和社会风尚，永葆共产党人的蓬勃朝气、昂扬锐气和浩然正气，增强使命感和责任感，真正做到为官一任、造福一方，为中国特色社会主义事业作出应有的贡献。

（三）利用红色文化资源加强教育，充分发挥其资政育人功能

新民主主义革命时期，党领导人民为夺取新中国的胜利浴血奋战，在许多地方都留下了奋斗的足迹；众多革命先烈为了中国的独立和解放而英勇斗争，留下了许多可歌可泣的事迹，这些红色文化资源是加强廉政文化建设、进行党风廉政教育的宝贵精神财富。用健康向上的红色文化筑牢党员的思想阵地，使广大党员干部时刻牢记党的宗旨，做到自重、自警、自励、自省，不犯错误。因此，加强这方面的教育，对于培养和造就具有高尚思想品质和良好道德修养的党员干部队伍，凝聚全党力量，具有重大而深远的意义。梅州的红色文化资源非常丰富，如梅县的叶剑英元帅纪念馆、丰顺的李坚真纪念馆、大埔的三河坝战役纪念馆等都是对党员干部进行党风廉政教育丰富而鲜活的生活教材。特别是叶剑英元帅，是一位廉洁奉公的典型，他在任北平市长期间率先垂范、克己奉公，在工作和生活上，不搞特殊化、不贪图物质享受，保持入城前艰苦朴素的作风，同时要求政府工作人员正人先正己、搞好自身建设，廉洁奉公，全心全意为群众谋利益。他说：“我们的干部无论职位高低都是人民勤务员，干部同群众的关系是勤务员同主人的关系。干部要大公无私，心里要时刻想着人民，关心群众疾苦、倾听群众意见，决不能骑在人民头上作威作福、称王称霸。”一直到逝世，叶剑英都保持艰苦朴素的作风，作为一代将帅，叶剑英用实际行动践行了廉洁奉公的理念和共产主义信念。

利用红色文化资源加强教育，可以组织党员干部“看”廉，看体现革命先烈勤政廉政的文物和反映革命先烈勤政廉政的影视资料；组织“听”廉，听讲解员讲解革命先烈勤政廉政的动人事迹；组织“诺”廉，组织党员干部在党旗下重温入党誓词。新的历史条件下，利用红色文化资源加强教育，无疑给广大干部提供一种文化范式、学习榜样，促进广大干部廉洁

意识的培养，塑造广大干部的清廉品格。能够鼓舞人们的斗志，磨炼人们的意志，激发人们的热情，推动人们积极进取，成为人们奋斗的动力。

二、开展廉政文化“六进”活动，扩大廉政文化的覆盖面

廉政文化建设不仅仅是领导的责任，更是全体社会成员的共同任务。中共中央颁布的《建立健全教育、制度、监督并重的惩治和预防腐败体系实施纲要》指出：反腐倡廉教育要面向全社会，把思想教育、纪律教育与社会公德、职业道德、家庭美德教育和法制教育结合起来。大力加强廉政文化建设，积极推动廉政文化进机关、社区、家庭、学校、企业和农村。通过“六进”活动，不断扩大廉政文化的覆盖面。

（一）廉政教育进机关

各级党政机关是党和政府的办事机构，是贯彻、执行的党的方针、政策场所，机关工作人员则是党的方针、政策的直接执行者，机关作风好坏与否，机关工作人员道德水准高与低，是否廉洁从政，直接反映和影响着党和政府的形象。所以，要做好廉政文化进机关工作，大力繁荣机关廉政文化，通过系统、正规和有计划的廉政文化教育培训，使广大机关工作人员深入了解廉政文化的思想内涵，更好地传承廉洁思想和理念，保持我们党的先进性纯洁性，防止和抵制腐朽思想文化的侵蚀，有效地进行反腐败斗争，使广大党员、干部成为实践社会主义核心价值体系的模范，做共产主义远大理想和中国特色社会主义共同理想的坚定信念者、科学发展观的忠实执行者、社会主义荣辱观的自觉实践者、社会和谐的积极促进者。

会议是贯彻党的路线、方针、政策，传达上级指示、总结和布置工作的一种基本形式，无论是机关事业单位，还是企业工厂，无论是高层干部，还是基层干部，都要开会，以便总结过去的工作、布置新的工作。因此，各单位可以利用召开会议的机会，规定廉政教育的时间段，定期定时对本单位的成员开展廉政教育，可以学习关于廉政方面的方针政策，表彰身边廉洁自律的优秀干部、模范人物，也可以拿一些反面教材做警示教育，从中吸取深刻的教育。要努力做到使廉洁教育贴近党员干部的思想和工作实际，做到入情入理、入耳入脑。

建设具有中国特色的廉政文化，党员干部是重点，领导干部是关键。

因此，要突出对领导干部廉洁从政的教育，使廉政文化在领导班子中扎根。每个单位的中心组学习，要有计划有步骤地安排廉政教育内容，努力提高领导班子成员的理论水平和廉洁素养；要进行廉洁自律典型教育，广泛宣传当代勤政廉政典型事迹，发挥廉洁典型的示范效应，大力培育崇廉风尚，确立廉洁从政理念；利用反面典型开展警示教育，不断增强领导干部的廉洁自律意识。要通过建立和完善学习体会交流制度、考核制度、评廉制度，在领导班子和领导干部中形成学廉、倡廉、崇廉、守廉的良好风气。领导班子要和中层干部签订党风廉政建设责任状，规范约束中层干部的行为，使广大中层干部能廉洁从政，保证单位成员在廉政方面不出问题，在全单位培养廉洁理念、树立廉洁意识、营造廉洁氛围，从而使广大党员、干部明辨是非、把握方向，牢记党的理想信念，树立正确的世界观、人生观和价值观，自觉养成廉洁自律的习惯，更好地为中国特色社会主义事业服务。

（二）廉政文化进社区

随着社会转型的加快，社会结构和人们的生活方式、思想文化以及行为方式，都发生了极大的变化。社会成员的“单位”属性逐渐减弱，大量“单位人”转为“社会人”。随着经济的发展，城市化进程的加快，大量农村人口流向城市，结果导致城市人口的宣传教育、管理处于松散状态，这就需要找到一种新的管理、宣传、教育模式，社区式管理应运而生。因为一个人可以不固定地从属于某个单位，但他必须生活在一定的社区里。所以，廉政文化进社区，符合社会转型期的特点。社区组织要积极开展丰富多彩的廉政文化创建活动，如在社区设立廉政广告牌，树立廉政警示栏，建立廉政宣传橱窗，张贴廉政宣传画。利用社区图书馆设立廉政图书、报纸杂志专窗，成立廉政文化园地，供广大群众免费阅览、交流。开展系列廉政文艺活动，在老百姓经常集聚的地方，以群众喜闻乐见的廉政电影专场、廉政文艺演出和广场咨询等形式出现，将廉政文化融入社区文化中，渗透到各个角落，让廉政教育更具人性化和亲和力。

（三）廉政文化进家庭

家庭是社会的细胞，是和谐社会最基本的组成因素，在反腐倡廉中起着不可缺少的作用，因此，引导家庭成员特别是领导干部家属树立正确的荣辱观，明辨是非、区分善恶、分清美丑，提高廉洁意识、法律意识和自警意识，营造反腐倡廉的良好社会氛围，对于加强党风廉政建设具有重要意义。廉政文化进家庭，可以以“建幸福家庭、筑家庭防线”为主题，开展各种活动，如组织广大家庭特别是领导干部家庭签订“助廉承诺书”、发放“廉洁家庭”倡议书、制订家庭“助廉公约”；组织领导干部及其配偶召开廉政座谈会、观看廉政影视教育片；开展创建“廉洁家庭”活动，推出一批“廉洁家庭”的先进事迹和典型，表彰先进，宣传典型，形成家庭助廉氛围。

走入家庭，启蒙儿童从小树立廉洁价值观念。北欧国家的平等、自律深入体现到各个家庭之中。无论孩子的父母是公务员、还是领导人，父母都要求子女与其他同龄孩子一样坐班车上下学、参加学校统一公益活动，让孩子从小就学会并遵循平等的理念。这种从小耳濡目染的家庭廉政教育值得我们学习。应使儿童从小在家庭的氛围中就学习到平等与独立。社区可以通过开展“评榜样，育儿童”的活动，激发父母的榜样精神，通过教授孩子“爱廉洁、做好人”三字诗歌等形式，让孩子对好恶产生最初级的认识，在家庭中锻炼儿童独立完成事情的能力，培养独生子女的平等、友爱、自立精神。

（四）廉政文化进校园

各级学校承担着培养中国特色社会主义建设者和接班人的任务，学生的素质如何，思想品德的高低，直接影响到国家未来的发展。在社会转型时期，由于各种消极因素的影响，社会腐败现象也对青少年造成直接的侵害，近年来，在孩子身上出现的一些行为（如竞选班干部时，为了拉选票学大人请客、送礼等）令人担忧，这表明社会上的一些不正之风，腐败习气已经影响到校园。因此，加强对青少年的思想品德教育就成为学校各级学校的一项重要任务。各级学校必须充分认识到抓好廉政文化建设的紧迫性和责任感。廉政教育主要是引导青少年从小树立“廉洁光荣、腐败可耻”的意识，培养正确、积极、健康的理想信念、道德观念、法制意识和社会责任感。

北欧的芬兰、瑞典等国将社会学课程和廉政理念纳入初级学校的基本课程，使公民的廉政信念和廉洁信仰从儿童时期就得以培养。在高中时期普及法律知识，使青少年步入社会前就具备了遵纪守法的观念，树立了明确的是非观。这对于廉政文化理念的根植产生积极的效果。我国也应遵循教育对象的年龄阶段，从青少年的认知水平和身心发育程度出发，使廉政文化走进校园。

在小学初中阶段，应发挥廉政文化的启蒙作用。培养中小学生知善恶、知美丑，促进道德情感的养成。通过每周的品德课，要求教师结合中小学生行为规范来引导学生学习，从小环境做起，在小组、班级和校园遵守学生规范、遵守纪律、友爱诚信，初步树立积极的人生观念和纯洁的价值信仰。

在高中阶段，应发挥廉政文化的养成作用。高中阶段的学生，作为青春期阶段，是整个人生的关键时期，在此时如能培养廉洁意识、倡导诚信正直，对整个人生价值观的确定都起到积极的作用。由于高中生已具备了较高的理解能力和知识体系，还应在此阶段由教师帮助学生全面了解我国廉政法律法规，从新闻、报刊中获取正面信息，并加以评述，树立民主、正义、廉洁的个性品质。

在大学阶段，应发挥廉政文化的践行作用。高等学校是培养人才、传承文明、塑造民族性格和民族精神的重要阵地，它义不容辞地担负着提高全民族思想道德素质和科学文化素质的重任，是建设先进文化的重要基地，理应成为廉政文化建设的重要阵地。同时，改革开放以来，高等学校也不再是一个真空地带，受社会上各种不良思潮的影响，高等学校在廉政方面也出现各种各样的问题，发生了不少腐败案件。因此，高等学校要按照党风廉政建设和反腐败工作的总体要求，以求真务实、开拓创新的精神，充分发挥廉政文化的教育、示范、熏陶、导向作用，通过大力弘扬廉政文化，促进校园文化建设，促进党员干部、教职工和大学生廉洁奉公，诚信守法，树立正确的世界观、人生观、价值观，营造一个廉政的校园环境。在高等学校里可以开设“廉政修身”课，对大学生进行全面、系统的廉政思想教育，学生通过必要的理论学习和社会实践活动，自觉投身到廉政文化建设的活动中去，并学会透过现象看本质，学会辩证地分析问题，努力解决好世界观人生观的问题，从而达到弘扬优良传统文化，自觉抵制不良风气的侵蚀，防微杜渐，从自身做起的目的。另外，学校可以多开展关于国家反腐倡廉治国方略的学习研讨会、宣讲中国共产党和中外名人志士高风亮节的英雄事迹、组织学生就当代社会发生的一些腐败案例和反面教材进行深入讨论分析。对于学生干部，学校和教师要清楚地了解其内心思想变动，对于这个群体更应加强廉政文化理念的根植，避免“学生干部”与“学生群众”之间形成潜规则的前身、腐败的雏形，杜绝青年“小利变大腐”的发生。全社会更要协助青年人在面对校园、社会和公共媒体这个特殊阶段的健康成长，培养为人民服务的思想，为步入社会打下坚实的基础。

（五）廉政文化进企业

廉政文化进企业，其实质就是企业在完成经济任务的过程中，开展以“廉政”为主题的一系列文化教育活动，使企业建立健全更为有效的惩治和预防腐败的体系。具体来说，企业可以结合实际，培育以“廉洁从业、诚信守法、行为规范、道德高尚”为核心的企业廉政文化理念，并采取多种宣传教育方式，持续不断地对职工进行教育熏陶，使全体职工认知、认同和接受企业廉政文化理念，并养成良好的自律意识和行为习惯；不断完善廉洁从业制度体系，将廉政建设与民主管理结合起来，不断完善企业民主决策机制，推进厂务公开，扩大厂务公开的覆盖面，拓宽职工民主监督的渠道，进一步完善企业内部管理制度，从机制和制度上筑牢反腐倡廉堤坝，防止职务犯罪。促进企业加强内部管理，做到依法经营、廉洁从业、诚实守信，使人文效益转化为企业经济效益。

每个单位、行业都有其特定的文化，它是一种潜在的教育因素，其成员的思想情操、行为习惯起着潜移默化的熏陶感染作用。各单位、行业可充分运用本单位、行业教育阵地对党员干部进行廉政文化教育，如在单位走廊、礼堂大厅安排廉政事迹展览，张贴廉政警句；通过单位广播站，杂志、黑板报等开办廉政文化教育专栏或专刊；运用影视、录像、幻灯、图片等音像资料宣传廉政文化，等等。各单位在廉政文化教育中要遵循“寓教育于活动中”的原则，积极开展多种形式的廉政文化教育活动，如开展学廉政文、读廉政书、唱廉政歌、讲廉政事、观廉政片、听廉政课等活动；举办主题讨论会、社会调查、知识竞赛、辩论会、廉政文章手抄报评比、廉政故事大奖赛，等等，既提高党员干部的学习兴趣，又增强教育效果。这样以活动为载体，把廉政教育内容融入丰富多彩的活动中，使广大党员干部在得到艺术文化熏陶的同时，受到潜移默化的廉洁教育，使他们的道德品质得到提升和净化。

（六）廉政文化进农村

让廉政文化进农村就是要使廉政文化渗透到日常生产、生活的各个领域，积极发挥廉政文化在净化民风、凝聚民心、弘扬正气中的作用。具体来说，就是加强对乡村干部的党风廉政教育，强化农村基层干部遵纪守法、廉洁自律、公正办事意识。规范农村党员干部的从政行为，团结群众、争取群众，进一步密切党群、干群关系，促进党的思想建设、队伍建设和作风建设，不断巩固党的执政基础。将廉政文化进农村活动与乡村党务政务村务公开、民主法制教育活动等相结合，建立健全基层民主决策、党务政（村）务公开等制度，完善乡、村财务管理体制，规范乡、村干部的用权行为。把廉政文化建设纳入到文化的概念，运用文化的角度思考党风廉政建设，增强教育的感染力和说服力，营造崇廉、尊廉的社会氛围，净化从政环境、优化经济发展环境，推动党风廉政建设和反腐败斗争的深入开展。

注重发挥乡村文化站（室）等文化阵地的作用，组织开展群众喜闻乐见的廉政文艺演出，加大对农村的正面宣传引导力度，清除农村陈旧观念，突破农村陈规陋习，用健康向上的、先进的廉政文化占领农村思想“阵地”，歼灭各种“庸俗文化”“腐朽文化”，推进农村的反腐倡廉工作。

廉政文化“六进”虽然有各自不同内容的区别，但它们又是一个相互联系、相互促进的统一整体，是一项系统工程，我们要努力调动各方面参加廉政文化建设的积极性，整合各方面的廉政文化资源，共同培育廉政文化建设的新典型，不断提高廉政文化的整体水平。同时，廉政文化活动要提升层次，总结好的经验和做法，提升到理论的高度，让廉政文化“系统进教材，生动进课堂、扎实进活动”，成为人民普遍可借鉴和学习的东西，使廉洁观念深入人心、廉政之花开遍每一个角落，廉政文化建设取得实实在在的效果。

三、强化阵地，创新载体，构建廉政文化建设平台

（一）强化宣传阵地，营造廉政文化建设的环境氛围

强化宣传阵地是廉政文化建设的重要平台和条件，在党员干部对廉政文化有所了解、逐步接受的前提下，应加强宣传阵地建设，形成廉政文化

建设的强大阵地，增强视觉冲击力。我们必须充分利用大众媒体覆盖面广、群众关注程度高的特点，加强电视、广播、报纸等媒体的廉政文化阵地建设，充分利用大众传媒，积极宣传廉政文化，宣传当前党风廉政建设和反腐败斗争的形势、党中央反腐败的坚强决心和方针政策，讨论反腐倡廉工作的热点难点问题，播放具有强烈震撼力和深远教育意义的反腐题材的文艺作品；在全社会培养廉政理念、树立廉政意识、营造廉政氛围，大力推进廉政文化建设，使广大干部从内心上意识到贪污腐化不仅触犯了社会主义法律，也违背了社会道德，必然受到人们的谴责和法律的制裁，从而形成领导干部廉洁从政的道德环境和舆论氛围，更好地推进廉政建设。

要充分利用黑板报、公开栏、服务牌、电子屏幕、宣传橱窗等固定窗口，宣传和布置一些格调高雅、内容清新的廉政书画和装饰，着力营造廉政文化的氛围。在春节等特殊时期，赠送廉洁贺卡、编制廉政短信息、格言警句等，进行廉政文化宣传；在会议室、办公室等适当位置，设立廉政文化标识、标语、公益广告牌等，展示廉洁从业理念、格言警句等，将廉政文化渗透到各个角落。总之，通过努力，不断强化宣传阵地，让廉政文化上报刊、上电视、上网络、进岗位、形成“读报、看报、听报，廉政文化无处不报；风到、雷到、雨到，廉洁风气处处见到”的局面，让每一个人都置身于浓厚的廉政文化氛围中，使廉洁成为从业习惯、文化自觉。

（二）创新载体，建设廉政文化网站，扩大廉政文化的影响

廉政教育要注重采取好的形式和载体，寓教于学、寓教于乐才能收到事半功倍的效果。互联网的迅猛发展给干部廉政教育工作带来了有利条件，因此，我们必须创新载体，利用现代科学技术积极构建廉政信息平台，为廉政教育工作开辟新阵地。例如各地可以建立以本地地名或单位为命名的廉政文化网，让广大网民随时随地浏览廉政文化建设最新信息，依托网络的资源优势常年开展廉政理论探讨、专家讲座、群众论坛等活动。可以利用大家“喜闻乐见”的网上聊天、微信作为廉洁教育工作的平台，让广大网民围绕廉政文化建设发表不同见解、拓展交流的层面。同时，可运用手机短信，快速传递廉政信息。保持廉政建设主体与客体之间的沟通联系，有针对性、个性化地进行廉政宣传教育。总之，创新载体，建设廉政信息平台，有助于进一步宣传廉政文化，传递廉政信息，营造廉政氛围，增强

党员干部反腐倡廉思想意识，提高拒腐防变能力。

（三）打造廉政文化教育基地，树立廉政文化示范典型

结合我国实际情况，在各省市范围内广泛开展廉政文化建设示范点创建活动，依据各地区特有优势，建立兼具地方特点与具有时代气息的廉政文化建设示范点，如打造革命传统教育基地、历史人文廉政教育基地、警示教育基地等，深层挖掘基地背后蕴含的精神作用，使领导干部、人民群众在其中得到精神境界的提升，最终形成“以点带面、示范引路”，为廉政文化建设在全国范围内积极推进提供展示平台与宣传平台。近年来，陕西省西安市纪委创新廉政文化教育形式，挖掘本地优秀传统历史资源中的廉政“文化基因”，打造具有鲜明地域特色廉政文化教育基地 6 个、示范点 53 个，让久远的历史跨越时空，走进群众。享誉中外的西安碑林博物馆中，有朱子家训碑和颜氏家庙碑等馆藏，在省市纪委的支持下，碑林区纪委精心打造了以“修身”“诚信”“孝亲”“勤俭”“民本”“公廉”等传统廉政文化思想为核心内容的西安碑林廉政教育基地；精心打造了一条由倡导尽孝立德的石台孝经碑、倡导诚信之道的开成石经碑、倡导廉洁之风的孔子庙堂碑、流传千古的 36 字官箴碑等蕴含传统廉政文化思想的若干碑刻组成的学习参观线路。制作了《崇廉尚德耀千秋》廉政电视短片，邀请著名学者举办“西安碑林廉政文化大讲堂”，开设“廉政书法体验室”，让参观者抄写临摹廉政碑文格言警句，增强了廉政文化教育的吸引力和感染力。廉政教育基地建成以来，已累计接待省内外参观学习单位 310 批次，举办“西安碑林廉政文化大讲堂”120 余场次，参观学习党员干部达 11 200 多人次。党员干部从传统历史文化中吸取了营养，心灵受到熏陶和洗礼。

（四）挖掘廉政文化景观资源，营造廉政文化宣传亮点

北欧国家的廉政文化景观，无论是政府部门或是公园住宅，都无时不在宣扬着北欧公民崇尚简约、重视实效的景观特点。开放的皇宫、首相府等地，也以其质朴、实用的装潢，让参观者感受到了领导者崇尚节俭的廉洁风范。相比北欧，我国更应利用好丰富的自然景观资源、历史悠久的人文景观资源优势，提炼历史文化中的廉政思想，又挖掘当代廉政文化资源，不断创造与发展符合当代时代要求、符合社会发展趋势、贴近人民群众思想实际的廉政文化内容，给予景观深层次的宣传教育意义，使廉政文化通

过景观资源更加生动、具象地传承下来。

廉政文化作为反腐倡廉建设的重要内容，要以社会主义核心价值观为指导，在全社会营造廉荣知耻的良好道德风尚，培养科学、平等、廉洁的公民文化，推进党风廉政建设和反腐败斗争的深入开展；通过廉政文化理论工作者的宣传推广，不断地扩大廉政文化在各领域各阶层的覆盖面，采用各种现代化传播方式，努力贴近人们生活，贴近人们内心，有效挤压腐败思想空间。

阅读书目

1. 张利生：《廉政文化建设要论》，中国方正出版社 2014 年版。

2. 罗任权：《新时期廉政文化建设研究》，中国社会科学出版社 2010 年版。

思考题

1. 如果要在廉政文化建设中避免流于形式，重点应该放在哪些方面？
2. 高校的廉政文化建设如何开展？
3. 你对廉政文化进校园有什么具体构想？

主要参考文献

［1］麻承照：《廉政文化概论》，中国方正出版社 2014 年版。

［2］张利生：《廉政文化建设要论》，中国方正出版社 2014 年版。

［3］罗任权主编：《新时期廉政文化建设研究》，中国社会科学出版社 2010 年版。

［4］李洪峰：《中国古代的廉政文化》，故宫出版社 2014 年版。

［5］单卫华、赖红卫、张相军：《中国廉政文化史》，山东画报出版社 2010 年版。

［6］陈勤建：《廉政文化与民俗》，中国方正出版社 2011 年版。

［7］周国富主编：《中国·浙江廉政文化论坛文集》，中国社会科学出版社 2006 年版。

［8］杨晓光：《廉政文化新探》，浙江人民出版社 2005 年版。

［9］吕思勉：《吕思勉讲中国政治》，九州出版社 2008 年版。

［10］周天：《中国历代廉政监察制度史》，百家出版社 2007 年版。

［11］钱穆：《中国历代政治得失》，三联书店 2012 年版。

［12］周卫东：《廉政理论研究》，中央编译出版社 2005 年版。

［13］傅永聚主编：《中华伦理范畴》，中国社会科学出版社 2006 年版。

［14］马啸原：《西方政治制度史》，高等教育出版社 2000 年版。

［15］沈其新主编：《中华廉洁文化与中国共产党先进性建设》，湖南大学出版社 2008 年版。

［16］卓泽渊：《法治国家论》，中国方正出版社 2001 年版。

［17］梁漱溟：《中国文化要义》，上海人民出版社 2005 年版。

［18］周琪、袁征：《美国的政治腐败与反腐败：对美国反腐败机制的研究》，中国社会科学出版社 2009 年版。

［19］季正矩、陈德元主编：《他山之石：海外反腐肃贪要览》，北京出版社 1994

年版。

[20] 聂仁:《民谣下的中国——当代顺口溜赏析》,时代文艺出版社 2000 年版。

[21] 杨礼宾主编:《大学生廉洁文化教程》,南京大学出版社 2013 年版。

[22] 北史编:《曾国藩最有影响的家书》,中国戏剧出版社 2002 年版。

[23] (清) 曾国藩:《曾国藩全集》,岳麓书社 1986 年版。

[24] 中共中央纪律检查委员会、中共中央党校组织编:《新时期领导干部反腐倡廉教程》,中共中央党校出版社 2007 年版。

[25] 中央纪委课题组:《党风廉政建设新论》,中国方正出版社 1997 年版。

[26]《〈建立健全教育、制度、监督并重的惩治和预防腐败体系实施纲要〉辅导读本》,中国方正出版社 2005 年版。

[27]《马克思恩格斯全集》,人民出版社 1972 年版。

[28]《列宁选集》,人民出版社 1972 年版。

[29]《毛泽东选集》,人民出版社 1977 年版。

[30]《邓小平文选》,人民出版社 1994 年版。

[31]《江泽民文选》,人民出版社 2006 年版。

[32] 中共中央文献研究室编:《十四大以来重要文献选编》,人民出版社 1997 年版。

[33] 江泽民:《论党的建设》,中央文献出版社 2001 年版。

[34]《建立健全惩治和预防腐败体系若干重大课题解读》,新华出版社 2005 年版。

[35] 中共中央文献研究室:《十六大以来重要文献选编》,中央文献出版社 2006 年版。

[36] 习近平:《之江新语》,浙江人民出版社 2007 年版。

[37] 段玉裁:《说义解字注》,上海古籍出版社 1981 年版。

[38] (元) 徐元瑞:《吏学指南》,浙江古籍出版社 1988 年版。

[39] 胡培翚:《礼仪正义》,江苏古籍出版社 1993 年版。

[40] [美] 亨利·埃尔曼:《比较法律文化》,贺卫方、高鸿钧译,三联书店 1990 年版。

[41] [英] 罗素:《西方哲学史》,商务印书馆 2001 年版。

[42] [法] 卢梭:《社会契约论》,商务印书馆 1985 年版。

[43] [古希腊] 亚里士多德:《政治学》,吴寿彭译,商务印书馆 1965 年版。

[44] [法] 孟德斯鸠:《论法的精神(上卷)》,张雁深译,商务印书馆 1961 年版。

[45] [美] 潘恩:《潘恩选集》,马清槐等译,商务印书馆 1981 年版。

［46］［美］考文：《美国宪法的“高级法”背景》，强世功译，三联书店 1996 年版。

［47］［法］托克维尔：《论美国的民主》，董果良译，商务印书馆 1997 年版。

［48］［德］马克斯·韦伯：《新教伦理与资本主义精神》，龙婧译，群言出版社 2007 年版。

［49］［美］本尼迪克特：《菊与刀》，吕万和等译，商务印书馆 1990 年版。

［50］［英］泰勒：《原始文化》，连树声译，上海文艺出版社 1992 年版。

［51］［美］克鲁克洪：《文化与个人》，何维凌、高佳、何红译，浙江人民出版社 1986 年版。

［52］潘克森：“佛教文化资源与廉政文化建设”，载《南昌航空大学学报（社会科学版）》2011 第 2 期。

［53］秦馨、黄义英：“发达国家廉政文化的构成分析”，载《学术论坛》2010 年第 7 期。

［54］陶济：“构筑反腐败的心理防线”，载《中共浙江省委党校学报》2006 第 2 期。

［55］张安平：“接受人大监督是检察工作的一项基本原则”，载《人民检察》1995 年第 3 期。

［56］商植桐、王涛、张红建：“试析习近平的廉政观”，载《中共银川市委党校学报》2014 年第 4 期。

［57］赵焱森：“腐败现象不断滋生蔓延屡反不止的原因及对策”，载马文瑞等：《改革开放与反腐倡廉》，中共中央党校出版社 1999 年版。

［58］戴安林：“论习近平的党风廉政建设思想”，载《中共四川省委党校学报》2015 年第 1 期。

［59］邓学源：“马克思廉政思想的哲学意蕴及其现实意义”，载《理论导刊》2014 年第 6 期。

［60］吴毅：“唐朝贞观年间防治贪腐的政策举措释析”，载《理论导刊》2009 第 9 期。

［61］陈全新：“论佛廉文化”，载《高等函授学报（哲学社会科学版）》2012 年第 12 期。

［62］朱军：“芬兰的廉政文化”，载《检察风云》2005 年第 5 期。

［63］由田：“北欧廉政文化建设的基本经验及对我国的启示”，黑龙江省社会科学院 2012 年硕士学位论文。

［64］刘汇：“论廉政文化的建构”，湖南师范大学 2006 年硕士学位论文。

[65] 廖斌："马克思主义廉政思想中国化历程"，西南政法大学 2014 年硕士学位论文。

[66] 马晓艳："十六大以来中国共产党反腐倡廉思想的新发展"，江西师范大学 2014 年硕士学位论文。

[67] 胡锦涛："在十七届中央纪委二次全会上的讲话"，载《人民日报》2008 年 1 月 16 日，第 1 版。

[68] 胡锦涛："在十七届中央纪委六次全会上的讲话"，载《人民日报》2011 年 1 月 11 日，第 1 版。

[69] 胡锦涛："在中央人口资源环境工作座谈会上的讲话"，载《人民日报》2004 年 4 月 5 日，第 2 版。

[70] 习近平："积极借鉴我国历史上优秀廉政文化，不断提高拒腐防变和抵御风险能力"，载《人民日报》2013 年 4 月 21 日，第 1 版。

[71] 习近平："在中共十八届中央纪律检查委员会第二次全体会议上的讲话"，载《人民日报》2014 年 1 月 23 日，第 1 版。

[72] 习近平："在中共十八届中央政治局第五次集体学习时的讲话"，载《人民日报》2013 年 4 月 21 日，第 1 版。

[73] 习近平："在中共十八届中央政治局第一次集体学习时的讲话"，载《人民日报》2012 年 11 月 19 日，第 1 版。

[74] 习近平："在中共十八届中央纪律检查委员会第三次全体会议上的讲话"，载《人民日报》2014 年 1 月 15 日，第 1 版。

[75] 习近平："在河北参加省委常委班子党的群众路线教育实践活动专题民主生活会时的讲话"，载《人民日报》2013 年 9 月 26 日，第 1 版。

[76] 何万勤："道廉文化对廉洁社会风尚形成的促进作用"，载《中国纪检监察报》2011 年 12 月 20 日。

[77] 杨永庚：《纪检监察学概论》，西安交通大学出版社 2015 年版。

后记

《廉政文化概论》是在西安市纪委的部署指导下，在西安文理学院政治学院的具体领导下，为了满足思想政治教育专业纪检监察方向本科学生的教学需要，而编写的纪检监察专业系列教材之一。从组建编写团队、拟定教材提纲到教材的出版问世，时间一年有余。在这期间，许多人为此付出了心血和劳动，在此一并表示感谢。

首先，在接到编写任务后，我作为主编组建编写团队，政治学院的周桂英老师参与编写。在搜集了大量的资料后，初步拟定了编写大纲，二人反复推敲，并由政治学院出面多次提交给不同的外审专家对大纲加以审核，不断修改完善。在教材编写过程中，周桂英老师付出了大量的劳动，独立完成第三章约3万多字的内容，并为其他章节的编写搜集了大量的资料。初稿完成后，学院先后提交给多位校外及校内专家进行审核，并多次召开校内外专家评审会，专家们对教材的结构、体系、内容、基本概念、引用资料、文字表述等方面提出了诸多宝贵意见。这些校外专家既有来自陕西师范大学、西北大学、西北政法大学等高等院校的专家教授，又有来自纪检监察一线具有丰富工作经验的市纪委、市检察院的专家领导，可以说，没有他们的无私帮助和专业的意见，教材很难顺利完成。

其次，本书的编写大量参考了相关领域的著作和论文。特别要感谢的是中国方正出版社出版的由麻承照先生著述的《廉政文化概论》，这本同名教材对我的思路形成有重要的启迪作用。同样是中国方正出版社出版的由张利生先生著述的《廉政文化建设要论》中一些精彩论述，也被我融汇、吸收到本教材中。另外，罗任权先生主编的《新时期廉政文化建设研究》，李洪峰先生著述的《中国古代的廉政文化》，单卫华、赖红卫、张相军合著的《中国廉政文化史》，陈勤建先生著述的《廉政文化与民俗》等都对本书编写帮助很大。在此，对以上专家及其参考文献中提及的其他作者表示诚挚的感谢。

最后，要感谢的是我所在的单位西安文理学院政治学院。从编写工作启动以来，学院的班子成员赵精兵院长、巩建萍书记、向华副院长、狄曼副院长等，一直跟进指导，帮助各位主编联系专家、解决问题、克服困难。尤其要感谢的是副院长钱晓萍博士，她为此书各阶段的工作付出了辛勤的汗水，可以说，没有她的督促和指导，就没有这本《廉政文化概论》。

此外，中国政法大学出版社相关工作人员和编辑李花卉同志对本书的出版付出了辛勤与努力，在此一并表示感谢。

由于时间的仓促，加之水平有限，本书可能存在疏漏之处，错误和问题在所难免，恳请各位读者批评指正，以便于再版时及时修订。

刘丽群

2016年8月